Fahl
Strafrechts-Klassiker

AF204899

Inhaltsverzeichnis

Vorwort...V

Zum Gebrauch..V

Abkürzungsverzeichnis...XI

Literaturverzeichnis..XV

Allgemeiner Teil..1
  Vor § 1 Handlung, Kausalität, objektive Zurechnung...........1
    Radfahrer (Lastzug)..2
    Heroinspritze...5
    Stechapfeltee...7
    Gnadenschuss...9
    Bratpfanne..11
    § 13 Begehen durch Unterlassen..........................14
    Ziegenhaar...15
    § 15 Vorsätzliches und fahrlässiges Handeln.......17
    Lederriemen...19
    Leinenfänger..21
    § 16 Irrtum über Tatumstände..............................24
    Jauchegrube...24
    § 20 Schuldunfähigkeit wegen seelischer Störungen...26
    Milchfahrer..26
    § 22 Versuch..28
    Pfeffertüte..29
    Bärwurz (Passauer Giftfalle)...............................31
    Salzsäure II..34
    Pistolenknauf...37
    § 24 Rücktritt..39
    Erna...40
    Lilo..42
    Holzkugel (Gummiball)..44
    § 25 Täterschaft...46
    § 25 I Alt. 2 Mittelbare Täterschaft.....................46
    Katzenkönig...47
    Münzhändler..51
    Dohna..53

Sirius 55
§ 25 II Mittäterschaft 57
   Lederspray (Erdal) 59
   Verfolger 62
§ 26 Anstiftung 64
   Rose-Rosahl 64
§ 27 Beihilfe 66
   Badewanne 67
   Staschynski (Stachinskij) 69
Vor § 32 Einwilligung 71
   Zahnextraktion 72
   Myom 74
§ 32 Notwehr 77
   Obstdiebe 78
   Daschner (Jakob v. Metzler) 80
§ 34 Rechtfertigender Notstand 83
   Haustyrann (Familientyrann II) 83
§ 35 Entschuldigender Notstand 87
   Weichensteller (Gleisarbeiter) 87
   Wettermann (Grubenunglück) 89

Besonderer Teil 93

§ 211 Mord 93
   Babybrei 93
   Türken-Onkel (Türkenmord) 96
§ 216 Tötung auf Verlangen 98
   Peterle (Wittig) 99
   Gisela 101
§ 227 Körperverletzung mit Todesfolge 103
   Rötzel 103
§ 228 Einwilligung 106
   Beschneidung (Knabenbeschneidung) 106
§ 240 Nötigung 108
   Laepple 109
§ 242 Diebstahl 111
   Gänsebucht 111
   Taschenbuch-Kriminalroman 114
   Moos raus 116
   Dienstmütze 119
§ 250 Schwerer Raub 122
   Labello 124
§ 263 Betrug 126
   Bundesligawettskandal (Fall Hoyzer) 127

Gasmann (E-Werk-Mann)...................................... 130

Dirnenlohn.................................. 132

Melkmaschine.. 134

Sammelgarage.. 136

Bahnsteigkarte (Kursbeginn) 139

§ 267 Urkundenfälschung 142

Oberhemd (Herrenhemd)...................................... 142

Sterbeurkunde... 145

Stichwortverzeichnis 149

Abkürzungsverzeichnis

Abs.	Absatz
Angekl.	Angeklagte(r/n)
a.E.	am Ende
a.F.	alte Fassung
AG	Amtsgericht(s); Aktiengesellschaft
Alt.	Alternative(n)
Anm.	Anmerkung
a.M.	andere Meinung (oder Möglichkeit)
arg.	Argument(um)
AT	Allgemeiner Teil
Aufl.	Auflage
ausf.	ausführlich
BAK	Blutalkoholkonzentration
Bd.	Band
Bespr.	Besprechung
BGB	Bürgerliches Gesetzbuch
BGH	Bundesgerichtshof(s)
BT	Besonderer Teil
BVerfG	Bundesverfassungsgericht
bzgl.	bezüglich
bzw.	beziehungsweise
ca.	circa
dagg.	dagegen (Gegenargument)
Def.	Definition(en)
ders.	derselbe
d.h.	das heißt
dies.	dieselbe(n)
DR	Deutsches Recht
DStR	Deutsches Strafrecht
e.M.	eine Meinung
EMRK	Konvention zum Schutz der Menschenrechte und Grundfreiheiten (Europäische Menschenrechtskonvention)
etc.	et cetera
evtl.	eventuell
f.	folgende(r)
FamRZ	Zeitschrift für das gesamte Familienrecht
ff.	folgende
GA	Goltdammer's Archiv für Strafrecht
gem.	gemäß
ggf.	gegebenenfalls

ggüb.	gegenüber
grds.	grundsätzlich
h.L.	herrschende Lehre
h.M.	herrschende Meinung
HRRS	Online-Zeitschrift für höchstrichterliche Rspr.
inkl.	inklusive
insb.	insbesondere
i.S.(d.)	im Sinne (des/der)
i.V.m.	in Verbindung mit
JA	Juristische Arbeitsblätter
JGG	Jugendgerichtsgesetz
JR	Jurisitsche Rundschau
Jura	Juristische Ausbildung
JuS	Juristische Schulung
JZ	Juristenzeitung
Kap.	Kapitel
LG	Landgericht(s)
lat.	lateinisch
lit.	litera
m.	mit
m.a.W	mit anderen Worten
MDR	Monatsschrift für deutsches Recht
MedR	Medizinrecht
m.w.N.	mit weiteren Nachweisen
NJW	Neue Juristische Wochenzeitschrift
Nr.	Nummer
NStZ	Neue Zeitschrift für Strafrecht
NStZ-RR	NStZ Rechtsprechungs-Report
OLG	Oberlandesgericht
PrObTr	Preußisches Obertribunal
RG	Reichsgericht(s)
Rn.	Randnummer
Rspr.	Rechtsprechung
RStGB.	Reichsstrafgesetzbuch
S.	Satz/Seite
s.(o.)	siehe (oben)
sog.	sogenannte(r)
st. Rspr.	ständige Rechtsprechung
StA	Staatsanwalt(schaft)(s)
StGB	Strafgesetzbuch
StPO	Strafprozessordnung
str.	streitig/strittig
StRR	Strafrechtsreport
StrRG	Strafrechtsreformgesetz
StV	Strafverteidiger
StVO	Straßenverkehrsordnung
StVollzG	Strafvollzugsgesetz
s.u.	siehe unten

TAN	Transaktionsnummer
u.	und
u.a.	und andere/unter anderem
usw.	und so weiter
u.U.	unter Umständen
Var.	Variante
VG	Verwaltungsgericht
vgl.	vergleiche
wistra	Zeitschrift für Wirtschafts- und Steuerstrafrecht
z.B.	zum Beispiel
ZIS	Zeitschrift für internationale Strafrechtsdogmatik
ZJS	Zeitschrift für das Juristische Studium
zit.	zitiert
ZAkDR	Zeitschrift der Akademie für Deutsches Recht
ZPO	Zivilprozessordnung
ZStW	Zeitschrift für die gesamte Strafrechtswissenschaft

Literaturverzeichnis

Bock .... *Bock, Dennis*, Strafrecht AT, 1. Aufl. 2017 (zit. AT); BT 2, Vermögensdelikte, 1. Aufl. 2018 (zit. BT 2); Wiederholungs- und Vertiefungskurs, BT, Nichtvermögensdelikte, 2. Aufl. 2016 (zit. WuV, BT 1)

Dohna .... *Dohna, Alexander, Graf zu*, Übungen im Strafrecht und Strafprozeßrecht, 3. Aufl. 1929

Eser .... *Eser, Albin*, Juristischer Studienkurs Strafrecht, Heft II, 3. Aufl. 1980; Heft IV, 4. Aufl. 1983

Fahl .... *Fahl, Christian*, Jura für Nichtjuristen, 2. Aufl. 2012

Fahl/Winkler .... *Fahl, Christian/Winkler, Klaus*, Definitionen und Schemata Strafrecht, 8. Aufl. 2019 (zit. Def.); Meinungsstreite Strafrecht, AT und BT/1, 4. Aufl. 2018 (zit. AT oder BT/1); BT/2, 4. Aufl. 2017 (zit. BT/2); BT/3, 3. Aufl. 2019 (zit. BT/3)

Gropp .... *Gropp, Walter*, Strafrecht Allgemeiner Teil, 4. Aufl. 2015

Hillenkamp/Cornelius .... *Hillenkamp, Thomas/Cornelius, Kai*, 32 Probleme aus dem Strafrecht Allgemeiner Teil, 15. Aufl. 2017 (zit. AT)

Hillenkamp .... *Hillenkamp, Thomas*, 40 Probleme aus dem Strafrecht Besonderer Teil, 12. Aufl. 2013 (zit. BT)

Jäger .... *Jäger, Christian*, Examens-Repetitorium Strafrecht AT, 9. Aufl. 2019 (zit. AT); Examens-Repetitorium Strafrecht BT, 8. Aufl. 2019 (zit. BT)

Krey/Esser .... *Krey, Volker/Esser, Robert*, Deutsches Strafrecht Allgemeiner Teil, 6. Aufl. 2016

Krey/Hellmann/Heinrich .... *Krey, Volker/Hellmann, Uwe/Heinrich, Manfred*, Strafrecht Besonderer Teil, Band 2, Vermögensdeikte, 17. Aufl. 2015

Kudlich .... *Kudlich, Hans*, Prüfe dein Wissen Strafrecht, Allgemeiner Teil, 5. Aufl. 2016; Besonderer Teil I, 4. Aufl. 2016

Kühl .... *Kühl, Kristian*, Höchstrichterliche Rechtsprechung zum Besonderen Teil des Strafrechts, 2002 (zit. HRR)

Naucke .... *Naucke, Wolfgang*, Strafrecht – Eine Einführung, 10. Aufl. 2002

Literaturverzeichnis

Otto	*Otto, Harro*, Die Struktur des strafrechtlichen Vermögensschutzes, 1970
Puppe	*Puppe, Ingeborg*, Strafrecht Allgemeiner Teil im Spiegel der Rechtsprechung, 4. Aufl. 2019
Roxin	*Roxin, Claus*, Höchstrichterliche Rechtsprechung zum Allgemeinen Teil des Strafrechts, 1998 (zit. HRR)
ders.	*Roxin, Claus*, Strafrecht Allgemeiner Teil, Bd. I: Grundlagen, Der Aufbau der Verbrechenslehre, 4. Aufl. 2006 (zit.: AT 1)
Tofahrn	*Tofahrn, Sabine*, Strafrecht Allgemeiner Teil II, 4. Aufl. 2017
v. Heintschel-Heinegg	*v. Heintschel-Heinegg, Bernd*, Prüfungstraining Strafrecht, Bd. 2: Fälle mit Musterlösungen, 1992
Wessels/Beulke/Satzger	*Wessels, Johannes/Beulke, Werner/Satzger, Helmut*, Strafrecht Allgemeiner Teil, 49. Aufl. 2019

Allgemeiner Teil

Vor § 1 Handlung, Kausalität, objektive Zurechnung

Allgemeines Aufbauschema   1

Vorprüfung

  Anwendbarkeit deutschen Strafrechts

I. Tatbestand

 1. Objektiver Tatbestand

  a) Täter (Tatsubjekt)

  b) Tatobjekt

  c) Tatmittel

  d) Tatsituation

  e) Tathandlung

  f) Taterfolg (bei Erfolgsdelikten): Verletzung oder Gefährdung

  g) Kausalität

  h) Objektive Zurechnung → *Rn. 2 ff.*

 2. Subjektiver Tatbestand

  a) Tatbestandsvorsatz

  b) Spezielle Absichten (z.B. Zueignungsabsicht bei § 242)

  c) Sonstige besondere subjektive Merkmale
   (z.B. Mordlust bei § 211; Gewinnsucht bei § 330 etc.)

 3. Tatbestandsannex: Objektive Bedingung der Strafbarkeit

II. Rechtswidrigkeit

 1. Rechtfertigungsgründe, z.B.

  a)   Rechtfertigende Einwilligung (mutmaßliche, hypothetische)

  b) Notwehr (§ 32 StGB, § 227 BGB)

  c) Notstand (zivilrechtlicher Aggressiv- und Defensivnotstand, §§ 228,
   904 BGB; allgemeiner rechtfertigender Notstand, § 34 StGB, § 16
   OWiG)

  d) Erlaubte Selbsthilfe, Besitzwehr (§§ 229, 562b, 859, 1029 BGB)

  e) Wahrnehmung berechtigter Interessen bei Beleidigung, § 193

  f) Erziehungsrecht von Eltern und Erziehern

g) Festnahmerechte (§ 127 StPO, § 87 StVollzG)

h) Amtsbefugnisse (z.B. gem. §§ 81 ff. StPO, §§ 758, 808, 909 ZPO)

i) Rechtfertigende Pflichtenkollision

2. Besondere Rechtswidrigkeitsmerkmale (z.B. Verwerflichkeit in § 240)

III. Schuld

1. Schuldfähigkeit des Täters (§§ 19, 20, 21; actio libera in causa)

2. Persönliche Vorwerfbarkeit

a) Schuldvorsatz (insb. beim Erlaubnistatbestandsirrtum)

b) Unrechtsbewusstsein

aa) Verbotsirrtum (§ 17)

bb) Erlaubnisirrtum (§ 17 analog)

c) Fehlen von Entschuldigungsgründen

aa) Notwehrexzess (§ 33)

bb) Entschuldigender Notstand (§ 35)

cc) Übergesetzlicher entschuldigender Notstand

3. Besondere Schuldmerkmale (z.B. Rücksichtslosigkeit bei § 315c)

IV. Strafzumessung

(insb. Erfüllung von Regelbeispielen, z.B. § 243)

V. Strafwürdigkeit/Strafbedürftigkeit

1. Persönliche Strafausschließungs- oder Strafaufhebungsgründe (z.B. §§ 24, 31, 142 IV, 161 II)

2. Absehen von Strafe

VI. Strafverfolgungsvoraussetzungen und -hindernisse

(insb. Strafantrag, §§ 77 ff.; z.B. in § 123 II, § 230, § 303c)

Radfahrer (Lastzug)

2   BGH, Beschl. v. 25.9.1957 – 4 StR 354/57, BGHSt 11, 1 = NJW 1958, 149

3   A lenkte einen Lastzug auf einer geraden und übersichtlichen Straße, deren Fahrbahn etwa 6 m breit war. Auf dem rechten Seitenstreifen fuhr der Radler R in der gleichen Richtung. Diesen überholte A mit einer Geschwindigkeit von 26 bis 27 km/h in einem Seitenabstand von ca. 75 cm (vorgeschrieben ist das Doppelte). Der Radfahrer geriet dabei infolge seiner Trunkenheit unter die Hinterreifen des Anhängers, wurde überfahren und war auf der Stelle tot. Es ergab sich, dass der Radfahrer mit hoher Wahrscheinlichkeit

ebenso unter die Räder gekommen wäre, wenn A den vorgeschriebenen Seitenabstand eingehalten hätte.

1. Problemstellung

Der vorliegende Fall hat, wie man ohne Übertreibung sagen kann, „Strafrechtsgeschichte" geschrieben. Vordergründig geht es um ein Fahrlässigkeitsdelikt (§ 222 StGB), in Wahrheit aber um die (objektive) Zurechnung (s. dazu allgemein – und dazu ob es diese Kategorie überhaupt gibt – *Fahl/Winkler*, AT, Vor § 1 Rn. 6). Objektiv zurechenbar ist ein Erfolg, wenn der Täter eine rechtlich relevante Gefahr geschaffen hat, die sich im tatbestandsmäßigen Erfolg realisiert (sog. Grundformel, s. *Fahl/Winkler*, Def., Vor § 1 Rn. 19). Daran könnte es vorliegend fehlen, wenn und weil sich im Tode des R eine ganz andere Gefahr (Trunkenheit) verwirklicht hat. – „Fahrlässigkeit" heißt die generelle und individuelle Sorgfaltspflichtverletzung (*Fahl/Winkler*, Def., § 15 Rn. 9). „Sorgfaltspflichtverletzung" wiederum bedeutet Außerachtlassung der im Verkehr erforderlichen Sorgfalt bei Vorhersehbarkeit und Vermeidbarkeit des Erfolges (*Fahl/Winkler*, Def., § 15 Rn. 10). Vermeidbar ist ein Erfolg, wenn er bei Beachtung der gebotenen Sorgfalt hätte verhindert werden können (*Fahl/Winkler*, Def., § 15 Rn. 10). Auch daran könnte es fehlen.

2. Lösung des BGH

Der BGH verneint die Ursächlichkeit (Kausalität), genauer deren Nachweis. – Die Kernfrage sei, welche Erfordernisse an den Nachweis des ursächlichen Zusammenhanges zu stellen sind. Ihre Beantwortung biete in den Fällen keine Schwierigkeiten, in denen entweder feststeht, dass der Erfolg ohne das pflichtwidrige Verhalten des Täters vermieden worden, oder feststeht, dass er auch bei pflichtgemäßer Handlungsweise eingetreten wäre. Im ersten Fall müsse der ursächliche Zusammenhang bejaht, im zweiten Fall verneint werden. Natürlich sei die Fahrweise des Angekl. eine Bedingung im mechanisch-naturwissenschaftlichen Sinn für den Tod des R gewesen. Damit sei aber nicht gesagt, dass die in seinem Verhalten steckende „Verkehrswidrigkeit", das zu knappe Überholen, für die Herbeiführung des Tötungstatbestandes gem. § 222 StGB „im strafrechtlichen Sinne" ursächlich war. Dafür sei entscheidend, wie das Geschehen abgelaufen wäre, wenn der Täter sich rechtlich einwandfrei verhalten hätte. Wäre auch dann der gleiche Erfolg eingetreten oder lässt sich das auf Grund von erheblichen Tatsachen nach der Überzeugung des Tatrichters nicht ausschließen, so sei die vom Angekl. gesetzte Bedingung für die Würdigung des Erfolges ohne strafrechtliche Bedeutung. In diesem Falle dürfe der ursächliche Zusammenhang zwischen Handlung und Erfolg nicht bejaht werden.

3. Kritik

6   Kausalität ist (im Strafrecht!) aber „im naturwissenschaftlichen Sinne" zu verstehen. Es gilt nicht die „Relevanztheorie", wonach nur „relevante" Bedingungen in Betracht kommen, oder die „Adäquanztheorie" (wie im Zivilrecht), wonach der Erfolg „adäquat-kausal" verursacht sein muss, sondern die sog. Äquivalenztheorie, wonach alle Bedingungen „gleichwertig" (äquivalent) sind (näher *Fahl/Winkler*, AT, Vor § 1 Rn. 2; s. auch *Fahl/Winkler*, Def., Vor § 1 Rn. 11–13). Kausal ist danach jede Bedingung, die nicht hinweggedacht werden kann (sog. conditio sine qua non), ohne dass der Erfolg in seiner konkreten Gestalt entfiele (s. *Fahl/Winkler*, Def., Vor § 1 Rn. 10). – Die Kausalität („Ursachenzusammenhang") kann daher nicht verneint werden, was aber im Falle eines „rechtmäßigen Alternativverhaltens" (s. *Fahl/Winkler*, Def., Vor § 1 Rn. 18) verneint werden kann ist der „Zurechnungszusammenhang". Die Entscheidung gilt daher (zu Recht) als Meilenstein auf dem Weg zur Entwicklung der „Lehre von der objektiven Zurechnung" – für die freilich weniger die Grundformel (o. Rn. 4) als vielmehr die einzelnen „Fallgruppen" (vgl. *Fahl/Winkler*, AT, Vor § 1 Rn. 6) aussagekräftig sind. Hier entfällt der „Schutzzweckzusammenhang" – denn es kann nicht der „Schutzzweck der Norm" sein, zu einem Verhalten zu zwingen, das am Ausgang ohnehin nichts ändert. – Andere haben den „Pflichtwidrigkeitszusammenhang" zwischen Erfolg und (Sorgfalts-)Pflichtwidrigkeit verneint (geht nur beim Fahrlässigkeitsdelikt), wenn der Erfolg auch bei Beachtung der gebotenen Sorgfalt „unvermeidbar" war (s.o.), andere den „Rechtswidrigkeitszusammenhang" oder den „Schuldzusammenhang".

4. Weiterführende Hinweise

7   Ausgerechnet *Roxin*, der Begründer der „objektiven Zurechnung", war jedoch mit dem Ergebnis nicht einverstanden und hat den Fall zum Anlass genommen, seine „Risikoerhöhungslehre" zu entwickeln. Danach soll es zur Bejahung von Strafbarkeit schon genügen, dass der Täter das Risiko für das Rechtsgut „erhöht" hat. Das widerspricht aber (nach Ansicht der h.L. und auch des BGH im vorliegenden Fall) dem Grundsatz „in dubio pro reo". Verletzungsdelikte würden dadurch contra legem in „Gefährdungsdelikte" umgedeutet. – Vielmehr setzt Fahrlässigkeit nach alledem die Feststellung voraus, dass der Erfolg bei Einhaltung der erforderlichen Sorgfalt „mit an Sicherheit grenzender Wahrscheinlichkeit" vermieden worden wäre (vgl. *Fahl/Winkler*, AT, § 15 Rn. 9 – ähnlich wie die Unterlassungsstrafbarkeit, s. *Fahl/Winkler*, AT,

§ 13 Rn. 3). – Der richtige Kern der Lehre besteht aber darin, dass es an der objektiven Zurechenbarkeit fehlt, wenn ein vorhandenes Risiko lediglich „verringert" wird (s. *Fahl/Winkler*, Def., Vor § 1 Rn. 24; s. dazu auch *Fahl/Winkler*, AT, Vor § 1 Rn. 7).

Unter dem Namen „Radler-" oder „Radfahrerfall" kursieren viele Fälle: Der hiesige „Lastzugfall" ist nicht zu verwechseln mit dem „Radleuchtenfall" (RGSt 63, 392) – betr. (ebenfalls) die objektive Zurechnung in einem Fall, in dem zwei Radfahrer nachts mit unbeleuchteten Fahrrädern hintereinander eine Landstraße befahren und mit einem ebenfalls unbeleuchteten dritten Radler kollidieren: Die Beleuchtungspflicht dient dazu, besser zu sehen und gesehen zu werden, aber nicht dazu, andere vor einem Fahrende zu beleuchten („Schutzzweck der Norm").

Vertiefend: *Hillenkamp/Cornelius*, Probleme AT, 31. Problem; *Puppe*, AT, § 3 **8** Rn. 18; *Roxin*, HRR, Fall 6; *Spendel*, JuS 1964, 14

Heroinspritze

BGH, Urt. v. 14.2.1984 – 1 StR 808/83, BGHSt 32, 262 = NJW 1984, 1469   **9**

Nach einer Entwöhnungstherapie konsumiert A gelegentlich wieder **10** Drogen. Eines Tages teilt ihm sein Freund B mit, er habe vom Dealer D Heroin bekommen, „das man zusammen drücken könne", er jedoch als bekannter Konsument harter Drogen „nirgends mehr" eine Spritze bekomme. A entschloss sich, die erforderlichen Spritzen zu besorgen. Nachdem A drei Einwegspritzen gekauft hat, gehen beide auf die Toilette einer Gaststätte. B verschafft sich einen Löffel und bringt drei „Hunderter-Hit" darin zum Aufkochen. Den aufgekochten „Stoff" füllt B in zwei Spritzen und überließ eine davon dem A. Alsbald nach der Injektion wurden beide bewusstlos. Nach einiger Zeit veranlassten Lokalbesucher die Öffnung der Toilettentür und verständigten den Notarzt, der jedoch nur noch den Tod des B feststellen konnte.

---

1. Problemstellung

Wer sich in Gefahr begibt, kommt darin um, sagt der Volksmund. **11** Das Strafrecht tat sich jedoch wegen der Unbeachtlichkeit der „Einwilligung" in die eigene Tötung (§ 216 StGB) und manchmal auch Körperverletzung (§ 228 StGB) und des „Opfermitverschuldens" (vgl. §§ 242, 254 BGB) bei der fahrlässigen Tötung (§ 222 StGB) lange Zeit schwerer als das Zivilrecht mit dem „Handeln auf eigene Gefahr".

Zum Teil ist versucht worden, das Problem damit zu umgehen, dass man zwar keine Einwilligung in den Erfolg annahm, aber doch eine „Einwilligung in das Risiko" oder von einem „sozialadäquaten Verhalten" (s. dazu *Fahl/Winkler*, AT, Vor § 1 Rn. 14) wie beim Alkohol- und Nikotinkonsum oder der Schaffung eines „erlaubten Risikos" sprach (beides nicht sehr überzeugend beim Heroinkonsum!). Die Rspr. verneinte in Ausnahmefällen die „Sorgfaltspflichtwidrigkeit", ließ im Übrigen die freiwillige Mitwirkung des Geschädigten unter den Tisch fallen und bejahte den Fahrlässigkeitstatbestand. Das musste jedoch in Konflikt geraten mit der grundsätzlichen Straflosigkeit der Teilnahme an einem freiverantworteten Suizid. Wenn die vorsätzliche Mitwirkung an einer fremden Selbsttötung nicht strafbar ist, dann kann es die fahrlässige auch nicht sein. Und aus der Straflosigkeit der Mitwirkung an einer Selbsttötung folgt wiederum, dass die Mitwirkung an einer bloßen Selbstgefährdung erst recht straflos sein muss.

2. Lösung des BGH

12   Der BGH entschied, wer vorsätzlich oder fahrlässig eine eigenverantwortete Selbstgefährdung eines anderen veranlasst, fördert oder ermöglicht, bleibt straflos, wenn sich das mit der Selbstgefährdung eingegangene Risiko realisiert.

3. Kritik

13   Die Entscheidung ist im Schrifttum fast durchgängig begrüßt worden, bedauerlich ist nur, dass der BGH nicht sagt, woran die Strafbarkeit eigentlich scheitern soll. Die Lit. sieht darin den Ausschluss objektiver Zurechenbarkeit, genauer einen Fall des fehlenden „Schutzzweckzusammenhangs": Sinn und Zweck der (aller) Strafrechtsnormen ist es, das Opfer vor anderen zu schützen und nicht vor sich selbst (s. *Fahl/Winkler*, AT, Vor § 1 Rn. 8). Freilich holt man sich damit auch alle anderen Probleme der „objektiven Zurechnung" ins Haus, z.B. ob sie identisch ist mit der Fahrlässigkeit (dann wäre das Vorsatzdelikt kein Aliud, sondern ein Plus im Vergleich zum Fahrlässigkeitsdelikt), ob eine solche Kategorie überhaupt anzuerkennen ist (*Fahl/Winkler*, AT, Vor § 1 Rn. 6) und schließlich ob sich der Vorsatz des Täters auf die für die Zurechnung relevanten Umstände erstrecken muss oder gerade nicht, weil ja objektive Zurechnung heißt im Unterschied zur subjektiven Zurechnung, dem Vorsatz (s. dazu *Fahl/Winkler*, AT, Vor § 1 Rn. 15). Am Vorsatz kann man es in den hier interessierenden Fällen deshalb nicht scheitern lassen, weil der Veranlasser bzw. Förderer dolus eventualis hatte (dazu näher § 15 Rn. 3 – „Lederriemenfall").

4. Weiterführende Hinweise

Was die Strafbarkeit des D angeht, so profitiert auch er von der **14** Straflosigkeit der Mitwirkung an fremder Selbstgefährdung gem. § 222 StGB. Für den Bereich der Vorschriften des Betäubungsmittelgesetzes gelten die Regeln über die bewusste Selbstgefährdung dagegen nicht, wie § 30 I Nr. 3 BtMG und § 29 III Nr. 2 BtMG zeigen, wo der Tod eines Menschen bzw. die Gefahr von Gesundheitsbeschädigungen infolge des Genusses von Betäubungsmitteln im Gegenteil Grund für erhöhte Strafe sind.

Die Grundsätze der eigenverantwortlich gewollten und verwirklichten Selbstgefährdung dürfen auch nicht unbesehen auf die sog. Retter- oder Herausforderungsfälle (s. dazu – unter dem Gesichtspunkt der Unterbrechung des Zurechnungszusammenhangs durch das „vorsätzliche Dazwischentreten Dritter" – *Fahl/Winkler*, AT, Vor § 1 Rn. 13) übertragen werden, in denen sich berufsmäßige (Polizisten, Feuerwehrleute) oder private Retter, die ein verständliches Motiv (Garantenstellung) haben, bewusst in Gefahr begeben und dabei umkommen.

Vertiefend: *Dach*, NStZ 1985, 24; *Fahl*, GA 2018, 418; *Fünfsinn*, StV 1985, **15** 57; *Hassemer*, JuS 1984, 724; *v. Heintschel-Heinegg*, Prüfungstraining 2, Fall 2; *Horn*, JR 1984, 513; *Kienapfel*, JZ 1984, 751; *Roxin*, NStZ 1984, 411; *Seier*, JA 1984, 533; *Stree*, JuS 1985, 179; *Walther*, HRRS 2009, 560

Stechapfeltee

BGH, Urt. v. 7.8.1984 – 1 StR 200/84, NStZ 1985, 25   **16**

Die 15-jährigen Schüler B und C beschlossen, nach Rückkehr von **17** einer Radtour im Schlosspark zu übernachten, in der Nähe eines verfallenen Badehauses, einem beliebten Treffpunkt junger Leute. Nach und nach gesellten sich mehrere Personen dazu, darunter auch der 18-jährige A. Am Lagerfeuer kam der Gedanke auf, Stechapfeltee zu kochen. Da A sich mit Nachtschattengewächsen auskannte, erbot er sich, den Tee zuzubereiten, und bot danach das fertige Getränk zum Probieren an. A, B und C tranken davon, B entgegen der Warnung des A noch eine weitere Tasse. Die im Stechapfel enthaltenen Wirkstoffe Hyoscyamin und Scopolamin hatten bei den Trinkern schon nach kurzer Zeit Rauschzustände und Halluzinationen zur Folge. B geriet in diesem Zustand in den nahegelegenen Bodensee, wo er im flachen Wasser ertrank. C stürzte mehrfach zu Boden und zog sich dabei im Gesicht und an den Beinen Schürfungen zu.

1. Problemstellung

18   Fraglich war, wann eine Selbstgefährdung „frei" bzw. „selbst" verantwortet ist. Manche wollen analog § 3 JGG auf die sittliche und geistige Reife abstellen, weil dort ebenfalls von „Verantwortlichkeit" die Rede ist, andere meinen, es gehe um ein „Verschulden" gegen sich selbst und ziehen daher die §§ 19, 20, 35 StGB analog heran (d.h. grds. ab einem Alter von 14 Jahren), wieder andere stellen wegen der sachlichen Nähe zur „Einwilligung" auf die „Einwilligungsfähigkeit" des Opfers und die Freiheit von Willensmängeln bzw. auf die für das Tötungsverlangen bei § 216 StGB entwickelten Kriterien der „Ernstlichkeit" ab (vgl. *Fahl/Winkler*, AT, Vor § 1 Rn. 10). – Außerdem ist in der Rspr. anerkannt, dass die Strafbarkeit des die Selbstgefährdung eines anderen fördernden Dritten dort beginnt, wo dieser überlegenes Sachwissen hat (oder vorgibt zu haben), kraft dessen er das Risiko besser einschätzen kann als der sich selbst Gefährdende.

2. Lösung des BGH

19   Der BGH wiederholt wörtlich die Grundsätze der eigenverantwortlich gewollten und verwirklichten Selbstgefährdung aus dem ein knappes halbes Jahr älteren „Heroinspritzenfall" (s.o. Rn. 9). Anschließend führt er aus, dass der „Heranwachsende" A (vgl. § 1 II JGG) das Risiko keineswegs besser überblickte als die beiden Jugendlichen, sondern sein Wissen mit diesen geteilt habe. Im Übrigen sei nur erforderlich, dass die Jugendlichen nach ihren geistigen Fähigkeiten und ihrer sittlichen Reife im konkreten Fall in der Lage waren, die Bedeutung der Handlung und ihrer möglichen Folgen zu erkennen und zu bewerten, von entsprechenden Kriterien gehe im Bereich der strafrechtlichen Verantwortlichkeit Jugendlicher auch § 3 JGG aus.

3. Kritik

20   Gegen den Freispruch des kaum älteren A kann niemand etwas haben. Die Rspr. ist aber dafür zu kritisieren, dass sie die von ihr selbst aufgestellten Grundsätze nach dem „Heroinspritzen-" und „Stechapfelteefall" nur noch halbherzig und zögerlich angewendet und in ähnlichen Fällen die Täter bestraft hat, z.B. einen jungen Mann, der nach einem Club-Besuch eine Flasche (in der Regel als Haushaltsreiniger verkauften) unverdünnten Gamma-Butyrolactons (GBL), sog. Liquid Ecstasy, zur Selbstbedienung in die Mitte des Raumes stellte, nachdem er davon selbst getrunken und die anderen gewarnt hatte, das GBL dürfe wegen seiner hohen Konzentration nur in ganz kleinen Konsumeinheiten eingenommen werden (BGHSt 61, 318 – „GBL-Fall").

4. Weiterführende Hinweise

Im „Heroinspritzen-" und „Stechapfelteefall" hatte der BGH noch **21** offen gelassen, ob die dargelegten Grundsätze auch dann gelten, wenn den Dritten für Leib oder Leben des Selbstschädigers Garantenpflichten treffen. Inzwischen hat der BGH diese Einschränkung aufgegeben wie auch die Ansicht, der zufolge der dem Suizidenten assistierende Garant dem Sterbewilligen zwar den Strick reichen, ihn dann aber wieder losschneiden musste, sobald dieser das Bewusstsein verlor, weil die Tatherrschaft dann auf ihn überginge (vgl. dazu § 216 Rn. 2 – „Fall Wittig" – es geht nicht um die Strafrechtsprofessorin, sondern so hieß im betreffenden Fall der angeklagte Arzt).

Bislang nicht aufgegeben hat der BGH dagegen die Meinung (vgl. *Fahl/Winkler*, AT, Vor § 1 Rn. 11), dass die „eigenverantwortete Selbstgefährdung" unterschieden werden muss von der „einverständlichen Fremdgefährdung", für die etwas anderes gilt (s. § 216 Rn. 9 – „Giselafall"). Danach würde es einen Unterschied machen, ob ein Jugendlicher (beim sog. Auto-Surfen) das noch stehende Fahrzeug besteigt (dann „einverständliche Fremdschädigung") oder (wie beim „S-Bahn-Surfen") auf das schon fahrende Fahrzeug (etwa von einer Brücke) aufspringt (dann „eigenverantwortete Selbstschädigung").

Bei der Falllösung fällt neben der fahrlässigen Tötung an B (§ 222 StGB) und der fahrlässigen Körperverletzung an C gem. § 229 StGB (Schürfwunden) auch noch eine weitere Vorschrift auf, § 227 StGB, die in Betracht zu ziehen ist, weil der dem Tod des B vorausgegangene Rauschzustand bereits als Gesundheitsschädigung (§ 223 I Alt. 2 StGB) angesehen werden kann – darunter fällt auch die vorübergehende Aufhebung wesentlicher Körperfunktionen. Da B sich selbst den Tee zugeführt hat, scheidet eine unmittelbare Täterschaft des A zwar aus, zu denken ist aber an eine mittelbare Täterschaft (§ 25 I Alt. 2 StGB) mit B als Werkzeug. Als selbst voll (eigen-)verantwortlich Handelnder ist B jedoch nicht das Werkzeug des A.

Vertiefend: *Fahl*, JA 1998, 105; *ders.* GA 2018, 418 ff. **22**

Gnadenschuss

BGH, Urt. v. 6.7.1956 – 5 StR 434/55, bei *Dallinger*, MDR 1956, 526 **23**

A hat dem C aus kurzer Distanz in die Brust geschossen. Als B **24** hinzukam, gab er „dem röchelnden C den Gnadenschuss".

1. Problemstellung

25   Früher wurden nicht alle BGH-Entscheidungen veröffentlicht – *Dallinger* war im BMJ (Bundesjustizministerium) dafür zuständig, Entscheidungen zu sammeln und auszuwerten. Durch seine in der MDR veröffentlichten regelmäßigen „Rechtsprechungsübersichten" erreichte er große Bekanntheit. – In dem mitgeteilten Fall geht es (zuallererst) um Fragen von Kausalität und objektiver Zurechnung, insb. ob das „vorsätzliche Dazwischentreten" des B die Strafbarkeit des A ausschließt (*Fahl/Winkler*, AT, Vor § 1 Rn. 12), indem es den Kausalzusammenhang „unterbricht" – Fall der „überholenden Kausalität": Der Schuss des B war „schneller" am Ziel als der des A. Dann bliebe für A nur ein Totschlags- bzw. Mordversuch übrig (§§ 211, 212, 22 StGB). Der kann, muss aber nicht (wird es aber in der Regel!) milder bestraft werden (§ 23 II StGB).

2. Lösung des BGH

26   Der BGH hat die Verurteilung des A wegen vollendeter vorsätzlicher Tötung bestätigt. Ein „Regressverbot" (Verbot des „Rückgriffs" auf die erste Ursache) sei nicht anzuerkennen: Erst der Schuss des A habe den „Gnadenschuss" des B veranlasst. Hierbei komme es nicht einmal darauf an, ob C ohne den Gnadenschuss gestorben wäre, oder ob er noch zu retten gewesen wäre. Die Abweichung zwischen dem wirklichen Geschehensablauf und dem, den A sich vorgestellt hatte, sei nicht von Bedeutung.

3. Kritik

27   Über den sog. Irrtum über den Kausalverlauf, wie man später dazu gesagt hat, kann man streiten (s. § 16 Rn. 1ff. – „Jauchegrube"). Das Ergebnis jedenfalls wird überwiegend – wenn auch keineswegs von allen – für richtig gehalten. Man braucht dazu die (abgewandelte) Conditio-sine-qua-non-Formel, nach der alles kausal ist, was nicht hinweggedacht werden kann, ohne dass der Erfolg „in seiner konkreten Gestalt" entfiele (*Fahl/Winkler*, Definitionen, Vor § 1 Rn. 10): Ein Tod durch zwei Schüsse (in Brust und Schläfe) ist eben nicht dasselbe wie ein Tod durch nur einen Schuss (Brust), und alle Bedingungen sind „gleichwertig" (äquivalent). Man muss aber zugeben, dass die „konkrete Gestalt" relativ willkürlich ist. Damit könnte auch der Maler für kausal gehalten werden für den Tod „in einem grünen Zimmer". Richtig ist allerdings, dass es mehr oder weniger wahrscheinlich sein kann, dass ein Dritter eingreift (vgl. auch Vor § 1 Rn. 30 ff. – „Bratpfannenfall") und den bereits Verletzten (z.B. auf einem Schlachtfeld) von seinen Qualen erlöst. Der Tod bleibt dann (wertungsmäßig) dennoch „das Werk" des Ersten. – Das ist aber keine Frage der (für „Wertungen" blinden) „Kausalität", sondern der (objektiven) „Zurechnung". Damit ergibt sich aber eine etwas andere Lösung als die des BGH, bei der es darauf ankommt, ob sich der „dazwischentretende" Dritte zum Eingreifen „herausgefordert" fühlen durfte (vgl. *Fahl/Winkler*, AT, Vor § 1 Rn. 13 – zu den sog. Retter- oder Herausforderungsfällen). Der „Zurechnungszusammenhang" zu A ist nämlich nur „unterbrochen", wenn es sich um einen „völlig atypischen" Kausalverlauf handelte. Insofern kommt es auf die Umstände an, z.B. die Art und Schwere der Verletzungen und – entgegen dem BGH – auch darauf, ob der C noch zu retten war.

4. Weiterführende Hinweise

Damit ist der kleine Fall aber noch nicht fertig. Wenn nämlich der **28** „Gnadenschusstod" noch immer als „das Werk" des A erscheint, dann fragt sich, was mit B ist. Eigentlich dürfte er dann konsequenterweise nicht bestraft werden. Dazu wollen manche sich aber auch wieder nicht versteigen und halten neben A auch B für strafbar, aufgrund des „Eigenverantwortlichkeitsprinzips", demzufolge jeder für seine Taten verantwortlich ist, solange er sich nur „freiverantwortlich" (was auch immer das ist) dazu entschlossen hat (Vor § 1 Rn. 9ff. – „Heroinspritzenfall"). Allerdings wird man bei den „Mordmerkmalen" (bei B) zurückhaltend sein können (vgl. dazu § 211 Rn. 9 – „Türkenmordfall"), z.B. indem man in die Heimtückedefinition – Ausnutzen der auf Arglosigkeit beruhenden Wehrlosigkeit (*Fahl/Winkler*, Def., § 211 Rn. 5) – das „bewusste Ausnutzen" oder eine „feindliche Willensrichtung" hineinliest, die bei „Mitleidstötungen" (mercy-killings) fehlt (sog. restriktive oder „einengende" Auslegung, vgl. *Fahl/Winkler*, BT/2, § 211 Rn. 4). – Wenn freilich beide für den Tod des C verantwortlich sind und „Mittäterschaft" (§ 25 II StGB) sowie „mittelbare Täterschaft" (§ 25 I Alt. 2 StGB) und „Anstiftung" (§ 26 StGB) ausscheiden – letztere weil das Schaffen einer zur Tat „anreizenden Situation" nicht genügt (s. *Fahl/Winkler*, AT, § 26 Rn. 2) –, dann bleibt nur die Annahme von auch nicht unumstrittener (vgl. § 25 Rn. 16 – „Dohna-Fall") „Nebentäterschaft" übrig.

Vertiefend: *Wessels/Beulke/Satzger*, AT, Rn. 244 **29**

Bratpfanne

BGH, Urt. v. 12.7.1966 – 1 StR 291/66, NJW 1966, 1823 **30**

Die Angekl. Christel F. (C) schlug mit einer – verborgen bereitgehaltenen – schweren Bratpfanne ihrem Stiefvater M, einem „hünenhaften Wüterich", der Frau und Stieftochter jahrelang drangsaliert **31** hatte, von hinten mit voller Wucht mindestens dreimal auf den Hinterkopf. M fiel schon nach dem ersten Schlag zu Boden. Während C fortlief, um die Polizei anzurufen, schlug Frau F, die Mutter der C, noch mindestens einmal mit der Bratpfanne auf ihren Mann ein. Als C vom Telefonieren zurückgekehrt war, schlug sie ihrem – noch röchelnden – Stiefvater zudem mit der Pfanne heftig ins Gesicht. Danach starb M.

1. Problemstellung

32   Der Fall vereinigt das BT-Problem der sinnvollen Begrenzung des „Heimtückemordes" (Ausnutzen der auf Arglosigkeit beruhenden Wehrlosigkeit, s. *Fahl/Winkler*, Def., § 211 Rn. 5; vgl. dazu § 211 Rn. 9 – „Türkenmordfall") mit den AT-Problemen des „Notstandes" (vgl. dazu § 34 Rn. 2 – „Haustyrannen-Fall") und der „Kausalität": Zugunsten der F war *in dubio pro reo* davon auszugehen, dass ihr Schlag den Tod des M nicht „verursacht" – nicht einmal im Sinne mitwirkender („kumulativer") Kausalität „beschleunigt" – hatte. Zugunsten der Stieftocher C hingegen war *in dubio pro reo* davon auszugehen, dass der Schlag der Mutter den Tod verursacht hatte („überholende Kausalität").

2. Lösung des BGH

33   Der BGH meinte, dass deshalb auch die C nur wegen Versuchs (§§ 212, 22 StGB) bestraft werden könne: Hätte allein C auf M eingeschlagen, so wäre es ohne Bedeutung gewesen, dass nicht festgestellt werden konnte, welcher von mehreren Schlägen den Tod des M bewirkte. Indes hat auch Frau F „mindestens" einen Schlag gegen ihren Mann geführt. Die Möglichkeit, dass M ausgerechnet daran gestorben sei, liege zwar fern, da C außer den ersten Hieben auch den letzten Schlag geführt hat, sie wurde jedoch hier nicht völlig ausgeschlossen; daher gelte der Grundsatz: Im Zweifel zugunsten des Angeklagten!

3. Kritik

34   Das ist jedoch mit der Entscheidung im „Gnadenschussfall" (Vor § 1 Rn. 23) unvereinbar, wonach es in Fällen, in denen die Handlung des einen (hier der F) an die eines anderen (hier der C) „anknüpft", für die „objektive Zurechnung" – nicht die „Kausalität", welche davon nach der (abgewandelten) Conditio-sine-qua-non-Formel (vgl. *Fahl/Winkler*, Definitionen, Vor § 1 Rn. 10: „Erfolg in seiner konkreten Gestalt") völlig unberührt bliebe – darauf ankommt, ob mit dem Eingreifen des Dritten (der F) zu rechnen war. War es das, so unterbricht das Eingreifen selbst des „eigenverantwortlich" handelnden

Dritten die Zurechnung an C nicht (s. dazu Vor § 1 Rn. 23 – „Gnaden-schussfall"). Ein „Regressverbot", demzufolge ein Vorverhalten (des Täters oder eines anderen) nicht Anknüpfungspunkt der Strafbarkeit sein darf, besteht nicht! Nur wenn das Zuschlagen der F „völlig atypisch" war, wovon aber nach Lage der Dinge gerade nicht auszugehen war („völlig atypischer Kausalverlauf", s. *Fahl/Winkler*, AT, Vor § 1 Rn. 3, 7 u. 12), kann es die C entlasten. Das Schwurgericht hatte also Recht, das – selbst ohne einen für (sukzessive) Mittäterschaft (§ 25 II StGB) erforderli-chen „gemeinsamen Tatplan" – sowohl die Mutter wie auch die Toch-ter wegen (vollendeten) Totschlags (bzw. Mordes) verurteilt hatte: Entweder war – was offen bleiben kann – jede der Handlungen von C und F für sich für den Erfolg (Tod des M) ausreichend (Fall sog. alternativer oder „Doppelkausalität", bei der für die Kausalität genügt, dass jede Handlung für sich, aber nicht beide zusammen „hinweggedacht" werden können, vgl. *Fahl/Winkler*, Def., Vor § 1 Rn. 14) oder nur die beiden Handlungen zusammen („kumulative Kausalität", vgl. *Fahl/Winkler*, Def., Vor § 1 Rn. 15). In beiden Fällen besteht an der Kausalität kein Zweifel – nur wenn unklar geblieben wäre, ob bereits der erste Schlag den M getötet hat, wäre *in dubio pro reo* anwendbar gewesen – und an der (objektiven) Zurechnung, wie gesehen, auch nicht!

4. Weiterführende Hinweise

Bei Mittäterschaft von C und F könnte ebenfalls offen bleiben, wer **35** von beiden den tödlichen Erfolg herbeigeführt hätte, da er dem jeweils anderen über § 25 II StGB zurechenbar wäre. Grds. kann ein gemein-samer Tatplan auch noch nach Tatbeginn gefasst werden (sog. sukzes-sive Mittäterschaft). Ob das aber auch dann noch möglich wäre, wenn bereits der erste Schlag bei ungestörtem Fortlauf unwiderlegbar zum Tode geführt hätte, ist fraglich, weil dann das Geschehen bereits als „abgeschlossen" zu bewerten sein könnte (vgl. *Fahl/Winkler*, AT, § 25 Rn. 16). Ein (strafbefreiender) Rücktritt der C (vom Versuch des Totschlags) gem. § 24 I 1 Alt. 1 StGB – wegen des Anrufs bei der Polizei – kam selbst bei der Lösung des BGH schon angesichts der Tatsache, dass C danach erneut zugeschlagen hatte, kaum in Frage. Im Übrigen läge neben dem Tötungsversuch bei beiden Angekl. auch noch eine – vollendete – Körperverletzung nach §§ 223, 224 I Nr. 2 Alt. 2 (Bratpfanne als „gefährliches Werkzeug"), Nr. 4 („gemeinschaftliche" Begehung setzt nach h.M. nicht zwingend Mittäterschaft voraus, s. *Fahl/Winkler*, BT/2, § 224 Rn. 9) und Nr. 5 (lebensgefährliche Be-handlung) StGB vor (sog. qualifizierter Versuch). – Zu den anderen beiden Problemen (s.o. Rn. 32) sagt der BGH, der den Fall gem. § 354 II StPO an ein anderes Schwurgericht zurückverwiesen hat, dass auch die Frage des Notstandes (wenn auch nicht der Notwehr gem.

§ 32 StGB mangels „Gegenwärtigkeit") zu prüfen sein werde. Auf jeden Fall bedürften (bei C) die Voraussetzungen des § 211 StGB, zumal nach der inneren Tatseite hin, sorgfältiger Prüfung. Mord, begangen oder versucht durch ein kaum 15 1/2 Jahre altes Mädchen sei „nicht leicht" vorstellbar, überdies da C sich zur Tatzeit in großer Erregung und Verzweiflung befunden habe. Auch habe sie sich in einem Gefühl der Ausweglosigkeit und im Zustand erheblich verminderter Zurechnungsfähigkeit (§ 21 StGB) befunden. Es sei danach möglich, dass die Tatsachen, die das Handeln als „heimtückisch" erscheinen ließen, ihr auch angesichts der gegebenen Kräfteverhältnisse zwischen dem Mädchen und dem Stiefvater „nicht zum Bewusstsein gekommen" seien. Keinesfalls war der letzte Hieb heimtückisch geführt, denn da war M schon besinnungslos, konnte also dem Angriff nicht entgegentreten (zur Heimtücketötung bei „Bewusstlosen" s. *Fahl/Winkler*, BT/2, § 211 Rn. 14). – Der BGH will hier also den Vorsatz bzgl. des (objektiven) Tatbestandsmerkmals „Heimtücke" verneinen, später hat er für solche besonderen Fälle im „Türken-Onkel-Fall" eine andere Lösung gefunden (s. dazu § 211 Rn. 12).

36 Vertiefend: *Hertel*, NJW 1966, 2418; *Jäger*, AT, Rn. 60; *Kion*, JuS 1967, 499; *Wessels/Beulke/Satzger*, AT, Rn. 245

§ 13 Begehen durch Unterlassen

1 **Aufbauschema: Vorsätzliches unechtes Unterlassungsdelikt**

I.   Tatbestand

 1. Objektiver Tatbestand

  a) Erfolg

  b) Unterlassen i.S.d. Nichtvornahme einer faktisch möglichen Handlung mit sinnvoller Erfolgsabwendungstendenz

  c) Quasikausalität

  d) Objektive Zurechnung

  e) Einstehenmüssen (Garantenstellung)

  f) Entsprechensklausel bei verhaltensgebundenen Delikten

 2. Subjektiver Tatbestand

II. Rechtswidrigkeit

  Insb. rechtfertigende Pflichtenkollision

III. Schuld

  Insb. Unzumutbarkeit normgemäßen Verhaltens

Ziegenhaar

RG, Urt. v. 23.4.1929 – I 1265/28, RGSt 63, 211   **2**

> Der Angekl. hat für seine Pinselfabrik von einer Händlerfirma chi-   **3**
> nesische Ziegenhaare bezogen und diese trotz der Mitteilung der
> Händlerfirma, dass er sie desinfizieren müsse, ohne vorherige Des-
> infektion durch seine Arbeiter zu Pinseln verarbeiten lassen. Ein
> Arbeiter und drei Arbeiterinnen, die mit der Herstellung der Pinsel
> beschäftigt waren, und eine Arbeiterin, die mit den ersteren in Be-
> rührung kam, wurden durch Milzbrandbazillen, mit denen die Haa-
> re behaftet waren, angesteckt. Alle vier Arbeiterinnen sind an Milz-
> brand gestorben.

1. Problemstellung

Wie die „Ledersprayentscheidung" (§ 25 Rn. 32) wirft auch der   **4**
„Ziegenhaarfall" – wenn man so will ein frühes Beispiel „strafrechtlicher Produzentenhaftung" – mehrere Probleme auf: die Abgrenzung
von Vorsatz und Fahrlässigkeit (s. dazu § 15 Rn. 3 – „Lederriemenfall"); die Frage nach dem richtigen Maßstab für die Kausalitätsprü-
fung (weil die Möglichkeit bestand, dass die Arbeiterinnen sich auch
bei der vorgeschriebenen Desinfektion trotzdem angesteckt hätten) und
schließlich – darauf liegt heute das Hauptaugenmerk im „Ziegenhaar-
klassiker" – die Abgrenzung von Tun und Unterlassen (dazu
Fahl/Winkler, AT, § 13 Rn. 2). Manche meinen, dafür sei entscheidend, ob Energie aufgewendet werden müsse. Das Energieeinsatzkrite-
rium wird jedoch (fast) allgemein für ungeeignet gehalten, da selbst
Atmen Energie verbraucht. Gegen die h.M., die auf den „Schwerpunkt
der Vorwerfbarkeit" abstellt, wird geltend gemacht, dass sie die entscheidenden Kriterien für die Wertung gerade nicht benenne. Bliebe
die Lehre von der „Subsidiarität des Unterlassens", nach der jeder
Sachverhalt zunächst auf die Strafbarkeit wegen aktiven Tuns hin zu
untersuchen ist, und die Abgrenzung anhand von Kausalitätskriterien
(wenn eine Handlung „kausal" für einen Erfolg geworden ist, dann
liegt der „Schwerpunkt" auf einem aktiven Tun).

2. Lösung des RG

Das Ansbacher Amtsgericht (unweit des Pinselmacherortes Bechh-   **5**
ofen) verurteilte den Pinselfabrikanten wegen vierfacher fahrlässiger
Tötung (§ 222 StGB), das LG gelangte zu einem Freispruch, weil es
den „ursächlichen Zusammenhang" zwischen der Fahrlässigkeit des
Angekl. und dem Tod der Arbeiterinnen verneinte, da es sich nicht mit

der für eine Verurteilung notwendigen Sicherheit habe nachweisen lassen, dass die verwendeten Ziegenhaare im Fall einer Desinfektion so keimfrei geworden wären, dass eine Ansteckungsgefahr „ausgeschlossen" gewesen wäre. Das RG hielt diesen Kausalitätsmaßstab (zu Recht) für falsch und hob den Freispruch des Landgerichts auf.

3. Kritik

6   Obwohl die Behandlung des „Ziegenhaarfalles" durch die (drei) Gerichte für die Lehre von der „Subsidiarität des Unterlassens" oder gar die Abgrenzung nach Kausalitätskriterien (Primat des kausalen Tuns) sprechen könnte, sind diese Lehren doch abzulehnen. Gegen die erste spricht, dass sie lediglich eine Prüfungsreihenfolge vorgibt. Und die Abgrenzung anhand der Kausalität wäre nur dann plausibel, wenn nur ein Tun, aber nie ein Unterlassen für einen Erfolg „kausal" sein könnte – dann stünde mit der Kausalität zugleich fest, dass ein Tun dazu geführt hat. So dachte man lange Zeit. Heute sagen wir, dass auch bei Unterlassungen Kausalität („Quasikausalität") zu fordern ist (vgl. *Fahl/Winkler*, AT, § 13 Rn. 3). Danach ist ein Unterlassen dann kausal für einen Erfolg, wenn die gebotene Handlung nicht hinzugedacht werden kann, ohne dass der Erfolg „mit an Sicherheit grenzender Wahrscheinlichkeit entfiele" (s. *Fahl/Winkler*, Def., § 13 Rn. 3).

Der „Schwerpunkt der Vorwerfbarkeit" liegt im „Ziegenhaarfall" – ebenso wie im „Radleuchtenfall" (s. dazu Vor § 1 Rn. 7) – aber letztlich nicht in einem Unterlassen (lat. omissio), sondern in einem Tun. In beiden Fällen ist das Unterlassen nur Modalität des Handelns (Abgabe von unbehandeltem Ziegenhaar bzw. Fahren ohne Licht). Damit gilt: Es muss zur „Überzeugung" (§ 261 StPO) des Gerichts feststehen, dass das Ziegenhaar den Tod durch Milzbrand herbeigeführt hat und andere Ursachen ausscheiden – das ist manchmal gar nicht so einfach festzustellen (z.B. welche Substanz im Lederspray oder ob überhaupt das Lederspray die Lungenödeme alleine oder im Verbund mit Vorschädigungen ausgelöst hat, vgl. § 25 Rn. 32 – „Erdalfall"). Hier aber standen die Todesursache (Milzbrand) und die Quelle der Milzbranderreger (Ziegenhaar) fest. Die bloße „Möglichkeit", dass sich die Arbeiter auch bei Einhaltung der Sicherheitsbestimmungen infiziert hätten, hat als „hypothetischer Kausalverlauf" außer Betracht zu bleiben.

4. Weiterführende Hinweise

7   Lediglich wenn wie im „Radfahrerfall" (s. dazu Vor § 1 Rn. 2) feststünde, dass auch ein sorgfaltsgemäßes Verhalten (sog. rechtmäßiges Alternativverhalten) nichts an der Infektion der Arbeiterinnen geändert hätte, fehlt es (zwar nicht an der „Kausalität", aber) an der Zurechenbarkeit. – Sollte der Fabrikant einen (Eventual-) Tötungsvorsatz gehabt haben („Na wenn schon"!), dann könnte er wegen Versuchs bestraft werden. Handelte er nur „fahrlässig", so entfällt auch diese Möglichkeit („versuchte" Fahrlässigkeit ist straflos). – Letztlich wurde er tatsächlich nur wegen eines Verstoßes gegen die Gewerbeordnung zu einer Geldstrafe verurteilt.

Im „Pistazieneisfall" (BGH JA 1999, 925 – wenn man so will, ein strafprozessrechtlicher „Klassiker") hat der BGH nach zweimaliger Verurteilung der Tante, die der Nichte das Pistazieneis mitgebracht und anschließend den Teller in die Spülmaschine gestellt hatte, wegen Heimtückemordes die Sache (entgegen § 354 I StPO) nicht (erneut) zurückverwiesen, sondern kurzerhand auf Freispruch entschieden. Das ist deshalb bemerkenswert, weil der Grundsatz „in dubio pro reo", auf den sich der 1. Senat bezieht, dem Richter nur vorschreibt, was zu geschehen hat, wenn er zweifelt, aber nicht, wann er (aus Sicht des Revisionsgerichts) zu zweifeln hat. Der BGH sah nicht nur theoretische Möglichkeiten, sondern gewichtige Zweifel darin begründet, dass die T keinerlei Motiv hatte, die geliebte Nichte umzubringen, während sich andererseits die Fälle mehrten, in denen Kaufhauserpresser Lebensmittel vergiftet haben.

Vertiefend: *Führ,* Jura 2006, 265; *Jäger,* AT, Rn. 333; *Roxin,* AT I, § 11 Rn. 74   **8**

---

§ 15 Vorsätzliches und fahrlässiges Handeln

Aufbauschema: Fahrlässiges Begehungsdelikt   **1**

I. Tatbestand

1. Erfolg (bei Erfolgsdelikten)
2. Tathandlung
3. Kausalität
4. Generelle/objektive Sorgfaltspflichtverletzung
   a) (Generelle) Vorhersehbarkeit
   b) (Generelle) Vermeidbarkeit
5. (Sonstige) Objektive Zurechnung des Erfolgseintritts, insb.
   a) Schutzzweckzusammenhang
   b) Pflichtwidrigkeitszusammenhang
   c) Eigenverantwortliche Selbstgefährdung etc.

II. Rechtswidrigkeit

III. Schuld

1. Allgemeine Schuldmerkmale

2. Besondere Schuldmerkmale

3. Fehlen von Entschuldigungsgründen

4. Individuelle/subjektive Sorgfaltspflichtverletzung

   a) (Individuelle) Vorhersehbarkeit

   b) (Individuelle) Vermeidbarkeit

2   **Aufbauschema: Fahrlässiges Unterlassungsdelikt**

I. Tatbestand

1. Erfolg (bei Erfolgsdelikten)

2. Unterlassen i.S.d. Nichtvornahme einer faktisch möglichen Handlung mit sinnvoller Erfolgsabwendungstendenz

3. Quasikausalität

4. Generelle/objektive Sorgfaltspflichtverletzung

   a) (Generelle) Vorhersehbarkeit

   b) (Generelle) Vermeidbarkeit

5. (Sonstige) Objektive Zurechnung des Erfolgseintritts, insb.

   a) Schutzzweckzusammenhang

   b) Pflichtwidrigkeitszusammenhang

   c) Eigenverantwortliche Selbstgefährdung etc.

6. Einstehenmüssen (Garantenstellung)

7. Entsprechensklausel (bei verhaltensgebundenen Delikten)

II. Rechtswidrigkeit

   insb. rechtfertigende Pflichtenkollision

III. Schuld

1. Allgemeine Schuldmerkmale

2. Besondere Schuldmerkmale

3. Fehlen von Entschuldigungsgründen, insb. Unzumutbarkeit normgemäßen Verhaltens → *Rn. 10 ff.*

4. Individuelle/subjektive Sorgfaltspflichtverletzung

   a) (Individuelle) Vorhersehbarkeit

   b) (Individuelle) Vermeidbarkeit

Lederriemen

BGH, Urt. v. 22.4.1955 – 5 StR 35/55, BGHSt 7, 363 = NJW 1955, 1688   **3**

A und B wollten X ausrauben (§§ 249, 25 II StGB). Sie erwogen,   **4**
ihn dazu mit einem ledernen Hosenriemen bis zur Bewusstlosigkeit
zu drosseln. Da sie jedoch erkannten, dass das Opfer dadurch auch
sterben könnte, beschlossen sie, X lieber mit einem Sandsack auf
den Kopf zu schlagen, um ihn zu betäuben. Der Sandsack platzte
jedoch und es kam zu einem Handgemenge, in dessen Verlauf A
und B auf den Lederriemen zurückgriffen und X bis zur Regungslo-
sigkeit drosselten. Dann nahmen sie ihm seine Sachen weg. Anschließend bekamen sie Bedenken, ob X noch lebe, und begannen
mit Wiederbelebungsversuchen, die jedoch nicht erfolgreich waren.

---

1. Problemstellung

Das StGB enthält keine Definition des Vorsatzes. Aus § 16 I 1   **5**
StGB lässt sich lediglich indirekt schließen, dass „Kenntnis" erforderlich ist, sog. kognitives Element (Wissenselement) des Vorsatzes. Vom
(voluntativen) Wollenselement (voluntas, lat., Wille) ist da keine Rede.
Entsprechend wird darum gestritten, ob ein solches überhaupt erforderlich ist (s. *Fahl/Winkler*, AT, § 15 Rn. 3). Manche verzichten darauf
und gehen deshalb davon aus, dass (bedingter) Vorsatz und (bewusste)
Fahrlässigkeit (vgl. zu den Begriffen *Fahl/Winkler*, Def., § 15 Rn. 1, 4,
5) rein objektiv voneinander abzugrenzen sind (s. *Fahl/Winkler*, AT,
§ 15 Rn. 4): sog. Möglichkeitstheorie (vorsätzlich handelt, wer den
Erfolg „für möglich" hält); Wahrscheinlichkeitstheorie (wer ihn als
„wahrscheinlich" voraussieht); Höchstwahrscheinlichkeitstheorie (wer
den Erfolg für „höchstwahrscheinlich" hält). Andere Theorien überbe-
tonen das Willenselement: sog. (Einwilligungs- oder) Billigungstheorie
(wer ihn „billigend in Kauf nimmt" und insofern in den Erfolg „einwil-
ligt") oder auch die Gleichgültigkeitstheorie (wer dem Erfolg „gleichgültig" gegenüber steht). Das taten A und B hier nicht. Sie hatten es
auch nicht (absichtlich) auf den Tod des X angelegt (dolus directus 1.
Grades, *Fahl/Winkler*, Def., § 15 Rn. 2; sog. Absicht „im technischen
Sinne"; s. dazu § 263 Rn. 39 – „Bahnsteigkartenfall"). Vielmehr kam
ihnen der Erfolg höchst „ungelegen".

2. Lösung des BGH

Der BGH entschied, der – für § 212 StGB – nötige Vorsatz liege   **6**
(trotz der Wiederbelebungsversuche) vor. Im Rechtssinne „billige"
einen Erfolg auch, wer sich, um des erstrebten Zieles willen, notfalls,

d.h. sofern er anders sein Ziel nicht erreichen kann, „damit abfindet", dass seine Handlung den an sich „unerwünschten" Erfolg herbeiführt.

3. Kritik

7   Das hat freilich mit der ursprünglichen Bedeutung von „Billigen" als „Gutheißen" nicht mehr viel zu tun. Das Ergebnis aber ist wohl richtig. Im *Lacmann*'schen „Schießbudenfall" (benannt nach *Lacmann*, GA 58 [1911] 109) wettet ein junger Mann mit dem anderen um „zwanzig Mark", dass er es schafft, einem jungen Fräulein auf dem Jahrmarkt eine Glaskugel aus der Hand zu schießen. Bei sich denkt er, für den Fall, dass ich das Mädchen treffe, lasse ich das Gewehr fallen und verschwinde in der Menge. Auch hier ist ihm der Erfolg „höchst unerwünscht" (weil er ja die Wette gewinnen will), aber wenn er abdrückt, dann findet er sich „zähneknirschend" damit „ab". Aber auch die „Wahrscheinlichkeitstheorie" hat einen richtigen Kern: Wenn die Wahrscheinlichkeit, dass die nächste Kammer mit einer Patrone gefüllt ist, immer weiter steigt, wie beim „Russisch Roulette" (s. dazu *Fahl*, Jura 1995, 654), dann ist sie irgendwann so hoch, dass der Täter schlechterdings nicht mehr auf das Ausbleiben „vertrauen" (vgl. dazu *Fahl/Winkler*, Def., § 15 Rn. 5) kann. Handelt er dennoch, so nimmt er den Erfolg in Kauf. Die hohe oder niedrige Wahrscheinlichkeit gestattet also (vom Objektiven her) den Rückschluss auf die subjektive Seite.

4. Weiterführende Hinweise

8   Vorsätzlich handelt demnach, wer den Erfolg mindestens (kognitiv) „für möglich" hält und sich (voluntativ) damit „abfindet", während fahrlässig handelt, wer „die Gefahr erkennt" (kognitiv), aber auf das Ausbleiben des Schadens (voluntativ) „vertraut" (s. *Fahl/Winkler*, AT, § 15 Rn. 4). Nun muss man zugeben, dass es viele Fälle gibt, z.B. Überholen vor einer Kuppe, um rechtzeitig zu erscheinen, von denen man das eine so gut sagen kann wie das andere. Es drängt sich gar der Verdacht auf, dass dies gewollt ist und in Wahrheit nach ganz anderen Kriterien – aus dem Bauch (man sagt: Judiz) heraus – unterschieden wird: Wegen des vorsätzlichen Delikts wird ein Täter bestraft, von dem man annimmt, dass er „böse" sei; für Fahrlässigkeit wird hingegen bestraft, wer nur „dumm" ist! Beim Autofahrer gingen unsere Gerichte bisher davon aus, er sei nur dumm und nicht böse. Das hat sich erst durch den Berliner Raserfall (auch: „Kudamm-Raser" – LG Berlin, NStZ 2017, 471) geändert (aufgehoben durch BGHSt 63, 88). Wenig hilfreich ist jedenfalls die sog. *Frank*'sche Formel, die besagt, dass Fahrlässigkeit anzunehmen ist, wenn sich der Täter sagt: „Es wird schon gut gehen!", wohingegen Vorsatz vorliegen soll, wenn sich der Täter sagt: „Na, wenn schon!" (*Reinhard Frank*, 1860–1934, deutscher

Rechtswissenschaftler, Strafrechtskommentator und „König der Formeln", seine vielleicht berühmteste ist die für die Freiwilligkeit beim Rücktritt, s. § 24 Rn. 2 – „Erna-Fall")

Schließlich muss noch ein Wort zur „Hemmschwellentheorie" verloren werden (s. *Fahl/Winkler*, BT/2, § 212 Rn. 8), der zufolge der Mensch wegen seiner biologisch-genetischen Disposition vor Tötungen eher „zurückschreckt", weshalb auch in Fällen (erkannt) „äußerst gefährlicher Gewaltanwendungen" – „Schütteln" eines Säuglings durch den überforderten Vater – Vorsatz häufig verneint wurde (aber eben auch bei: Tritten gegen den Kopf „nach Art eines Fußballspielers" oder „Bordstein-Klatschen" durch Skins). Insofern ist sie zu Recht aufgegeben worden. Sie wird aber noch immer benötigt, um zu erklären warum in derselben Situation (z.B. Zufahren auf einen Halt gebietenden Polizisten) Tötungsvorsatz verneint und gleichzeitig Körperverletzungsvorsatz bejaht werden kann.

Vertiefend: Zum „Lederriemen-Fall": *Engisch*, NJW 1955, 1688; *Hillenkamp/Cornelius*, Probleme AT, 1. Problem; *Krey/Esser*, AT, Rn. 387 ff.; *Puppe*, HRRS 2018, 393; *Roxin*, JuS 1964, 53; *ders.*, HRR, Fall 7; zum „Russisch Roulette": *Fahl*, Jura 1995, 654; zur „Hemmschwellentheorie": *Fahl*, JuS 2013, 499 **9**

Leinenfänger

RG, Urt. v. 23.3.1897 – 576/97, RGSt 30, 25 **10**

A stand als Droschkenkutscher im Dienste des B. Von einem der beiden Pferde wussten sowohl A als auch sein Arbeitgeber B, dass es ein sog. Leinenfänger war, d.h. es hatte die Gewohnheit, die Leine zwischen Schweif und Körper einzufangen, was die Steuerung erheblich erschwert und beim Versuch, die Leine wieder zu lösen, dazu führen kann, dass die Pferde durchgehen. A fürchtete, durch die Weigerung, mit dem Pferde zu fahren, „seine Stelle und sein Brot" zu verlieren. So geschah es, dass A eines Tages die Kontrolle über das Gespann völlig verlor und dieses den an der Seite der Chaussee gehenden Schmied C beim Weitergallopieren so erfasste, dass dieser unter den Wagen geriet und einen Beinbruch erlitt. **11**

1. Problemstellung

Die „Zumutbarkeit normgemäßen Verhaltens" (oder umgekehrt die „Unzumutbarkeit" als Entschuldigungsgrund) findet sich nur an wenigen Stellen im StGB: in § 35 I 2 Alt. 2 StGB (als Rückausnahme – vgl. § 35 Rn. 9 zum „Wettermannfall") und in § 323c StGB – dort allerdings (nach h.M.) schon im Tatbestand (*Fahl/Winkler*, BT/3, § 323c **12**

Rn. 7). Hier geht es aber dem Schwerpunkt der Vorwerfbarkeit nach
(vgl. § 13 Rn. 2 – „Ziegenhaarfall“; s. auch *Fahl/Winkler*, Def., § 13
Rn. 2) nicht um irgendein Unterlassen (den B nicht überredet zu haben,
auf den Einsatz des Pferdes als Droschkengaul zu verzichten), sondern
um ein Tun (die Fahrt dennoch angetreten zu haben) und damit das
normale Fahrlässigkeitsdelikt (§ 229 StGB; s. zum Fahrlässigkeitsauf-
bau *Fahl/Winkler*, Def., Vor § 15 Rn. 1). Insbesondere Kausalität und
objektive (oder: generelle) sowie (in der Schuld zu prüfende) subjektive („individuelle“) Sorgfaltspflichtverletzung (mit den beiden Elemen-
ten „Vorhersehbarkeit“ und „Vermeidbarkeit“) waren – unstreitig –
gegeben. Entsprechend rügte die StA (vgl. § 344 StPO), das LG Glei-
witz habe seinen Freispruch „auf einen im Gesetz nicht anerkannten
Strafausschließungsgrund gestützt“.

2. Lösung des RG

13   Das RG meinte, wollte man den Satz aufstellen, es müsse zur Ver-
meidung der strafrechtlichen Verantwortlichkeit wegen Fahrlässigkeit
jede Handlung unterlassen werden, bezüglich derer die Möglichkeit
gegeben und vorhersehbar sei, dass dadurch ein anderer verletzt werde,
so würde dies zu Konsequenzen führen, deren Unvereinbarkeit mit den
bestehenden Lebensverhältnissen und den Bedürfnissen des Verkehrs
offensichtlich sei. Die Entscheidung darüber müsse vom Richter aus
der Beschaffenheit der konkreten Verhältnisse geschöpft werden und
liege im Wesentlichen auf dem Gebiet der tatsächlichen Würdigung.
Es sei seine Sache zu erwägen, ob es dem Angekl. als Pflicht zugemutet werden konnte, aus Rücksicht auf die Möglichkeit sich den Befeh-
len seines Dienstherren zu entziehen und den Verlust seiner Stellung
auf sich zu nehmen, oder ob er die Rücksicht zurückstehen lassen
durfte. Ein Rechtsfehler liege in der Verneinung dieser Frage jedenfalls
nicht.

3. Kritik

14   Vieles von dem, was das RG formuliert hat, wird heute noch unter
den Stichworten „Sozialadäquanz“ und „erlaubtes Risiko“ bei der
objektiven Zurechnung (s. dazu Vor § 1 Rn. 2 – „Radfahrerfall“; zur
„Selbstgefährdung“, die hier in Betracht käme, wenn nur A sich verletzt hätte, Vor § 1 Rn. 9 – „Heroinspritzenfall“ sowie „Stechapfeltee“,
Vor § 1 Rn. 16) diskutiert. Aber jede Entscheidung ist letztlich eine
„Einzelfallentscheidung“ und muss „aus der Beschaffenheit der konkreten Verhältnisse“ geschöpft werden. Das heißt aber nicht, dass sie
der revisionsrechtlichen Überprüfung damit entzogen wäre. Die Frage,
ob eine „strafrechtliche Verantwortlichkeit wegen Fahrlässigkeit“
vorliegt, ist es jedenfalls nicht. – Die Erwägungen zum möglichen

das Trinken, sog. actio praecedens). Tragend ist der Gedanke, dass der Täter noch im schuldfähigen („freien") Zustand die Ursache für die spätere unfreie Tatbegehung gesetzt hat, dass die Handlung also „im Ursprung" (in causa) „frei" (libera) war: actio libera in causa (alic).

2. Lösung des RG

Das RG meinte, das, was der A im Zustande „sinnloser Trunken- **4** heit" getan („vollführt") habe, sei nicht „loszulösen von dem, was er bewußt und willensfrei gethan hatte, bevor er sich in diesen Zustand versetzte." Je nachdem, ob er den später eingetretenen Erfolg seiner Handlung wollte (vorsätzliche Alic) oder zwar nicht wollte, aber doch als möglich voraussehen konnte (fahrlässige Alic), habe er denselben „vorsätzlich oder aus Fahrlässigkeit" verursacht. Hätte der Angekl. „bei der Fahrt durch die Stadt die Zügel seines wilden Pferdes einem bewusstlosen Dritten in die Hand gegeben, so würde er rechtlich nichts anderes gethan haben" – in dem einen wie im anderen Fall habe er „bewusst und willensfrei eine Handlung vorgenommen, durch welche die unverständige Leitung des Fuhrwerkes durch eine unzurechnungs-fähige Person herbeigeführt wurde".

3. Kritik

Dieses Argument, dass der Täter sich gewissermaßen selbst als **5** schuldunfähiges Werkzeug benutzt wie bei der mittelbaren Täterschaft einen anderen (§ 25 I Alt. 2), wird noch heute viel bemüht (sog. Mittelbare-Täterschaft-Modell). Doch der Vergleich hinkt, denn der Täter hat zu keinem Zeitpunkt eine irgendwie geartete Wissens- oder Wollensüberlegenheit (vgl. *Fahl/Winkler*, AT, § 20 Rn 3). Das sog. Tatbe-standsmodell („Vorverlagerung" der tatbestandsmäßigen Handlung ins Trinken) scheitert an der Existenz verhaltensgebundener Delikte (z.B. § 315c: „Führen" ungleich Trinken), und das sog. Schuld(-ausnahme)modell (die Anknüpfung für den Schuldvorwurf wird „aus-nahmsweise" vorverlegt) verstößt gegen das verfassungsrechtliche Schuldprinzip. So hat die Rspr. die Alic (zwischenzeitlich) für mit dem Gesetz unvereinbar erklärt und sämtliche Modelle verworfen (sog. Unvereinbarkeitstheorie). – Was übrig bleibt, ist die Bestrafung aus § 323a StGB (der aber erst durch das „Gesetz gegen gefährliche Ge-wohnheitsverbrecher" vom 24.11.1933 als § 330a eingefügt wurde). Die Begehung einer „rechtswidrigen Tat" (sog. Rauschtat) ist dort kein Tatbestandsmerkmal, sondern objektive Bedingung der Strafbarkeit, auf die sich – das ist gerade der Witz solcher Strafbarkeitsbedingungen – der Vorsatz (bei der Tathandlung) nicht beziehen muss.

4. Weiterführende Hinweise

6   Bei § 222 StGB kann man die „Alic" freilich bei der Falllösung auch für überflüssig halten, weil jedes sorgfaltspflichtwidrige Verhalten genügt, aber wer sich betrinkt, um seine Frau umzubringen (§ 212 oder gar § 211 StGB), weil er weiß, dass er es im nüchternen Zustand nicht schaffen würde, der käme mit einer Verurteilung aus § 323a StGB allzu „billig" weg.

Im Übrigen kennen wir eine „Vorverlagerung" auch im Bereich der Handlungslehre. Wenn die Mutter ihr wenige Monate altes Baby im Schlaf erstickt, kann mangels Handlungsfähigkeit nicht an das Verhalten im Schlaf, sondern muss an die frühere Handlung (etwa, dass sie ihr Kind neben sich gelegt hat) angeknüpft werden. Im Bereich der Rechtfertigungsgründe sprechen wir von „actio illicita in causa", wenn statt auf das zum Tatzeitpunkt gerechtfertigte auf ein früheres Verhalten abgestellt werden soll (z.B. bei der „Absichtsprovokation", vgl. *Fahl/Winkler*, AT, § 32 Rn. 14; s. auch Vor § 32 Rn. 9 – „Myom-Fall").

7   Vertiefend: *Fahl*, JA 1999, 842

§ 22 Versuch

1   **Aufbauschema: Versuch**

Vorprüfung

– Keine Vollendung

– Strafbarkeit des Versuchs, § 23 I i.V.m. § 12

I. Tatbestand

1. Subjektiver Tatbestand (Tatentschluss)

a) Tatbestandsvorsatz

b) Spezielle Absichten (z.B. Zueignungsabsicht)

c) Sonstige besondere subjektive Merkmale (z.B. Mordlust etc.)

2. Objektiver Tatbestand (unmittelbares Ansetzen)

II. Rechtswidrigkeit

III. Schuld

IV. Persönliche Strafausschließungs- und -aufhebungsgründe

1. Rücktritt, § 24

2. Absehen von Strafe, § 23 III

Pfeffertüte

BGH, Urt. v. 20.12.1951 – 4 StR 839/51, NJW 1952, 514   **2**

> A und B waren übereingekommen, einen Kassenboten zu überfal- **3**
> len und warteten mit einem Auto unweit der Straßenbahnhaltestelle,
> an der der Bote auszusteigen pflegte, um ihn auszurauben. Er muss-
> te nach ihrer Berechnung alsbald mit den Lohngeldern eintreffen.
> Sie hielten den Pfeffer bereit, den sie ihm in die Augen streuen
> wollten, und ließen bei jeder Ankunft einer Straßenbahn den Motor
> des Fluchtwagens an, um sofort nach Ausführung der Tat das Weite
> suchen zu können. Nachdem sie vier Straßenbahnen abgewartet
> hatten, erkannten sie, dass sie den Geldboten an diesem Tage ver-
> fehlt hatten, und entfernten sich.

1. Problemstellung

Wann beginnt der Versuch? Das Gesetz verlangt heute (damals galt **4**
noch eine andere Vorschrift) ein „unmittelbares" Ansetzen (§ 22
StGB). Nach der formal-objektiven Theorie ist das der Fall, wenn
mindestens ein Tatbestandsmerkmal (beim Raub gem. § 249 StGB also
entweder die Gewalt oder die Wegnahme) erfüllt ist. Nach der sog.
Gefährdungstheorie (auch „materiell-objektive" Theorie) kommt es
darauf an, ob ein Rechtsgut (hier: das Eigentum) bereits „in Gefahr"
gebracht wurde. Nach der „Zwischenaktstheorie" darf zwischen der
fraglichen Handlung und dem Erfolg kein weiterer wesentlicher Zwi-
schenakt mehr liegen. Und nach der subjektiven Theorie – z.B. der
Bockelmann'schen „Theorie von der Feuerprobe der kritischen Situati
on" – muss der Täter den „point of no return" überschritten haben (s.
zum Meinungsstreit: *Fahl/Winkler*, AT, § 22 Rn. 4). Die (wohl) h.M.
vertritt heute einen Kombinationsansatz (auch: „gemischt objektiv-
subjektive Theorie"), wonach der Täter (subjektiv) die Schwelle zum
„Jetzt-geht-es-los" überschritten und (objektiv) das Rechtsgut bereits
„gefährdet" haben muss (vgl. *Fahl/Winkler*, Def., § 22 Rn. 4), was
wiederum dann der Fall ist, wenn die Handlung des Täters ohne weitere wesentliche Zwischenschritte in die Tatbestandsverwirklichung
einmünden soll (s. *Fahl/Winkler*, Def., § 22 Rn. 5).

2. Lösung des BGH

Der BGH meint, indem die Täter ihrem Opfer „aufs Beste" ausge- **5**
rüstet aufgelauert und alles „ihrerseits Erforderliche" getan hatten,
hätten sie „bei natürlicher Betrachtung" den Tatbestand des Versuchs
verwirklicht. Es handele sich nicht lediglich um die (grds. straflose)

Vorbereitung eines Verbrechens (Bereitstellung der Angriffsmittel), sondern bereits um den Anfang der Ausführung. Eine andere Beurteilung würde nach dem BGH dem allgemeinen Rechtsempfinden widersprechen und „nicht zuletzt den Angekl. selbst unverständlich" erscheinen. Der Umstand, dass es zur unmittelbaren Gefährdung nur deshalb nicht gekommen ist, weil das Opfer nicht am Tatort erschien, rechtfertigt keine andere Beurteilung, weil der Versuch nach st. Rspr. auch dann strafbar sei, wenn ein Merkmal des gesetzlichen Tatbestandes zwar fehlt, aber vom Täter irrtümlich angenommen werde.

3. Kritik

6   Dass die Täter sich „aufs Beste" ausgerüstet hätten, darf aus heutiger Sicht bezweifelt werden, ebenso auch, ob ihnen ihr Freispruch wirklich unverständlich erschienen wäre. Außerdem ist das allgemeine Rechtsempfinden meist ein schlechter Berater. Mit der Wendung, das „ihrerseits Erforderliche" getan zu haben, wird zudem herkömmlich das „Beendetsein" des Versuchs i.S.d. § 24 I 1 StGB (s. *Fahl/Winkler*, Def., § 24 Rn. 3) umschrieben. Hier aber geht es um die Vorfrage, ob die Handlung überhaupt Versuchsqualität hat. Es handelt sich auch weniger um einen Tatbestandsirrtum als vielmehr um einen „untauglichen Versuch" (s. dazu noch § 25 Rn. 9 ff. – „Münzhändler") insofern, als die Täter ihre Tat in der geplanten Weise an diesem Tag gar nicht ausführen konnten. In diesem Sinne war der Versuch von vornherein zum Scheitern verurteilt. Der subjektive Tatbestand jedoch (= Vorsatz), mit dem die Versuchsprüfung beginnt, liegt vor und braucht eine Entsprechung im objektiven Tatbestand nur insoweit zu finden, als sie dazu „unmittelbar" angesetzt haben mussten. – Und das ist (wohl) nach allen oben dargestellten Theorien zu verneinen, insb. auch nach dem Kombinationsansatz, weil die Täter zwar (subjektiv) die Schwelle zum „Jetzt-geht-es-los" überschritten haben mögen, aber noch keine „Rechtsgutsgefährdung" eingetreten ist. Dass eine unmittelbare Gefährdung (die beim Aussteigen des Boten vorhanden gewesen wäre) herannaht, ist eben noch keine unmittelbare Gefährdung. Wenn es noch kein Versuch, sondern nur straflose Vorbereitung ist, wenn der Täter sich auf den Weg zum Opfer macht, dann muss es genauso sein, wenn das Opfer sich erst auf den Weg zum Täter macht (*Fahl/Winkler*, AT, § 22 Rn. 5).

4. Weiterführende Hinweise

7   Geht man – mit dem BGH – von einem Versuch aus, so stellt sich die Frage, ob die Täter von dem Versuch zurücktreten konnten, indem sie unverrichteter Dinge den Pfeffer einpackten und wieder nach Hause gingen, § 24 StGB. Der BGH nimmt zu Recht einen „Fehlschlag" an.

Allerdings ist der Versuch nicht fehlgeschlagen, weil das erwartete Opfer (objektiv) ausblieb, wie der BGH meint, sondern weil die Täter (subjektiv) davon ausgingen, dass sie den Geldboten verpasst hatten (zu diesem Streit *Fahl/Winkler*, AT, § 24 Rn. 11).

Die Gerichte haben sich in den „Auflauerungsfällen" (zu denen letztlich auch der „Rose-Rosahl-Fall" gehört, s. § 26 Rn. 2) immer wieder auf den Standpunkt gestellt, das Auflauern am Tatort sei bereits der Versuch des Delikts, ebenso in den sog. Klingelfällen, z.B. BGHSt 26, 201 (Tankstellenfall), wo die Angekl. einen Tankwart berauben wollten und sich zu diesem Zweck bereits die Strumpfmasken übergezogen hatten und die Pistole bereithielten. Auf das Läuten öffnete aber niemand. – Auch hier hat der BGH Versuch angenommen, allerdings unterscheidet sich der Fall dadurch, dass das Opfers nach der Vorstellung der Täter bereits am Tatort anwesend war und nicht erst angereist kommen sollte. Aber auch diese Entscheidung ist umstritten; viele Autoren verlangen, dass sich eine Person schon der Tür genähert haben müsse oder wenigstens das Licht im Hause angeht.

Vertiefend: *Bockelmann*, JZ 1951, 468; *Fahl*, JA 1997, 635; *Mezger*, NJW **8** 1952, 514; *Roxin*, HRR, Fall 46

Bärwurz (Passauer Giftfalle)

> BGH, Urt. v. 12.8.1997 – 1 StR 234/97, BGHSt 43, 177 = NJW 1997, 3453   **9**

> A, ein Apotheker, war Opfer eines Einbruchdiebstahls geworden, bei **10** dem Unbekannte sich in der im Erdgeschoß gelegenen Küche warme Speisen zubereitet und auch dort vorhandene Flaschen mit verschiedenen Getränken ausgetrunken hatten. A stellte deshalb im Flur eine Schnapsflasche „Echter Hiekes Bayerwaldbärwurz" auf, die er mit Gift befüllte. Da auch die Polizei davon ausging, dass die Täter an den folgenden Tagen noch einmal zurückkommen würden, um die zum Abtransport bereitgestellte Diebesbeute abzuholen, hielten sich vier Polizeibeamte in dem Haus auf. Als A erkannte, dass auch ihnen von der Giftflasche Gefahr drohte, wies er die Beamten, die die Flasche nicht angerührt hatten, auf deren giftigen Inhalt hin, entfernte die Flasche aber nicht und erklärte sich auch erst auf Zureden des Beamten mit der Sicherstellung der Flasche einverstanden.

1. Problemstellung

Der Sachverhalt könnte aus dem Lehrbuch stammen. Tatsächlich **11** findet sich bereits Jahre zuvor folgender Fall im Leipziger Kommentar:

Der T mischt Gift unter das Kaffeepulver des verreisten Opfers O. Wann beginnt hier der Versuch (s. allgemein zum Versuchsbeginn *Fahl/Winkler*, AT, § 22 Rn. 4; s. auch § 22 Rn. 2 ff. – „Pfeffertüten-fall")? Sofort? Wenn der T geht? Oder gar erst, wenn mit der Rückkehr des O zu rechnen ist? Zwar hat der Täter „alles zur Tatbestandsvewirk-lichung Erforderliche" getan (was für einen sogar „beendeten Versuch" spricht, s. *Fahl/Winkler*, Def., § 24 Rn. 3, von dem ein „Rücktritt" nur noch durch Verhinderung der Vollendung möglich wäre, § 24 I 1 Alt. 2 StGB). Aber was ist, wenn das Opfer aus dem Urlaub nie zu-rückkehrt (weil es am Strand von einem Tsunami erfasst wird oder sein Flugzeug auf dem Rückflug an den Alpen zerschellt oder über der Ukraine abgeschossen wird)? – Im „Bärwurzfall" ist dieses Problem noch kombiniert mit dem Problem der „Personenverwechslung" (s. *Fahl/Winkler*, AT, § 16 Rn. 2; vgl. dazu § 26 Rn. 4 – „Rose-Rosahl"), weil A es ja nicht auf die Polizisten, sondern eigentlich die Einbrecher abgesehen hatte (zu den an den Tötungsvorsatz im Unterschied zum bloßen Vergiftungsvorsatz gem. § 224 I Nr. 1 Alt. 1 StGB zu stellen-den Anforderungen s. § 15 Rn. 3 – „Lederriemen"). Der Fall heißt übrigens nicht „Passauer Giftfalle", weil er in Passau spielte (das tat er nicht, sondern im Bayerischen Wald), sondern weil Vorinstanz das LG Passau war.

2. Lösung des BGH

12   Dieses Mal entschied der BGH anders als im „Pfeffertütenfall" das RG und sah die Schwelle zum Versuch eines Tötungsdelikts (mit dem LG) noch nicht als überschritten an. Dass die Diebe zurückkehren und von dem Schnaps trinken würden, sei schon wegen der vier im Hause versteckten Polizeibeamten nicht zu erwarten gewesen, so dass A allenfalls noch mit einem späteren, nicht mehr polizeilich überwachten Auftauchen der Einbrecher und deren Griff zur Giftflasche rechnen konnte. Damit sei aber auch aus seiner maßgeblichen Sicht (vgl. § 22 StGB: „nach seiner Vorstellung von der Tat") noch keine Gefährdung eingetreten, und die Gefährdung der observierenden Polizisten habe der Angekl. zuerst gar nicht bedacht und somit auch nicht in seinen Vorsatz aufgenommen. Auf die Gefährdung der Polizeibeamten könne die Annahme, der Versuch habe bereits begonnen, deshalb auch nicht gestützt werden.

3. Kritik

13   Das ist aber gerade zweifelhaft: Strukturell handelt es sich, da das Opfer selbst die Flasche an den Mund setzen muss, um einen Fall der „mittelbaren Täterschaft" mit dem Opfer als „Tatmittler gegen sich selbst" (wie der BGH richtig erkennt). In einem solchen Fall beginnt der Versuch für den Hintermann aber, sobald er das Werkzeug aus seinem Einflussbereich entlässt (wie einen abgeschossenen Pfeil) und das Geschehen somit „aus den Händen" gibt (s. *Fahl/Winkler*, AT, § 22 Rn. 12). – Ob das hier in der kurzen Zeit, in der die Polizisten die Gefahr nicht kannten, der Fall war, darüber kann man streiten. Immerhin waren sie – anders als der Geldbote im „Pfeffertütenfall" und anders als die eigentlich anvisierten Einbrecher – bereits am Tatort anwesend. Dass sie gar nicht gemeint waren, spielt angesichts der in diesem Fall auch zwischen Einbrechern und Polizisten zu bejahenden rechtlichen „Gleichwertigkeit" keine Rolle (s. *Fahl/Winkler*, AT, § 16 Rn. 2) – insofern wäre es auch falsch zu argumentieren, der A habe sich „zähneknirschend" mit der Möglichkeit abgefunden, dass es die Polizisten treffen könnte, denn das ist weder zutreffend, noch ist es nötig. Andererseits erscheint es nicht eben wahrscheinlich, dass die Beamten im Dienst heimlich von den Schnapsvorräten kosten, so dass man bei ihnen (anders als bzgl. der Einbrecher) evtl. doch voraussetzen muss, dass sie die Flasche bereits an die Lippen gesetzt oder wenigstens Durst bekommen haben.

4. Weiterführende Hinweise

Bejaht man (entgegen dem BGH) Versuchsbeginn, so wäre fraglich, 14 ob A „freiwillig" zurückgetreten ist (§ 24 I 1 Alt. 2 StGB), da er von den Polizeibeamten erst überredet werden musste, der Sicherstellung zuzustimmen. Andererseits hat er sie „freiwillig" gewarnt und so die Gefahr für die Polizisten beseitigt – und für die Einbrecher, die nicht kamen, bestand so wenig eine Gefahr wie für den Geldboten, der nie gekommen ist. Als „Qualifikationsmerkmal" (vgl. *Fahl/Winkler*, BT/2, § 211 Rn. 2 a.E.) kommt das Mordmerkmal „Heimtücke" (s. dazu *Fahl/Winkler*, Def., § 211 Rn. 5) sowie „gemeingefährliche Mittel" (s. *Fahl/Winkler*, Def., § 211 Rn. 10) in Frage. – Von einer bloßen Förderung „eigenverantwortlicher Selbstgefährdung" der Einbrecher (bzw. Polizisten) wird man dagegen schon deshalb nicht ausgehen können, weil A das Risiko besser überblickte als jene (ausf. dazu Vor § 1 Rn. 9 ff. – „Heroinspritze" und „Stechapfeltee"). Und von einer „antizipierten Notwehr" ggüb. den Einbrechern (s. dazu *Fahl/Winkler*, AT, § 32 Rn. 6) kann (wohl) ebenfalls nicht die Rede sein.

In BGH NStZ 1998, 249 („Sprengfalle") installierten die beiden Angekl. eine Handgranate unter dem Auto, das sie für das Auto des zu Tötenden hielten, so, dass sie beim Losfahren hoch gehen sollte – tatsächlich gehörten Auto und Garage zum Nachbarn, der die Handgranate beim Losfahren abriss. – Hier ist die Frage des Versuchsbeginns relativ eindeutig, immerhin ist der Nachbar mit dem Auto bereits losgefahren. Bejaht man den Versuch an ihm, so ist für den Versuch am eigentlich Gemeinten kein Raum mehr (vgl. *Fahl/Winkler*, AT, § 16 Rn. 3 – in der Vollendung am „Falschen" steckt nicht zugleich der Versuch am „Richtigen"). Dafür stellte sich umso heftiger die Frage, ob es sich nicht eher um eine „aberratio ictus" (Stichwort: „Daneben getroffen!") handelte (ausf. *Fahl/Winkler*, AT, § 16 Rn. 6).

15 **Vertiefend:** *Baier*, JA 1999, 771; *Böse*, JA 1999, 342; *Derksen*, GA 1998, 592; *Gössel*, JR 1998, 293; *Kudlich*, JuS 1998, 596; *Otto*, NStZ 1998, 243; *Puppe*, AT, § 20 Rn. 28 ff.; *Roxin*, JZ 1998, 211; *Wolters*, NJW 1998, 578

Salzsäure II

16 BGH, Urt. v. 26.1.1982 – 4 StR 631/81, BGHSt 30, 363 = NJW 1982, 1164

17 | A wollte seinen Nebenbuhler J töten. Dafür gewinnt er B und C und übergibt ihnen ein Fläschchen mit Salzsäure. Den B und C, die J überfallen und ausrauben sollen, sagt er aber, es handele sich um ein einfaches Schlafmittel. B und C öffnen aus Neugier die Flasche, riechen daran und lassen davon ab, als ihnen klar wird, was für eine Flüssigkeit das ist.

1. Problemstellung

18   Die Voraussetzungen der mittelbaren Täterschaft (§ 25 I Alt. 2 StGB) kraft „Wissensüberlegenheit" liegen vor. Auch wenn A die beiden nicht darüber täuschte, dass sie eine strafbare Handlung begehen sollten, so verheimlichte er ihnen doch Umstände, die den Tatbestand einer schwereren Tat (§§ 211, 212 StGB) begründeten, als sie sich vorstellten (§§ 249, 250 StGB). Das genügt (man kann von einer Täuschung über den „Handlungssinn" sprechen oder schlicht darauf abstellen, dass sie die Tötung unvorsätzlich – „Defizit" – begehen sollten). Allerdings befanden sich B und C noch im Vorbereitungsstadium (vgl. dazu § 22 Rn. 2 – „Pfeffertütenfall"), als sie vom Plan abließen (kein „Rücktritt" nach § 24 StGB, vgl. *Fahl/Winkler*, AT, § 24 Rn. 15). Fraglich ist, ob das auch für A gilt. Einer Meinung zufolge beginnt der Versuch (einheitlich) für alle (erst), wenn das Werkzeug mit der Tatausführung beginnt (vgl. zur sog. Gesamtlösung – im Unterschied zur „Einzellösung" – bei der Mittäterschaft *Fahl/Winkler*, AT, § 22 Rn. 12; s. dazu auch § 25 Rn. 9 – „Münzhändler"). Andere Zeitpunkte, auf die abgestellt werden könnte, sind der Beginn bzw. der Abschluss der Einwirkung des Hintermanns auf das Werkzeug (vgl. *Fahl/Winkler*, AT, § 22 Rn. 12).

2. Lösung des BGH

Der BGH bringt noch einen weiteren Aspekt mit ins Spiel: In mit- **19**
telbarer Täterschaft versuche eine Straftat, wer nach seiner Vorstellung
(§ 22 StGB) die erforderliche „Einwirkung auf den Tatmittler" (s. dazu
oben) „abgeschlossen" habe, so dass dieser „im unmittelbaren Anschluss" (?) die Tat ausführen solle und das geschützte Rechtsgut
damit bereits „gefährdet" sei (letzteres ist die allgemeine Voraussetzung, s. *Fahl/Winkler*, AT, § 22 Rn. 4). Wer die Tat durch einen anderen (§ 25 I Alt. 2 StGB) begehen wolle, der setze zur Verwirklichung
unmittelbar an i.S.d. § 22 StGB, wenn er den Tatmittler zur Tatausführung „bestimmt hat" (vgl. dieselbe Diktion in § 26 StGB) und ihn „aus
seinem Einwirkungsbereich entlässt".

3. Kritik

Das „Entlassen aus dem Einflussbereich" (wie ein abgeschossener **20**
Pfeil) hat sich als ein geeigneter Anknüpfungspunkt auch dort erwiesen, wo der Täter das Opfer gleichsam zum Werkzeug gegen sich
selbst macht (wie z.b. bei der „Passauer Giftfalle", § 22 Rn. 9), ist aber
mit Vorbehalten zu versehen, wo sich der Täter selbst zum Werkzeug
macht (wie bei der „Alic"; s. dazu den „Milchfahrerfall", § 20 Rn. 1).

4. Weiterführende Hinweise

Der Fall heißt bei *Roxin* „Flusssäure-Fall", weil A später auch noch **21**
einem Gerüstbauer G eine Plastikflasche mit angeblich essigsaurer
Tonerde übergab, die in Wahrheit 39%-ige „Merck-Flusssäure" ent-
hielt, mit der G den J anspritzen sollte, angeblich damit A die Wohnung des J während dessen Krankenhausbesuches ausrauben könne; G
übergab die Flasche aber der Kriminalpolizei (vgl. zu einem ähnlichen
Fall BGHSt 39, 236, s. dazu bei § 25 Rn. 14).

Wegen der großen Beliebtheit von „Salzsäure" als Tatmittel gibt es
aber auch noch mehrere „Salzsäurefälle", die gelegentlich durchnum-
meriert werden, z.B. „Salzsäure I" (BGHSt 15, 113: Der Angekl.
schlug seine Ehefrau hinterrücks nieder und schüttete ihr danach aus
einer bereit gestellten Flasche Salzsäure ins Gesicht und in die Augen,
um ihr Sehvermögen zu zerstören – Der Tatbestand der „Vergiftung"
gem. § 229 StGB a.F. ist inzwischen aufgegangen in § 224 I Nr. 1
StGB, aber die Streitfrage, ob für die „Beibringung" auch eine äußerliche Anwendung genügt, ist geblieben; s. dazu *Fahl/Winkler*, BT/2,
§ 224 Rn. 3) und „Salzsäure III" (BGHSt 32, 130: Der Angekl. sprühte
aus einer Plastikflasche 30%-ige Salzsäure ins Gesicht seiner schlafenden Ex-Braut – außer § 229 StGB a.F. kommt auf jeden Fall noch
§ 226 I Nr. 1 StGB in Betracht; zur Frage, ab wann von einem „Ver-

lust" der Sehfähigkeit auszugehen ist, *Fahl/Winkler*, BT/2, § 226
Rn. 3; zur Frage, ob hier eine „versuchte Erfolgsqualifikation" derge-
stalt denkbar ist, dass die schwere Folge zwar vom Vorsatz umfasst,
aber nicht eingetreten ist, s. *Fahl/Winkler*, AT, § 22 Rn. 14 f.; zur
„Entstellung"i.S. von Nr. 3 vgl. *Fahl/Winkler*, Def., § 226 Rn. 8–10).

22 Vertiefend: *Herzberg*, JuS 1985, 1; *Kühl*, JuS 1983, 180; *Küper*, JZ 1983, 361;
Puppe, AT, § 24 Rn. 1; *Roxin*, HRR, Fall 52; *Seier*, JA 1982, 369; *Sippel*, NJW
1983, 2226; *ders.*, JA 1984, 480; *Teubner*, JA 1984, 144

23 Erfolgsqualifizierter Versuch

*Beachte: Vor dem erfolgsqualifizierten Versuch (Grunddelikt nur versucht,
schwere Folge dabei aber bereits verwirklicht) sollte das Grunddelikt geprüft
werden. Dann können im Tatbestand 1. und 2. entweder ganz weggelassen
oder insoweit in aller Kürze auf die vorangegangene Prüfung verwiesen
werden.*

Vorprüfung

– Keine Vollendung (des Grunddelikts)
– Strafbarkeit des erfolgsqualifizierten Versuchs, § 23 I i.V.m. § 12

I. Tatbestand

1. Subjektiver Tatbestand (Tatentschluss) des Grunddelikts
2. Unmittelbares Ansetzen bzgl. des Grunddelikts
3. Eintritt der qualifizierenden schweren Folge
4. Kausalität zwischen Grunddeliktsversuch und schwerer Folge
5. Fahrlässigkeit bzgl. der schweren Folge
   a) Generelle/objektive Sorgfaltspflichtverletzung bei objektiver Vorher-
      sehbarkeit der schweren Folge (Vermeidbarkeit ergibt sich schon aus
      dem Grunddeliktsversuch)
   b) Leichtfertigkeit (falls gefordert)
6. (Sonstige) Objektive Zurechnung
7. Unmittelbarkeitszusammenhang

II. Rechtswidrigkeit

III. Schuld

1. Allgemeine Schuldmerkmale
2. Individuelle/subjektive Sorgfaltspflichtverletzung
   bei subjektiver Vorhersehbarkeit der schweren Folge

IV. Persönliche Strafausschließungs- und -aufhebungsgründe

1. Rücktritt, § 24
2. Absehen von Strafe, § 23 III

Pistolenknauf

BGH, Urt. v. 2.2.1960 – 1 StR 14/60, BGHSt 14, 110 = NJW 1960, 683   **24**

Polizist P wurde von Betrunkenen beschimpft und bedrängt. Im   **25**
Zurückweichen zog er seine Dienstpistole. Die Betrunkenen, die es
„heute darauf ankommen lassen" wollten, ob er schießen würde,
sagten: „Schieß doch, du Feigling". Als P dem einen der beiden, der
bereits am Boden lag, mit dem Pistolenknauf noch einen Schlag auf
den Hinterkopf versetzen wollte, wobei er den Zeigefinger noch
immer am Abzugsbügel hatte, löste sich ein Schuss, der B in den
Kopf traf und tötete.

---

1. Problemstellung

Zwar liegt nach h.M. in jeder Tötung als „Durchgangsstadium" eine   **26**
Körperverletzung (sog. Einheitstheorie, s. *Fahl/Winkler*, BT/2, § 223
Rn. 7), der Schlag, um den es ging, war aber nur versucht, §§ 223,
224 I Nr. 2 Alt. 2, 22 StGB – Pistolenknauf nicht als „Waffe", sondern
als „gefährliches Werkzeug", das „der konkreten Art seiner Verwendung nach geeignet ist, erhebliche Verletzungen" (z.B. Schädelfraktur)
herbeizuführen" (s. *Fahl/Winkler*, Def., § 224 Rn. 5). Fraglich ist, ob
als (weiterer) Qualifikationstatbestand §§ 227, 22 StGB eingreift, also
– mit anderen Worten – ob ein sog. erfolgsqualifizierter Versuch derge-
stalt möglich ist, dass der Grundtatbestand nur versucht, die fahrlässig
verursachte (§ 18 StGB) schwere Folge aber bereits eingetreten ist (vgl.
Fahl/Winkler, AT, § 22 Rn. 13).

2. Lösung des BGH

Der BGH bejaht das, letztlich mit dem Argument, dass der Gesetz-   **27**
geber bei § 227 StGB nicht an den Körperverletzungs*erfolg*, sondern
an die Körperverletzungs*handlung* angeknüpft habe (vgl. *Fahl/Wink-
ler*, BT/2, § 227 Rn. 5).

3. Kritik

Das wird mit dem Argument bestritten, dass sich in dieser Konstel-   **28**
lation gerade nicht die spezifische Gefahr des vom Vorsatz umfassten
(für sich genommen relativ ungefährlichen) Schlags realisiert hat (s.
zum Erfordernis eines sog. Unmittelbarkeitszusammenhangs und auch
zur sog. Letalitätsthese s.u. § 227 Rn. 2 ff. – „Rötzel-Fall"). Die Gefahr, dass sich dabei ein Schuss löse, sei eine bloße „Begleiterschei-
nung" des Schlages, die fahrlässige Tötung damit bloß „anlässlich" der
vorsätzlichen Körperverletzung geschehen, erscheine aber nicht als

deren typische Folge. Das handlungsbezogene Verständnis von „Körperverletzung" und somit auch die Interpretation des § 227 StGB durch den BGH sind jedoch vom Wortlaut gedeckt. Seitdem unterscheiden wir beim „erfolgsqualifizierten Versuch" (nicht nur bei § 227 StGB, sondern) ganz allgemein danach, ob die schwere Folge an die bloße Tathandlung des Grundtatbestandes anknüpft (dann ist der Versuch möglich) oder an den vollen Erfolg (dann nicht – vgl. *Fahl/Winkler*, AT, § 22 Rn. 13).

4. Weiterführende Hinweise

29   Bei vielen anderen Tatbeständen kann man indes noch darüber streiten, ob die schwere Folge an die Grundhandlung oder nicht doch eher an den Grunderfolg anknüpft (z.B. *Fahl/Winkler*, BT/3, § 306b Rn. 3). Bei manchen Delikten kommt noch hinzu, dass der Versuch des Grunddelikts gar nicht strafbar ist, so dass die Konstruktion eines „erfolgsqualifizierten Versuchs" hier gar nicht straferhöhend, sondern strafbegründend wirken würde (vgl. *Fahl/Winkler*, BT/2, § 238 Rn. 4).

Vom „erfolgsqualifizierten Versuch" ist noch die „versuchte Erfolgsqualifikation" zu unterscheiden, die durch den Wortlaut des § 18 StGB („wenigstens Fahrlässigkeit") ermöglicht wird, was Vorsatz (und damit Versuch) nicht von vornherein ausschließt (s. *Fahl/Winkler*, AT, § 18 Rn. 2) und nach h.M. dann in Frage kommt, wenn ein gesonderter Erfolgstatbestand fehlt (z.B. bei § 226 StGB). Wo hingegen ein solcher existiert (z.B. bei § 227 StGB), wird der Täter (nur) aus dem Grunddelikt und wegen des versuchten Erfolgsdelikts (hier: §§ 212, 22 StGB) bestraft (näher *Fahl/Winkler*, AT, § 22 Rn. 14).

Was den Ausgangsfall anbelangt, so ist auch noch §§ 340, 22 StGB (Körperverletzung im Amt) als (weiterer) Qualifikationstatbestand („Amtsdelikt", „Sonderdelikt") zu prüfen, und natürlich wäre in einer Prüfungsarbeit auch auf die Frage der Rechtfertigung (§ 32 StGB) einzugehen – immerhin hat der Angreifer das Risiko des Eintritts ungewollter Nebenfolgen der Abwehrhandlung selbst zu tragen (vgl. *Wessels/Beulke/Satzger*, AT, Rn. 518). Zwar kann sich nach h.M. auch ein Polizist auf Notwehr (zumindest zur Selbstverteidigung) berufen (s. *Fahl/Winkler*, AT, § 32 Rn. 19 – bzgl. der „Nothilfe" mag durchaus etwas anderes gelten, s.u. § 32 Rn. 9 – „Daschner-Fall"). Da der Angreifer aber bereits am Boden lag, handelt es sich jedoch um eine „Notwehrüberschreitung", die unter den Voraussetzungen des § 33 StGB (Verwirrung, Furcht, Schrecken – sog. asthenische Affekte, s. *Fahl/Winkler*, Def., § 33 Rn. 3) allenfalls entschuldigt werden kann (nach der h.M. fällt der „nachzeitige extensive Notwehrexzess" unter § 33 StGB, weil eine Notwehrlage immerhin einmal bestand, s. *Fahl/Winkler*, AT, § 33 Rn. 2).

Tatsächlich stellt sich das Kathederproblem im Originalfall jedoch gar nicht, da P den B zuvor – immer mit dem Finger am Abzug – bereits einige Male mit der Dienstwaffe geschlagen und so zu Fall gebracht hatte, bevor er zu dem fraglichen Schlag ausholte. In einem solchen Fall handelt es sich gar nicht um eine versuchte, sondern um eine einzige, „iterativ" verwirklichte, vollendete Körperverletzung (vgl. *Wessels/Beulke/Satzger*, AT, Rn. 1251).

Vertiefend: *Hillenkamp/Cornelius*, Probleme AT, 16. Problem; *Kühl*, HRR, Nr. 30   **30**

§ 24 Rücktritt

Aufbauschema   **1**

Beachte: *Dieses Aufbauschema ist ein spezielles Schema für den Prüfungspunkt Persönliche Strafaufhebungsgründe – Rücktritt – im Rahmen einer Versuchsprüfung.*

a) Kein fehlgeschlagener Versuch

b) Geeignete Rücktrittshandlung

   – § 24 I 1 Alt. 1   aa) Unbeendeter Versuch

   bb) Aufgeben der weiteren Tatausführung

   – § 24 I 1 Alt. 2   aa) Beendeter Versuch

   bb) Verhinderung der Vollendung

   – § 24 I 2   aa) Beendeter Versuch

   bb) Tat wird ohne Zutun des Täters nicht vollendet

   cc) Ernsthaftes Bemühen um Vollendungsverhinderung

   – § 24 II 1   aa) Versuch, an dem mehrere beteiligt sind

   bb) Kausale Erfolgsverhinderung

   – § 24 II 2 Alt. 1   aa) Versuch, an dem mehrere beteiligt sind

   bb) Vollendungsverhinderungsbemühungen des Täters nicht kausal für Nichtvollendung

cc) Ernsthaftes Bemühen um Vollendungsverhinderung

   – § 24 II 2 Alt. 2   aa) Versuch, an dem mehrere beteiligt sind

   bb) Tat wird ohne Zutun des Täters vollendet

   cc) Ernsthaftes Bemühen um Vollendungsverhinderung

c) Freiwilligkeit

Erna

2   BGH, Urt. v. 14.4.1955 – 4 StR 16/55, BGHSt 7, 296 = NJW 1955, 915

3   A traf in den frühen Abendstunden beim Spazierengehen auf einem
Waldweg die ihm bis dahin unbekannte, 26-jährige E, die nach
Hause wollte. Nach einigen Worten umfasste er sie und warf sie zu
Boden, um mit ihr geschlechtlich zu verkehren. Er versuchte sie zu
küssen und fasste ihr an die Brust. Da E körperlich unterlegen war,
setzte sie sich nicht zur Wehr. Sie forderte vielmehr den A auf, es
„doch nicht mit Gewalt zu versuchen". Sie sollten sich erst etwas
ausruhen, und wenn er dann noch mit ihr verkehren wolle, könne er
das ohne Gewalt haben. E hoffte, hierdurch Zeit zu gewinnen und
vielleicht jemand zu entdecken, den sie um Hilfe bitten konnte. A
ließ auf diese Worte hin von ihr ab, und beide standen auf. Da sah E
in einiger Entfernung zwei Spaziergänger. E rief um Hilfe. A ent-
floh.

1. Problemstellung

4   Ist A „freiwillig" vom Versuch der Vergewaltigung (§§ 177 I, VI
Nr. 1, 22 StGB) zurückgetreten, als er (noch bevor die Fußgänger
auftauchten) von E auf ihr Versprechen hin abließ, ihr später Geschlechtsverkehr zu gewähren (§ 24 I 1 Alt. 1 StGB)? „Freiwillig"
handelt nach der berühmten *Frank'*schen Formel, wer sich sagt „Ich
will nicht, selbst wenn ich könnte", wohingegen unfreiwillig handelt,
wer sich sagt „Ich kann nicht, selbst wenn ich wollte". Hier scheint
ersteres vorzuliegen, immerhin könnte A die Aufforderung der E in
den Wind schlagen und sich jetzt mit Gewalt nehmen, was er später
(vielleicht) ohne Gewalt haben kann (und vielleicht bereitet manchen
Tätern ja gerade die Gewalt den besonderen „Kick"). Dann hätte Erna
zwar das getan, was man jeder jungen Frau in dieser Situation nur
raten müsste zu tun, nämlich den Hinhalte-Trick angewendet, aber
gerade darum ginge der Täter (jedenfalls unter dem Gesichtspunkt der
Vergewaltigung) am Ende straflos aus.

2. Lösung des BGH

5   Das LG nahm einen unfreiwilligen Rücktritt an (wobei die Vorschrift des § 46 I Nr. 1 StGB a.F. damals noch etwas anders formuliert
war und voraussetzte, dass der Täter die beabsichtigte Handlung auf-
gab, ohne dass er an der Ausführung „durch Umstände gehindert
worden ist, welche von seinem Willen unabhängig waren"), weil die
„nunmehr sichere Aussicht des Angekl., auf eine weit angenehmere

Art und ohne die Befürchtung strafrechtlicher Verfolgung zu seinem
Ziele zu kommen" für die Willensbildung und damit für den Rücktritt
des A ein derart starker Beweggrund gewesen sei, dass für ihn vernünftigerweise eine „freie Wahl" überhaupt nicht mehr bestanden habe. Der
BGH sah das anders, weil der Anstoß zum strafbefreienden Rücktritt
auch „von außen" kommen könne, z.b. Zureden des Opfers. Entscheidend sei nur, ob der Täter trotz dieser Einwirkung noch Herr seiner
Entschlüsse blieb und die Ausführung seines Verbrechensplans noch
für möglich hielt, also weder durch eine äußere Zwangslage daran
gehindert, noch durch einen seelischen Druck unfähig wurde, die Tat
zu vollbringen (sog. psychologische Zwangstheorie), und verwies die
Sache an das LG Hagen zur weiteren Klärung zurück (§ 354 II StPO).

3. Kritik

Die Kritik dagegen liegt auf der Hand und besteht darin, dass sich in   **6**
dem Verhalten des A keine irgendwie zu honorierende Umkehrleistung
oder Einstellungsänderung manifestierte. Warum sich mit Gewalt
nehmen, was ihm „wie eine reife Frucht in den Schoß zu fallen" be-
gann? – Außerdem wäre der spätere Geschlechtsverkehr seitens der E
gar nicht freiwillig gewesen, sondern nur der anfänglichen Gewaltanwendung geschuldet, und damit nur die Fortsetzung der Vergewaltigung gewesen. Deshalb muss man den Fall schon so umwandeln, dass
E den A erfolgreich auf den Abend vertröstet hätte, an dem dieser mit
einem Blumenstrauß in der Hand und einer Flasche Wein vor der Tür
der E aufgetaucht wäre, wo er dann von der Polizei festgenommen
worden wäre, die ihm anstelle der E geöffnet hätte.

4. Weiterführende Hinweise

Die Problematik im „Erna-Fall" ähnelt ein wenig dem bekannten   **7**
Problem, ob ein Rücktritt noch möglich ist, wenn der Täter sein außer-
tatbestandliches Handlungsziel bereits erreicht hat (beispielsweise das
Schlagen nicht mehr nötig ist, weil das Opfer seine „Lektion" bereits
„verstanden" hat, sog. Denkzettelfälle) oder nicht (die wohl h.M.
bejaht das, s. dazu *Fahl/Winkler*, AT, § 24 Rn. 7) – nur dass es hier
gerade um das tatbestandliche Handlungsziel (sexuelle Handlungen)
geht.

Bei der Falllösung ist auch noch ein anderes Problem zu beachten,
das auch den BGH im Fall beschäftigt hat, ob der Täter von der Tat
endgültig Abstand nehmen muss oder es genügt, dass er die konkrete
Tat aufgibt (so die h.M., vgl. *Fahl/Winkler*, AT, § 24 Rn. 5), weil es
nämlich auch hier so sein könnte, dass A die Tat gar nicht endgültig
aufgegeben, sondern nur einstweilen zurückgestellt hatte (als dann

allerdings die Spaziergänger auftauchten und E um Hilfe rief, war der Versuch „fehlgeschlagen").

8 **Vertiefend:** *Roxin*, HRR, Fall 60

Lilo

9   BGH, Urt. v. 28.2.1956 – 5 StR 352/55, BGHSt 9, 48 = NJW 1956, 718

10 A fuhr mit dem Fahrrad von hinten an die vor ihm fahrende B heran, um sie zu vergewaltigen. Er versetzte ihr einen Schlag auf den Kopf, so dass sie von ihrem Fahrrad fiel, ließ dann selbst sein Rad fallen und stürzte sich auf sie. Als B ihn erkannte, rief sie: „Herrmann, lass mich los!" Darauf A überrascht: „Lilo, Du?" Darauf ließ er von ihr ab und stammelte: „Wenn ich das gewusst hätte, hätte ich das nicht gemacht. Schade, dass Du es bist!" Er sagte ihr noch, dass er sich schäme und sich das Leben nehmen wolle, falls sie ihn anzeige.

1. Problemstellung

11   Wie schon im (knapp ein Jahr älteren) „Erna-Fall" (s.o. Rn. 2) ging es auch hier einmal mehr um einen Rücktritt vom Versuch der Vergewaltigung (§§ 177 I, VI Nr. 1, 22 StGB). Wieder lag es so, dass der Täter (theoretisch) auch hätte weitermachen können, das aber (aus guten Gründen) nicht tat. Freiwillig? (Wobei die Frage, ob es so etwas wie einen „freien Willen" überhaupt gibt oder ob der Mensch nicht stets das tut, was er aufgrund seiner Gene oder der Erziehung tun „muss", eine – ungeklärte – philosophische Frage ist, die der Gesetzgeber für § 24 StGB jedenfalls dahingehend beantwortet hat, dass das prinzipiell möglich sein muss!)

2. Lösung des BGH

12   Der BGH betont, dass das Absehen des Täters nicht „sittlich billigenswert" oder „verdienstvoll" (sog. Verdienstlichkeitstheorie – zu den Folgen daraus für den Charakter des § 24 StGB als „Strafaufhebungs-" oder „Entschuldigungsgrund" s. *Fahl/Winkler*, AT, § 24 Rn. 11) sein muss. So können auch sittlich neutrale oder gar missbilligenswerte Motive genügen, solange sie nur „autonom" (selbstgesetzt) sind. So hält der BGH an seiner – schon aus dem „Erna-Fall" bekannten – sog. psychologischen Zwangstheorie (die eigentlich eine „Theorie des psychologischen Zwangs" ist) fest und verweist die Sache zur weiteren Klärung zurück (§ 354 II StPO), ob das Motiv psychologisch so „unwiderstehlich" war, dass es sich bereits um einen Zwang handelte, oder nicht.

3. Kritik

Die Kritiker meinen, dass man die Sache nicht erst hätte zurückver- **13** weisen müssen, um das zu erkennen. Zwar stehe die „Angst vor Strafe" der Annahme von „autonomen Motiven" und damit von Freiwilligkeit nicht entgegen (das Gesetz soll ja gerade „abschrecken"), auch hat der „Erna-Fall" gezeigt, dass der Anstoß zum strafbefreienden Rücktritt durchaus auch „von außen" kommen kann, aber hier sei es ja (wie der BGH richtig erkennt) nicht die allgemeine Strafandrohung gewesen, sondern erst die Entdeckung, die gewirkt hat. Erfahrungsgemäß setzen sich Verbrecher über das Strafgesetz in der Regel deshalb hinweg, weil sie hoffen, nicht ermittelt oder jedenfalls nicht überführt zu werden. Wer die Fortführung der Tat aufgibt, weil diese Hoffnung getrogen hat, bleibt gefährlich und strafwürdig (sog. Gefährlichkeitstheorie – wonach der Grund für die Straflosigkeit des Täters darin liege, dass er sich letztlich doch nicht als „gefährlich" erwiesen habe). – Wenn das Weitermachen für den Täter eine so große Gefahr birgt, dass er sie „vernünftigerweise" nicht auf sich nehmen konnte, dann habe der Rücktritt als unfreiwillig zu gelten. *Roxin* (der im Übrigen im „Lilo-" wie im „Erna-Fall" eine „normative" Bestimmung der Freiwilligkeit befürwortet) hat daraus das Kriterium der „Verbrechervernunft" abgeleitet. Danach ist vom Standpunkt eines „vernünftigen Verbrechers" aus zu beurteilen, ob das Weitermachen sinnvoll ist oder das Risiko zu hoch erscheint. Deshalb (und nicht wegen „psychischer Unmöglichkeit" des Weiterhandelns) wäre der Rücktritt dann als unfreiwillig zu behandeln.

4. Weiterführende Hinweise

Über den innersten Grund für die Strafaufhebung nach § 24 StGB **14** (Gefährlichkeitstheorie, Prämientheorie, Gnadentheorie, Schulderfüllungstheorie) besteht freilich noch immer Unklarheit. Obwohl der BGH sie im „Lilo-Fall" mit der Begründung ablehnt, daran dächten die Verbrecher in aller Regel gar nicht, halten viele nach wie vor die Theorie von der „goldenen Brücke" für richtig – wobei diese aber richtiger Ansicht nach nicht so sehr im Interesse des Täters, sondern vielmehr zum Schutz des Opfers besteht (weil sich der Täter nicht sagen muss, dass er durch das Aufhören nichts mehr zu gewinnen und durch das Weitermachen nichts mehr zu verlieren habe, s. *Fahl/Winkler*, AT, § 24 Rn. 5, 13).

Im „Lilo-Fall" dürfte es sich im Übrigen um einen sog. Fehlschlag gehandelt haben – anders als im „Erna-Fall" (s.o. Rn. 2) vor dem

Auftauchen der Spaziergänger (es sei denn, es sei dem Vergewaltiger dort gerade um das gewaltsame Nehmen gegangen). Die Rspr. sieht diesen normalerweise als einen eigenständigen, außerhalb des § 24 StGB stehenden Fall an, der es schon ausschließt, überhaupt in dessen Prüfung einzutreten. Richtigerweise ist der „Fehlschlag" jedoch nur ein (krasser) Unterfall des „unfreiwilligen Rücktritts" (s. *Fahl/Winkler*, AT, § 24 Rn. 10) in Fällen, die so handgreiflich sind, dass ein Weitermachen „vernünftigerweise" ausscheidet, wie der vorliegende Fall eindrucksvoll zeigt.

15 **Vertiefend:** *Fahl*, JA 2003, 757; *Eser*, Studienkurs II, Fall 32; *Krey/Esser*, AT, Rn. 1300 ff.; *Roxin*, HRR, Fall 61

Holzkugel (Gummiball)

16 RG, Urt. v. 11.6.1906 – I 1145/05, RGSt 39, 37

17 A und B sahen in einem von einem Lattenzaun umschlossenen Garten einen roten Gegenstand auf dem Boden liegen, den sie für einen Gummiball hielten, der in Wahrheit aber eine schwere Holzkugel war. A wollte den vermeintlichen Gummiball haben, um ihn seinen Geschwistern zu schenken. Er forderte daher den B auf, ihn zu holen. Während A ruhig stehen blieb, riss B daraufhin zwei Latten aus dem Zaun und drang in den Garten ein. Als B den Gegenstand aufhob und erkannte, dass sie beide eine Holzkugel für einen Gummiball gehalten hatten, legte B die Kugel wieder an ihren Platz und verließ den Garten.

1. Problemstellung

18   Der „Holzkugel-" oder „Gummiball-"Fall kann einem in der Ausbildung an verschiedenen Stellen begegnen: beim Versuch(-sbeginn) mit Beteiligung mehrerer (§ 22 StGB), beim Rücktritt (§ 24 StGB), bei der mittelbaren Täterschaft (§ 25 I Alt. 2 StGB), bei der Anstiftung (§ 26 StGB), der Beihilfe (§ 27 StGB) und schließlich beim Diebstahl (§ 242 StGB), beim Vorsatz und bei der „Drittzueignungsabsicht", sodass er sich der eindeutigen Zuordnung entzieht (die Einordnung beim Rücktritt folgt *Eser/Burkhardt*). Seinen „Klassiker"-Status verdankt er gerade dieser Vielseitigkeit und wohl auch dem memorablen Sachverhalt. – Das LG jedenfalls verurteilte A (der ruhig dabei gestanden hatte) wegen versuchten Diebstahls und sprach B vom Vorwurf der Beihilfe nach § 46 Nr. 1 StGB a.F. (Rücktritt) frei.

2. Lösung des RG

Das RG sah in A eher einen Anstifter (§ 26 StGB) als einen mittel- **19** baren Täter (§ 25 I Alt. 2 StGB), gestand aber auch A die Wohltat eines Rücktritts zu, wobei das Problem, das das RG damit hatte, dass § 46 Nr. 1 StGB a.F. vom „Täter" (und seinem Willen) sprach, nicht aber vom Anstifter oder Gehilfen, sich heute nicht mehr stellt – § 24 II StGB regelt nun den Fall, dass „an der Tat mehrere beteiligt sind" (und „Beteiligte" sind nach § 28 II StGB bekanntlich „Täter oder Teilnehmer"). Allerdings kehrt das Problem heute in Form der Frage wieder, nach welcher Vorschrift sich der Rücktritt desjenigen richtet, der einen Helfer oder Anstifter hat (s. dazu *Fahl/Winkler*, AT, § 24 Rn. 14). § 24 II StGB ist nämlich richtiger Ansicht nach keine lex specialis für die Beteiligung mehrerer, sondern eine spezielle Zurechnungsnorm für den, dem fremdes Verhalten zugerechnet wird, d.h. der Rücktritt des B, der die Kugel mit eigenen Händen selbst zurückgelegt hat, richtet sich nicht nach § 24 II StGB, sondern nach § 24 I 1 StGB (ob nach der ersten oder zweiten Alternative sei einmal dahingestellt, vgl. näher dazu *Fahl/Winkler*, AT, § 24 Rn. 14).

3. Kritik

Zunächst einmal ist fraglich, ob RG und LG die Beteiligungsver- **20** hältnisse richtig getroffen haben: Dabei bestand damals das – aus dem „Gänsebuchtfall" (§ 242 Rn. 2 ff.) bekannte – Problem, dass § 242 StGB keine „Drittzueignungsabsicht" kannte. Man behalf sich, indem man entweder sagte, dass man einem anderen eine Sache gar nicht zueignen könne, ohne sie sich zuvor selbst zugeeignet zu haben (auch A wollte den Ball ja nicht für sich haben, sondern für seine Geschwister, deshalb redet das Urteil davon, er wollte den Gummiball „für sich haben und dann seinen Geschwistern schenken", s. dazu *Fahl/Winkler*, BT/2, § 242 Rn. 24). Oder man griff zur Konstruktion des „absichtslosdolosen" Werkzeugs und bejahte eine „normative" Tatherrschaft desjenigen, der die nötige Zueignungsabsicht hatte (A), über den, dem sie fehlte (B). Danach wäre A in der Tat der Täter (Hintermann) und B (Tatmittler) sein „Werkzeug". Keinesfalls war B aber bloß Gehilfe (wie das LG meinte). Das widerspräche § 25 I Alt.1 StGB, wonach als Täter bestraft wird, wer die Tat „selbst" begeht (s. § 27 Rn. 2 – „Badewannenfall").

Zweitens liegt richtiger Ansicht nach überhaupt kein „freiwilliger" Rücktritt vor, weder bei B noch bei A (der freilich gar keine Rücktrittsleistung i.S.d. § 24 II StGB erbracht hat, was seiner Strafbefreiung – anders als das RG meinte – durchaus im Wege stehen könnte), sondern ein „Fehlschlag" (s.o. „Lilo-Fall"). Der B könnte die Holzkugel zwar noch mitnehmen (sofern sie nicht im Boden fest verankert ist), aber das hat eben keinen Sinn, wenn der Plan war, einen Ball zum Ballspielen zu verschenken. Anders wäre es, wenn der Täter den Unterschied nicht erkannt hätte oder auch für eine Holzkugel noch eine Verwendung (als Gartenschmuck oder Geschenk) gehabt hätte. – Tatsächlich hat B auf dem Rückweg noch eine Puppe aus dem Garten entwendet – das spielte aber keine Rolle, weil es sich aus Sicht des A um einen „Exzess" (*Fahl/Winkler*, Def., § 25 Rn. 7) handelte, wenn sich sein Vorsatz nicht generell auf die Mitnahme von „Stehlenswertem" bezog.

4. Weiterführende Hinweise

21   Zur Vollendung des Diebstahls reicht es nicht, die Sache bloß in die Hand zu nehmen (so aber die „Kontrektationstheorie", *Fahl/Winkler*, BT/2, § 242 Rn. 14). Darum kam nur Versuch in Betracht. Bei der Mittäterschaft beginnt der Versuch nach der sog. Einzellösung für jeden Mittäter gesondert dann, wenn er zu seinem jeweiligen Tatbeitrag ansetzt, nach der (vorzugswürdigen) „Gesamtlösung" für alle gemeinsam dann, wenn einer von ihnen beginnt (s. *Fahl/Winkler*, AT, § 22 Rn. 10). Bei der mittelbaren Täterschaft (§ 25 I Alt. 2 StGB) hingegen beginnt der Versuch nach h.M. nicht einheitlich für alle gemeinsam mit dem unmittelbaren Ansetzen des Werkzeugs, sondern für den Hintermann regelmäßig schon früher, nämlich dann, wenn er das Werkzeug aus seinem Einflussbereich entlässt (s. § 22 Rn. 16 – „Salzsäurefall"; s. auch *Fahl/Winkler*, AT, § 22 Rn. 12). Das hat A aber wohl zu keinem Zeitpunkt getan, dann beginnt der Versuch für ihn aber spätestens mit dem unmittelbaren Ansetzen des Werkzeugs.

Das Herausbrechen zweier Latten aus dem Zaun ist eine Sachbeschädigung (§ 303 StGB) und das Betreten des Gartens ein Hausfriedensbruch (§ 123 StGB), von dem jedoch zweifelhaft ist, ob er in mittelbarer Täterschaft begehbar ist (s. *Fahl/Winkler*, AT, § 123 Rn. 11). Würden sie die Holzkugel mitgenommen haben, so würden diese beiden Delikte vom Einbruchsdiebstahl (§§ 242, 243 I Nr. 1 StGB) aber (wohl) konsumiert (vgl. *Fahl/Winkler*, BT/2, § 243 Rn. 16).

22 **Vertiefend:** *Eser*, Studienkurs II, Fall 35

§ 25 Täterschaft

1 **§ 25 I Alt. 2 Mittelbare Täterschaft**

Aufbauschema: Mittelbare Täterschaft, § 25 I Alt. 2

A. Strafbarkeit des Tatnächsten (Vordermann)

B. Strafbarkeit eines weiteren Beteiligten als mittelbarer Täter

I. Tatbestand

 1. Objektiver Tatbestand

  a) Nicht alle Tatbestandsmerkmale in eigener Person selbst (§ 25 I Alt. 1) verwirklicht, aber

  b) Täterqualität

   aa) Kein eigenhändiges Delikt

   bb) Sondereigenschaft bei Sonderdelikten vorhanden

  c) Tatbegehung „durch" einen anderen aufgrund

   aa) Strafbarkeitsdefizits des Tatmittlers, da dieser

    (1) tatbestandslos

    (2) vorsatzlos oder absichtslos

    (3) nicht rechtswidrig oder

    (4) schuldlos bzw. vermindert schuldfähig handelt

  oder

   bb) Organisationsherrschaft

 2. Subjektiver Tatbestand

  a) Vorsatz bzgl. sämtlicher Merkmale des objektiven Tatbestandes, insb. auch Bewusstsein der eigenen Tatherrschaft bzw. Täterwille

  b) Spezielle Absichten

  c) Sonstige besondere subjektive Merkmale

 3. Möglichkeit der Tatbestandsverschiebung, § 28 II

II Rechtswidrigkeit

III.Schuld

Katzenkönig

BGH, Urt. v. 15.9.1988 – 4 StR 352/88, BGHSt 35, 347 = NJW 1989, 912	2

Die Angekl. A, B und C (zwei Männer und eine Frau) lebten in einem von Mystizismus, Scheinerkenntnis und Irrglauben geprägten neurotischen Beziehungsgeflecht zusammen. B und C gelang es, den A davon zu überzeugen, dass ein „Katzenkönig" die Welt bedrohe und A auserkoren sei, mit B und C zusammen den Kampf gegen diesen aufzunehmen. B, die damit die neue Frau ihres Ex beseitigen wollte, spiegelte dem A vor, dass der Katzenkönig ein Menschenopfer in Gestalt der O verlange. Trotz erheblicher Gewis-   **3** sensbisse – seine Bedenken, dies sei Mord, wurden von B und C (der den A, wie B wusste, dadurch „loswerden" wollte) damit beschwichtigt, dass dies nicht für sie gelte, es ein göttlicher Auftrag sei und sie die Menschheit zu retten hätten – suchte A die O in ihrem Blumenladen unter dem Vorwand auf, Rosen kaufen zu wollen, und stach mit einem ihm zu diesem Zweck noch überlassenen Fahrtenmesser hinterrücks auf Hals, Gesicht und Körper der ahnungslosen O ein. O überlebte, weil Dritte ihr zu Hilfe eilten und A deshalb von ihr abließ, um entsprechend seinem „Auftrag" unerkannt fliehen zu können.

1. Problemstellung

4   Das Problem liegt nicht bei A, sondern bei B und C, die sich des A bedient haben, um O zu töten. Die mittelbare Täterschaft (§ 25 I Alt. 2 StGB) setzt nach der „subjektiven Theorie" (s. dazu § 27 Rn. 2 ff. – „Badewannenfall") lediglich Täterwillen (animus auctoris), nach der Tatherrschaftslehre (darüber hinaus) voraus, dass der „Hintermann" (hier: eine „Hinterfrau") das Geschehen kraft Wissens- (oder wenigstens, vgl. § 242 Rn. 2 – „Gänsebuchtfall" – Wollens-) überlegenheit beherrscht und der „Vordermann" so als „menschliches Werkzeug" in den Händen des „planvoll-lenkenden" Hintermanns erscheint (vgl. *Fahl/Winkler*, AT, § 25 Rn. 6). Das wird man wohl – wenn B und C selbst nicht an den Quatsch glaubten, den sie A (einem Polizisten!) weismachten – sagen können. Die Frage ist nur, ob die Tatsache, dass A „volldeliktisch" handelte, d.h. tatbestandsmäßig (§ 211 StGB), rechtswidrig (s.u. Rn. 7) und schuldhaft (vgl. § 17 S.2 StGB: „vermeidbaren Verbotsirrtum"), seiner Werkzeugeigenschaft und damit der Beurteilung als mittelbarer Täter entgegensteht (vgl. *Fahl/Winkler*, AT, § 25 Rn. 8).

2. Lösung des BGH

5   Der BGH verneint das. Aus dem Gesetzeswortlaut wie auch aus der systematischen Stellung der Rechtsfigur der mittelbaren Täterschaft zwischen unmittelbarer Täterschaft und Anstiftung lasse sich kein prinzipieller Vorrang für eine Lösungsmöglichkeit herleiten. § 25 I Alt. 2 StGB erfordert kein derart enges Verständnis der mittelbaren Täterschaft, wie z.T. aus dem „Verantwortungsprinzip" in Fällen des „vermeidbaren Verbotsirrtums" hergeleitet werde. Wie der Vergleich der Fälle des unvermeidbaren Verbotsirrtums – hier sei unbestritten mittelbare Täterschaft möglich – mit denen des vermeidbaren Verbotsirrtums zeige, handele es sich um ein „Wertungsproblem". Mittelbarer Täter sei danach, wer mit Hilfe des von ihm bewusst hervorgerufenen Irrtums das Geschehen gewollt ausgelöst habe und so steuere, dass der

Irrende bei wertender Betrachtung als sein „wenn auch (noch) schuldhaft handelndes" Werkzeug anzusehen sei.

3. Kritik

Ist der „Vordermann" aber als Täter strafbar und der „Hintermann" **6** ebenso, dann kommt es unweigerlich zur (umstrittenen) Figur des „Täters hinter dem Täter" (s. dazu § 25 Rn. 16 ff. – „Dohnafall"; s. dazu auch *Fahl/Winkler*, Def., § 25 Rn. 6; AT, § 25 Rn. 10). Nach der Gegenansicht schließt die Tatsache, dass der Vordermann selbst „vollverantwortlich" handelt, seine Werkzeugeigenschaft und damit mittelbare Täterschaft (§ 25 I Alt. 2 StGB) insgesamt aus. Es bleibt nur, den Hintermann als „Anstifter" (§ 26 StGB) zu bestrafen.

4. Weiterführende Hinweise

Tatsächlich wirft der Fall noch eine Reihe weiterer Probleme auf: **7** Zunächst haben sowohl A (vgl. *Fahl/Winkler*, Def., § 211 Rn. 5: „Ausnutzen der auf Arglosigkeit beruhenden Wehrlosigkeit" – „hinterrücks") als auch B (Rache, Eifersucht – zu letzter: *Fahl/Winkler*, BT/2, § 211 Rn. 10) (gekreuzte) Mordmerkmale verwirklicht. Nach der Lit. wird letztlich jeder seiner Schuld gemäß bestraft, indem sie auf „besondere persönliche Merkmale" (z.B. die „niedrigen Beweggründe", § 211 II, 1. Gr. StGB) entweder § 28 II StGB oder § 29 StGB anwendet (vgl. *Fahl/Winkler*, BT/2, § 211 Rn. 2). Da der BGH davon ausging (allerdings wohl zu Unrecht), dass B und C die „heimtückische" Begehungsweise (§ 211 II, 2. Gr. StGB: tatbezogen) des A nicht in ihren Vorsatz aufgenommen hatten (§ 16 StGB), war eine Zurechnung nicht möglich, und da die Rspr. im Mord ein „delictum sui generis" sieht, auf das § 28 I StGB anzuwenden ist (und eine sog. Tatbestandsverschiebung vom einen zum anderen daher nicht stattfindet), wäre die Tatsache, dass B in eigener Person ein Mordmerkmal verwirklichte, bei einer Verurteilung nach § 26 StGB unter den Tisch gefallen (bei Annahme von mittelbarer Täterschaft dagegen nicht). – Die Beihilfe (§ 27 StGB), die in der Zurverfügungstellung des Fahrtenmessers liegt, tritt dahinter zurück (Subsidiarität).

Zweitens stellte sich bei A die Frage, ob er sich nicht in einem „Erlaubnistatbestandsirrtum" (vgl. *Fahl/Winkler*, Def., § 16 Rn. 5) befunden hat, welcher bekanntlich analog § 16 StGB den sog. Vorsatzschuldvorwurf entfallen ließe (s. *Fahl/Winkler*, AT, § 16 Rn. 9) und so ein „Defizit" bei ihm begründen (und auf diese Weise die mittelbare Täterschaft ermöglichen) würde. Objektiv bestand keine Gefahr für die Menschheit i.S. des 34 StGB, A nahm das aber an. Da aber selbst dann, wenn wahr gewesen wäre, woran er glaubte, eine Rechtfertigung nach § 34 StGB ausschiede, wegen der Unabwägbarkeit von „Leben gegen Leben", handelte es sich um keinen „Erlaubnistatbestandsirrtum", sondern um einen bloßen – nach § 17 StGB zu beurteilenden – sog. Erlaubnisirrtum.

Drittens ist streitig, ob darüber hinaus ein „übergesetzlicher Notstand" (vgl. § 35 Rn. 2 – „Weichenstellerfall") anzuerkennen ist – wenn, dann handelt es sich jedenfalls nicht um einen Rechtfertigungsgrund (sonst dürften die Geopferten ihrerseits keine Notwehr üben, sog. Notwehrprobe), sondern um einen Entschuldigungsgrund; der Irrtum darüber wäre analog § 35 II StGB zu behandeln (vgl. *Fahl/Winkler*, AT, § 16 Rn. 10 a.E.) – § 35 StGB selbst greift aber (wohl) nicht, da A die Gefahr – abgesehen davon, dass sie nicht vorlag – auch nicht (primär) von sich oder nahe stehenden Personen (B und C) abwenden „wollte" (s. dazu *Fahl/Winkler*, AT, § 35 Rn. 6).

Viertens stellt sich die Frage, ob ein die Werkzeugeigenschaft des A begründender „Defekt" (Defizit) nicht auch in seiner verminderten Schuldfähigkeit (§ 21 StGB – als einer der in § 20 StGB bezeichneten Gründe kam „krankhafte seelische Störung" oder gar „Schwachsinn" in Betracht) gesehen werden kann – der BGH ließ das offen (die Fronten im Streit verlaufen parallel zum vermeidbaren Verbotsirrtum – nach der Mindermeinung kann nur die volle Schuldunfähigkeit zur mittelbaren Täterschaft führen).

Fünftens war noch die Frage zu beantworten, ob A etwa strafbefreiend i.S. von § 24 StGB „zurückgetreten" ist, als er von O abließ, um entsprechend seinem Plan unerkannt entkommen zu können. Da das aber nur der „Verbrechervernunft" entsprach (vgl. zu diesem Kriterium § 24 Rn. 9 – „Lilo-Fall"), war insofern die „Freiwilligkeit" zu verneinen. Da A alles zur Tatbestandsverwirklichung Erforderliche bereits getan zu haben glaubte (*Fahl/Winkler*, Def., § 24 Rn. 3), hätte er nach § 24 I 1 Alt. 2 StGB darüber hinaus die Vollendung verhindern oder wenigstens nach § 24 I 2 StGB sich darum bemühen müssen – beides hat er aber nicht getan.

Zu guter Letzt lag noch (sog. qualifizierter Versuch, bei dem mit dem Versuch des einen die Vollendung eines anderen Delikts zusammentrifft, zu einem problematischeren Fall s. *Fahl/Winkler*, Def., § 226 Rn. 10) eine – „iterativ", d.h. durch mehrere Stiche, verwirklichte – gefährliche Körperverletzung nach § 223 StGB (nach Alt. 1 eine „üble und unangemessene Behandlung, die das körperliche Wohlbefinden mehr als nur unerheblich beeinträchtigt", s. *Fahl/Winkler*, Def., § 223 Rn. 4 – bzw. nach Alt. 2: „Hervorrufen, Aufrechterhalten oder Steigern eines pathologischen Zustandes" – Wunden –, s. *Fahl/Winkler*, Def., § 223 Rn. 2) i.V.m. § 224 I Nr. 2 („Fahrtenmesser" als „Waffe" – der „Bauart nach dazu bestimmt" zu verletzen, s. *Fahl/Winkler*, Def., § 224 Rn. 4 – bzw. als sonstiges „gefährliches Werkzeug" – der „konkreten Art

seiner Verwendung" nach, dazu geeignet, s. *Fahl/Winkler*, Def., § 224
Rn. 5), Nr. 3 („hinterlistiger Überfall", s. dazu *Fahl/Winkler*, Def., § 224
Rn. 6–7) und Nr. 5 StGB (wobei streitig ist, ob eine nur „abstrakte" Le-
bensgefahr ausreichen würde, s. *Fahl/Winkler*, BT/2, § 224 Rn. 10) vor,
aber nicht § 224 I Nr. 4 StGB: Zwar setzt die „gemeinschaftliche"
Begehung nach h.M. nicht zwingend Mittäterschaft (§ 25 II StGB)
voraus, aber die Gefährlichkeit aus Sicht des Opfers muss durch die
Anwesenheit mehrerer am Tatort „gesteigert" sein (s. *Fahl/Winkler*,
BT/2, § 224 Rn. 9). Daran fehlt es hier.

Vertiefend: *Bandemer*, JA 1994, 285; *Hassemer*, JuS 1989, 673; *Herzberg*, Jura **8**
1990, 16; *Hillenkamp/Cornelius*, AT, 21. Problem; *Kudlich*, JZ 2004, 72; *Küper*,
JZ 1989, 617 u. 935; *Murmann*, GA 1998, 78; *Nibbeling*, JA 1995, 216; *Radde*,
JA 2016, 818; *Roßmüller/Rohrer*, Jura 1990, 582; *Roxin*, HRR, Fall 81; *Schaff-
stein*, NStZ 1989, 153; *Schumann*, NStZ 1990, 32; *Sonnen*, JA 1989, 212

Münzhändler

BGH, Urt. v. 25.10.1994 – 4 StR 173/94, BGHSt 40, 299 = NJW 1995, 142   **9**

A lernte in einer Gaststätte Z kennen und sprach darüber, „wie man   **10**
an Geld kommen" könne. Z erzählte dem A vom Münzhändler M,
der mit einem fingierten Raubüberfall auf ihn seine Versicherung
betrügen wolle. A solle „zum Schein" den angeblich in alles einge-
weihten M so überfallen, dass es möglichst echt aussehe. Die Mün-
zen solle A danach an Z übergeben, während M den Schaden seiner
Versicherung melde. In Wahrheit war M nicht einverstanden, nicht
eingeweiht und meldete, nachdem es ihm gelungen war sich zu
befreien und die Polizei zu alarmieren, den Schaden ordnungsge-
mäß seiner Versicherung.

1. Problemstellung

Das Problem lag in der Strafbarkeit des A (dass Z sich strafbar ge- **11**
macht hatte, war ebenso klar wie die Tatsache, dass M sich nicht
strafbar gemacht hatte). Bzgl. des „Raubüberfalls" (§ 249 StGB) fehlte
A der Vorsatz (§ 16 I 1 StGB), da er ja an das „Einverständnis" (vgl.
dazu sowie zum Unterschied zur „Einwilligung" *Fahl/Winkler*, AT,
Vor § 32 Rn. 6) des M glaubte. Bzgl. des „Versicherungsbetruges"
(§ 263 I StGB – III Nr. 5 ist nicht einschlägig, da nichts in Brand
gesetzt bzw. zum Sinken gebracht wurde) glaubte A nicht an ein „Einverständnis", hatte also Vorsatz.

2. Lösung des BGH

12   Der BGH bejahte eine Strafbarkeit wegen versuchten (mittäterschaftlichen) Betruges, §§ 263, 25 II, 22 StGB. (Der BGH schreibt:
„§§ 263, 22, 25 II StGB" – das wäre aber ein mittäterschaftlich began-
gener Versuch, der aber ausscheidet; „versucht" ist gewissermaßen die
Mittäterschaft, nicht der Betrug.) Nach Ansicht des BGH handelt es
sich um einen untauglichen (aber strafbaren, vgl. § 23 III StGB) Versuch. Dass das unmittelbare Ansetzen eines (nur vermeintlichen)
Mittäters in Wahrheit untauglich sei, schade nicht weiter, denn die
„Untauglichkeit", den Erfolg herbeizuführen, sei ja gerade das Charak-
teristikum eines „untauglichen Versuchs".

3. Kritik

13   Erstens liegt bzgl. des § 263 StGB schon deshalb keine Mittäterschaft vor, weil M die Schadensmeldung ganz alleine ausgefüllt hat
(dazu, ob ein „Minus" im Ausführungsstadium durch ein „Plus" an
Planung im Vorbereitungsstadium – der „ortsabwesende Bandenchef"
– ausgeglichen werden kann, *Fahl/Winkler*, AT, § 25 Rn. 15). Selbst
wenn der Versicherungsbetrug abgesprochen gewesen wäre, so hätte A
dem M dazu nur Beihilfe (§ 27 StGB) geleistet (und Z, der ihn dazu
angestiftet hat, ebenfalls) – d.h. vorliegend liegt gar keine vermeintlichen Mittäterschaft vor, sondern eine – gem. § 30 StGB – straflose
versuchte (vermeintliche) Beihilfe.

Zweitens ist die Konstruktion einer (bloß) vermeintlichen Mittäterschaft nach (wohl) h.M. abzulehnen (s. *Fahl/Winkler*, AT, § 22
Rn. 11). Der bloße Glaube an die Mittäterschaft vermöge das „unmittelbare Ansetzen" (§ 22 StGB) nicht zu ersetzen. Zwar beginnt nach
der sog. Gesamtlösung (s. *Fahl/Winkler*, AT, § 22 Rn. 10) der Versuch
für alle Mittäter einheitlich, wenn einer von ihnen unmittelbar ansetzt,
aber eine Zurechnung nach der „Zurechnungsnorm" des § 25 II StGB
(s.o. § 25 Rn. 32 – „Lederspray") kann nur erfolgen, wenn deren
Voraussetzungen erfüllt sind. Erforderlich ist also ein wirklicher (und
nicht nur vermeintlicher) Tatplan. – Da das Ergebnis, dass A voll-
kommen straflos ausgeht, aber auch nicht recht einleuchten will, hat
die „vermeintliche Mittäterschaft" jedoch auch Anhänger gefunden
und muss daher in Prüfungsarbeiten bedacht werden.

4. Weiterführende Hinweise

14   Für den vorliegenden Fall hat sich die Situation durch den zwischenzeitlich eingeführten § 265 StGB (Versicherungsmissbrauch)
entschärft. Danach macht sich strafbar, wer eine gegen Verlust oder
Diebstahl versicherte Sache beiseiteschafft, „um sich oder einem

Dritten Leistungen aus der Versicherung zu verschaffen". Das hat A getan. Wäre alles mit M abgesprochen gewesen, so wäre der ebenfalls nach dieser Norm strafbar („einem anderen überlässt"). Z hingegen wäre in diesem Fall wohl nicht nur Gehilfe (des M), sondern gem. § 26 StGB Anstifter des A (§§ 265, 26 StGB). Im Ausgangsfall wäre er übrigens bzgl. des Raubes „mittelbarer Täter" gem. § 25 I Alt. 2 StGB „kraft überlegenen Wissens" (vgl. § 242 Rn. 2 – „Gänsebuchtfall") mit dem A als seinem (vorsatzlosen) Werkzeug. (Nach der Lösung des BGH wäre er konsequenterweise auch noch als Anstifter des versuchten mittäterschaftlichen Betruges des A anzusprechen, §§ 263, 25 II, 22/26 StGB.)

Strafprozessual sind viele der Meinung, dass der 4. Strafsenat im Originalfall gar nicht ohne Vorlage an den Großen Senat (§ 132 II GVG) hätte entscheiden dürfen, weil der 3. Senat kurz zuvor – ebenfalls fast schon ein „Klassiker" – entschieden hatte, dass in einem ähnlichen (aber nach Ansicht des 4. Senats eben verschiedenen) Fall mangels unmittelbaren Ansetzens eines „echten" Mittäters kein mittäterschaftlicher Versuch vorliege (BGHSt 39, 236 – A, B und C wollten X ausrauben, A sollte an der Tür klingeln, B und C wollten dann hineinstürmen, A hatte aber die Polizei informiert, die öffnete und B und C festnahm).

Vertiefend: *Ahrens,* JA 1996, 664; *Erb,* NStZ 1995, 424; *Graul,* JR 1995, 427; **15** *Ingelfinger,* JZ 1995, 704; *Joecks,* wistra 1995, 58; *Joerden,* JZ 1995, 735; *Jung,* JuS 1995, 360; *Kudlich,* PdW AT, Nr. 230; *Kühne,* NJW 1995, 934; *Küpper/Mosbacher,* JuS 1995, 488; *Krack,* ZStW 117, 555; *Mitsch,* ZIS 2013, 369; *Roßmüller/Rohrer,* MDR 1996, 986; *Roxin,* HRR, Fall 54; *Sonnen,* JA 1995, 361; *Zopfs,* Jura 1996, 19

Dohna

Dohna, Übungen, II. Teil, Nr. 36 **16**

Fuchs hat erfahren, dass Schütz im Hinterhalt liegt, um eine bestimmte **17** Person zu erschießen, dorthin lockt er seinen Feind Luchs, der erwartungsgemäß verwechselt und erschossen wird.

1. Problemstellung

Mangels gemeinsamen Tatplans sind F und S keine Mittäter (§ 25 **18** StGB). F könnte mittelbarer Täter kraft „überlegenen Wissens" sein (§ 25 I Alt. 2 StGB). Ebenso wie ein Verbotsirrtum (s. § 25 Rn. 2 ff. – „Katzenkönigfall"), kann auch ein Irrtum in der Person (error in persona) für eigene Zwecke ausgenutzt werden. Grds. schließt die Tatsache, dass der Vordermann (S) selbst ohne jedes „Defizit" gehandelt hat, seine Werkzeugeigenschaft und damit jede mittelbare Täterschaft aber aus (s. zum „Dohna-Fall": *Fahl/Winkler*, AT, § 25 Rn. 11). Als „Anstifter" (§ 26 StGB) hat F zwar den Tatentschluss in S hervorgerufen, konkret diese Person (L) zu treffen. Auf die konkrete Person kommt es bei „Gleichwertigkeit" aber nicht an (s.o. § 26 Rn. 2 – „Rose-Rosahl-Fall"), und bzgl. der Tötung als solcher war S bereits fest entschlossen (omnimodo facturus). Die Bestrafung als bloßer Gehilfe (§ 27 StGB) schließlich wird dem entscheidenden Anteil, den F am Tode des Luchs, der offenbar entgegen seines Namens nicht aufgepasst hat wie ein solcher, nicht gerecht.

2. Lösung von Dohna

19   *Graf zu Dohna* (1876–1944), der zeitweilig in Königsberg (Wirkstätte von *Immanuel Kant*), Bonn und Heidelberg lehrte und durch den kleinen Fall unsterblich geworden ist, bietet selbst keine Lösung in seiner Fallsammlung an. Andere haben daraus die Figur vom „Täter hinter dem Täter" abgeleitet. Wieder andere sprechen von „Nebentäterschaft" – also dem Täter „neben dem Täter".

3. Kritik

20   Die Kritik teilt sich in diejenigen, die meinen, diese windige Konstruktion sei „falsch", weil davon nichts im Gesetz stehe – dann bleibt nur, in F den (Allein-)Täter (§ 25 I Alt. 1 StGB) zu sehen, ein angesichts des schieren Vorhandenseins des S offenbar ungereimtes Ergebnis – und solche, die meinen, sie sei „überflüssig", weil sie eine der anderen oben (Rn. 18) angegebenen Lösungen anhängen.

4. Weiterführende Hinweise

21   Die Konstruktion des „Täters hinter dem Täter" (*Fahl/Winkler*, Def., § 25 Rn. 6) erheischt besondere Bedeutung bei der Aufarbeitung von NS-Unrecht („Schreibtischtäter"). Ist der Vordermann freilich (auch) Täter, so schließt die seine Gehilfenschaft im Rahmen der „subjektiven Theorie" der Rspr. (s. dazu § 27 Rn. 9 – „Staschynski-Fall") sowie seine Werkzeugeigenschaft im Rahmen der „mittelbaren Täterschaft kraft Organisationsherrschaft" (s. dazu *Fahl/Winkler*, AT, § 25 Rn. 10) eigentlich aus. – Diese Form der mittelbaren Täterschaft, die auf „Fungibilität" (Austauschbarkeit) setzt, ist deshalb jedenfalls eng begrenzt auf staatliche Machtapparate (NS-Verbrechen; DDR-Mauerschützen), mafiaähnliche und unternehmerische Organisationsstrukturen.
    Die „Nebentäterschaft" (*Fahl/Winkler*, Def., § 25 Rn. 8) wiederum ist bei Fahrlässigkeitsdelikten besonders verbreitet (Beispiel: ein Radreifen eines ICE-Zuges springt ab, weil er falsch konstruiert ist, bei der

Wartung „Haarrisse" übersehen wurden und der Lokführer zu schnell in die Kurve gefahren ist). Der Gesetzgeber hat sie nicht geregelt, da es keiner Zurechnungsnorm bedarf, weil niemandem etwas zugerechnet wird, sondern jeder für sein eigenes Fehlverhalten haftet.

Im Originalfall hat Fuchs dem Luchs übrigens einen falschen Liebesbrief (Telegramm) eines gewissen Fräulein Lind geschickt, um ihn zum Tatort zu locken. Obwohl erlaubt, verliert das Schicken eines Telegramms angesichts des Sonderwissens von F seine „Sozialadäquanz" (zum Streit *Fahl/Winkler*, AT, § 25 Rn. 14) und schafft ein „rechtlich missbilligtes Risiko" (vgl. *Fahl/Winkler*, Def., Vor § 1 Rn. 19 – „Grundformel").

Vertiefend: *F.C. Schroeder*, ZIS 2009, 569; *Spendel*, Lange-FS, S. 147; *Tofahrn*, AT II, Rn. 142 ff. **22**

Sirius

BGH, Urt. v. 5.7.1983 – 1 StR 168/83, BGHSt 32, 38 = NJW 1983, 2579 **23**

A lernte in einer Diskothek die vier Jahre jüngere, unselbständige und komplexbeladene 23-jährige B kennen, deren Lehrer und Berater in allen Lebensfragen er wurde. Gegenstand der Beziehung, in der sexuelle Kontakte unwesentlich blieben, waren Diskussionen über Psychologie und Philosophie. Im Verlaufe ihrer philosophischen Gespräche erzählte er B, die ihm blindlings vertraute und glaubte, dass er vom Stern Sirius komme und auf die Erde gesandt wurde, um dafür zu sorgen, dass einige wertvolle Menschen, darunter auch B, nach dem völligen Zerfall ihrer Körper auf einem anderen Stern weiterleben könnten. A spiegelte ihr vor, in einem roten Raum am Genfer See stehe für sie ein neuer Körper bereit, in dem sie sich als Künstlerin wiederfinden werde, wenn sie sich von ihrem alten Körper trenne. Da sie auch in ihrem neuen Leben jedoch Geld benötige, solle sie eine Lebensversicherung über 500.000 DM (bei Unfalltod) abschließen und ihn unwiderruflich als Bezugsberechtigten bestimmen. Nach Auszahlung werde er ihr die Versicherungssumme überbringen. Ihr Leben solle sie dadurch beenden, dass sie einen eingeschalteten Fön in ihr Badewasser fallen ließe. Das tat B in der Hoffnung, in einem neuen Körper zu erwachen. Der Gedanke an einen Selbstmord „im eigentlichen Sinn", durch den ihr Leben für immer beendet würde, kam ihr dabei nicht. Selbsttötung lehnt sie ab, der Mensch habe dazu kein Recht. Wider Erwarten blieb der tödliche Stromstoß aber aus. **24**

1. Problemstellung

25   Manche Fälle sind so schön, dass man sie ausführlich erzählen muss. Warum B nicht gleich auf dem Sirius erwachen sollte, sondern erst am Genfer See, mag uns unverständlich erscheinen, ihr nicht. Doch in der Geschichte spielt auch noch ein Mönch „Uliko" in einem Kloster eine Rolle, der sich (natürlich gegen Bezahlung) in „totale Meditation" versetzen und es B dadurch ermöglichen sollte, während des Schlafes mehrere Ebenen zu durchlaufen und die nötige geistige Entwicklung durchzumachen, um schließlich auf einem anderen Himmelskörper weiterleben zu können. – Rechtlich geht es neben dem hier nicht weiter interessierenden Betrug gem. § 263 StGB (wegen der Bezahlung des Mönches) um die Abgrenzung zwischen der – straflosen – Teilnahme an einer (straflosen) Selbsttötung (vgl. dazu § 216 Rn. 2 – „Fall Wittig") und (strafbarer) Tötung (Mord) in mittelbarer Täterschaft (§ 25 I Alt. 2 StGB).

2. Lösung des BGH

26   Der BGH entschied sich (wie das LG) für Letzteres. Verschleiere jemand dem sich selbst ans Leben Gehenden die Tatsache, dass er eine Ursache für den eigenen Tod setze, so sei derjenige, der den Irrtum hervorgerufen und mit Hilfe des Irrtums das Geschehen, das zum Tod des Getäuschten führen solle, bewusst und gewollt ausgelöst habe, Täter eines (versuchten oder vollendeten) Tötungsdelikts „kraft überlegenen Wissens", durch das er den Irrenden lenke und „zum Werkzeug gegen sich selbst" mache.

3. Kritik

27   Die Verurteilung wegen Habgiermordes (vgl. *Fahl/Winkler*, Def., § 211 Rn. 3: „übersteigertes Gewinnstreben um jeden Preis") ist intuitiv einleuchtend und gerecht. – Die Lösung des BGH gerät jedoch schon ins Wanken, wenn der A der B nicht gerade die Tatsache verschleiert hätte, dass sie „eine Ursache für den eigenen Tod setze", sondern ihr wahrheitsgemäß den Tod in Aussicht gestellt, aber als etwas Erstrebenswertes hingestellt hätte. Die Abgrenzung ist „haarfein": Wer einem Selbstmordattentäter oder Dschihadisten vorspiegelt, er komme durch seinen (Märtyrer-)Tod in den Himmel, wo zur Belohnung 72 Jungfrauen auf ihn warteten, der ist „nur" Anstifter (zum Mord) und kein mittelbarer Täter!

4. Weiterführende Hinweise

28   Da das aber ebenso strafwürdig erscheint, wird – aus Anlass dieses Falles – seit langem (de lege ferenda) gefordert, nach ausländischem

Vorbild auch in Deutschland einen Straftatbestand der „Verleitung zum Selbstmord" zu schaffen. Eingefügt worden ist (im Jahr 2015) aber stattdessen die (inzwischen vom BVerfG für verfassungswidrig erklärte) „geschäftsmäßige Förderung der Selbsttötung" (§ 217 StGB).

Das (richtige) Ergebnis ließe sich freilich (de lege lata) auch noch auf andere Weise erreichen, nämlich indem man anerkennte, dass der „Suizid" gar nicht „tatbestandslos" ist, wie die h.M. denkt (s. *Fahl/Winkler*, BT/2, § 212 Rn. 3), sondern „strafbar" und lediglich wegen fehlender Schuld i.S.d. § 20 StGB nicht bestraft wird – dann ist der Weg frei für eine mittelbare Täterschaft mit einem aufgrund seiner Schuldunfähigkeit „defizitären" Werkzeug (z.B. anerkannt bei Begehung mit Hilfe von Kindern, § 19 StGB). Zumindest „verminderte Schuldfähigkeit" der B i.S.d. § 20 StGB („krankhafte seelischen Störung") wird man nicht bestreiten können (ob das zur Begründung mittelbarer Täterschaft ausreicht, dazu s. § 25 Rn. 2 – „Katzenkönigfall").

Neben dem „Sirius-" und dem „Katzenkönigfall" gibt es übrigens auch noch einen strafprozessualen „Klassiker", in dem es um „Mystizismus, Scheinerkenntnis und Irrglauben" (s.o. Rn. 2) geht (BGHSt 44, 129 = NJW 1998, 3506 m. Bespr. *Fahl*, JA 1999, 102 – „Haftzellenentscheidung" zu § 136a StPO): A befand sich wegen des dringenden Tatverdachts des Mordes in U-Haft, wo sie auf die eine mehrjährige Haftstrafe verbüßende B traf, die vorgab, die Zukunft aus dem Kaffeesatz und Zigarettenasche lesen zu können, inhaftierten Frauen versprach, wenn diese sich offenbaren, Polizei, StA und Richter so zu beeinflussen, dass sie freigesprochen würden, und darüber hinaus der A die Rache „höherer Mächte" androhte, falls sie sich nicht „rückhaltlos" offenbare. In acht bis zehn solcher „Sitzungen" brachte sie die A schließlich dazu, mündlich und schriftlich (!) über die Tat zu berichten.

Vertiefend: *Kubiciel*, JA 2007, 729; *Merkel*, JZ 1999, 502; *Neumann*, JuS 1985, **29** 677; *Roxin*, NStZ 1984, 71; *ders.*, HRR, Fall 80; *Schmidhäuser*, JZ 1984, 195; *Sippel*, NStZ 1984, 357

§ 25 II Mittäterschaft

Aufbauschema: Mittäterschaft, § 25 II – gemeinsame Prüfung **30**

Beachte: Schema für gemeinsame Prüfung bei exakt gleichen Sachverhaltsangaben oder erforderlicher wechselseitiger Zurechnung, weil kein Täter alle Tatbestandsmerkmale in eigener Person erfüllt und ihm daher Tatbestandsteile zugerechnet werden müssen.

I. Tatbestand

1. Objektiver Tatbestand

   a) Beteiligter verwirklicht nicht alle Tatbestandsmerkmale selbst oder allein, aber

   b) Täterqualität

      aa) Eigenhändiges Delikt wird eigenhändig begangen

      bb) Sondereigenschaft bei Sonderdelikten vorhanden

   c) „Gemeinschaftliche" Tatbegehung

      aa) Gemeinsamer Tatplan

      bb) Gemeinsame (arbeitsteilige) Tatausführung

2. Subjektiver Tatbestand

   (Täter 1)

   a) Vorsatz bzgl. eigenen Tatbeitrags

   b) Bewusstsein der Tatherrschaft bzw. Täterwille

   c) Spezielle Absichten und sonstige besondere subjektive Merkmale

   (Täter 2)

   a) Vorsatz bzgl. eigenen Tatbeitrags

   b) Bewusstsein der Tatherrschaft bzw. Täterwille

   c) Spezielle Absichten und sonstige besondere subjektive Merkmale

   (Täter 3) etc.

3. Möglichkeit der Tatbestandsverschiebung, § 28 II

II. Rechtswidrigkeit (für jeden Mittäter getrennt zu prüfen)

III. Schuld (für jeden Mittäter getrennt zu prüfen)

31 **Aufbauschema: Mittäterschaft, § 25 II – getrennte Prüfung**

Beachte: Schema für getrennte Prüfung – ein Täter erfüllt alle Tatbestandsmerkmale selbst, einem weiteren Mittäter werden Tatbestandsteile zugerechnet.

A. Strafbarkeit des Tatnächsten, der alle Tatbestandsmerkmale in seiner Person erfüllt

B. Strafbarkeit eines weiteren Beteiligten als Mittäter

I. Tatbestand

1. Objektiver Tatbestand

   a) Nicht alle Tatbestandsmerkmale in eigener Person selbst (§ 25 I Alt. 1) verwirklicht, aber

   b) Täterqualität

      aa) Eigenhändiges Delikt wird eigenhändig begangen

      bb) Sondereigenschaft bei Sonderdelikten vorhanden

    c) „Gemeinschaftliche" Tatbegehung

      aa) Gemeinsamer Tatplan

      bb) Gemeinsame (arbeitsteilige) Tatausführung

  2. Subjektiver Tatbestand

    a) Vorsatz bzgl. eigenen Tatbeitrags

    b) Bewusstsein der Tatherrschaft bzw. Täterwille

    c) Spezielle Absichten und sonstige besondere subjektive Merkmale

  3. Möglichkeit der Tatbestandsverschiebung, § 28 II

II. Rechtswidrigkeit

III. Schuld

Lederspray (Erdal)

BGH, Urt. v. 6.9.1990 – 2 StR 549/89, BGHSt 37, 106 = NJW 1990, 2560	**32**

Im Jahre 1980 gehen die ersten Schadensmeldungen beim Hersteller ein, in denen über Gesundheitsgefahren im Zusammenhang mit dem Gebrauch des Ledersprays der Marke Erdal berichtet wurde. Daraufhin kam es zu einer Sondersitzung der Geschäftsführer des Unternehmens, bei der über die Gefahren beraten und über eine Rückrufaktion zum Schutze der Verbraucher beraten wurde, was jedoch einstimmig abgelehnt wurde. Danach kamen weitere Verbraucher zu Schaden.	**33**

1. Problemstellung

   Die „Lederspray-" oder „Erdal-Entscheidung" kann in verschiedenen Zusammenhängen begegnen: Einerseits geht es um die Abgrenzung von Tun und Unterlassen im Falle des Inverkehrbringens von gefährlichen Gegenständen (s. dazu § 13 Rn. 2 – „Ziegenhaarfall"). Andererseits geht es um die Abgrenzung von (bewusster) Fahrlässigkeit und (Eventual-)Vorsatz bei „höchst unerwünschten" – weil nämlich das Geschäft und damit letztlich die Bilanz schädigenden – Erfolgen (s. dazu § 15 Rn. 3 – „Lederriemenfall") und schließlich geht es um die Kausalität bei Gremienentscheidungen (*Fahl/Winkler*, AT, Vor § 1 Rn. 5) und die „Kardinalfrage", ob jeder der Teilnehmer sich etwa darauf berufen kann, dass er von den anderen Mitgliedern ohnehin überstimmt worden wäre, wenn er als einziger ein „rechtmäßiges Alternativverhalten" (s. Vor § 1 Rn. 2 – „Radlerfall") an den Tag gelegt und anders abgestimmt hätte.

2. Lösung des BGH

35 Der BGH ließ diesen Einwand nicht gelten. Für den Bereich der gefährlichen Körperverletzung (§ 224 I Nr. 1 Alt. 2 – gesundheitsschädliche Stoffe – bzw. Nr. 5 StGB – lebensgefährdende Behandlung) gelte das schon deshalb, weil die Angekl. insoweit Mittäter (§ 25 II StGB) gewesen seien, so dass sich jeder von ihnen die Unterlassungsbeiträge (§ 13 StGB) aller anderen zurechnen lassen muss und mithin für das Unterbleiben des gebotenen Rückrufs insgesamt hafte. In den Kreis der Mittäter seien aber darüber hinaus auch die Angekl. eingetreten, deren Anwesenheit bei der genannten Sondersitzung nicht feststehe. Denn sie seien (jedenfalls) im Anschluss an die Sitzung über die dort getroffene Entscheidung umfassend informiert worden, billigten sie und machten sie sich jeweils für ihren Verantwortungsbereich auch zu eigen.

3. Kritik

36 Das letzte, die sog. sukzessive Mittäterschaft, ist nicht unproblematisch (*Fahl/Winkler*, AT, § 25 Rn. 2). Als „Leitentscheidung strafrechtlicher Produkthaftung" ist die Entscheidung in die Annalen eingegangen und wird im Ergebnis wie in der Begründung, inkl. „Produktbeobachtungspflicht" und „Ingerenz" durch Inverkehrbringen (wobei streitig ist, ob dafür Gefahrschaffung genügt, s. *Fahl/Winkler*, AT, § 13 Rn. 6), grds. gebilligt. Das eigentliche Verdienst dieser „klassischen" Entscheidung liegt aber in der Lösung des „Gremienproblems", wobei der BGH es insofern leicht hatte, als das LG wegen fahrlässiger Körperverletzung (§ 229 StGB) nur in den Fällen verurteilt hat, die vor der entscheidenden Sondersitzung lagen, in den Fällen danach hingegen von vorsätzlicher Körperverletzung ausging. Dass bei vorsätzlicher Körperverletzung Mittäterschaft bejaht wird, ist nichts Besonderes (wenn auch die Kausalität eigentlich nicht mit der Mittäterschaft begründet zu werden pflegt, sondern umgekehrt). Das ändert sich, wenn man davon ausgeht, dass die Geschäftsführer auch nach der Sondersitzung nur fahrlässig gehandelt haben, weil sie auf das Ausbleiben der Realisierung der „erkannten" Gefahr vertrauten (vgl. *Fahl/Winkler*, Def., § 15 Rn. 5 – „bewusste Fahrlässigkeit"). Dort fragt sich nämlich, ob Mittäterschaft möglich ist (s. *Fahl/Winkler*, AT, § 25 Rn. 18). Ein Teil der Lit. verneint das – zu Unrecht, wie der vorliegende Fall demonstriert. Damit zeigt der „Ledersprayfall" zugleich, was § 25 II StGB eigentlich ist: kein Tatbestand, sondern eine „Zurechnungsnorm" für fremdes Handeln!

4. Weiterführende Hinweise

Das „Gremienproblem" stellte sich auch in der „Mannesmann-   **37**
Entscheidung" (BGHSt 50, 331 – die angeklagten Aufsichtsratsmit-
glieder, darunter der damalige Chef der Deutschen Bank Ackermann
und der Chef der IG Metall Zwickel, bewilligten dem Vorstand im
Zuge der Übernahme von Mannesmann-Mobilfunk D2 durch Vodafo-
ne sog. Anerkennungsprämien in Millionenhöhe, die zwar üblich
waren, aber der übernommenen Firma nichts mehr einbringen konnten
– § 266 StGB, s. s. *Fahl/Winkler*, BT/2, § 266 Rn. 14).

Im Original-Fall haben die Geschäftsführer alle gegen die nach Ansicht des BGH gebotene Rückrufaktion (tatsächlich war nicht nur
unklar, ob das Lederspray die – nur bei einem Teil – der Benutzer
festgestellten „Lungenödeme" am Ende wirklich verursacht hatte,
sondern auch ob die Einzelhändler den Rückruf überhaupt befolgt
hätten, s. zum Unterlassen anzuwendenden Wahrscheinlichkeits-
maßstab *Fahl/Winkler*, Def., § 13 Rn. 3 – sog. Quasikausalität) gestimmt. Der „Witz" der „Ledersprayentscheidung" in solchen Fällen ist
aber, dass damit nicht nur diejenigen Gremienmitglieder in die Verantwortung genommen werden können, die dagegen gestimmt haben,
sondern auch die, die sich enthalten und sogar die, die dafür gestimmt
haben. Das lässt sich allein mit Kausalitätsregeln nicht bewerkstelligen.
Zwar kann ein Mitglied, das dagegen gestimmt hat, sich nicht darauf
berufen, dass außer seiner noch weitere Stimmen erforderlich waren,
weil von zwei (oder mehr) Bedingungen die alternativ (jede für sich),
aber nicht kumulativ (lat., „gehäuft" – d.h. alle zusammen) hinweggedacht werden können, jede kausal ist (vgl. *Fahl/Winkler*, Def., Vor § 1
Rn. 14). Aber das hilft ja nicht weiter bei denjenigen, die dafür waren.
Im Gegenteil: Denkt man sie auch hinweg, so wäre die Abstimmung
noch eindeutiger ausgegangen. – Überhaupt ist in Übungsfällen stets
darauf zu achten, wie sie konstruiert sind: Beruft sich einer darauf,
dass, wenn er nicht für etwas gestimmt hätte, ein anderer es an seiner
Statt getan hätte, so hat diese sog. Reserveursache außer Betracht zu
bleiben (hypothetische Kausalverläufe sind unbeachtlich). Der Fall
kann auch so gestrickt sein, dass nur die beiden Stimmen von zwei
Geschäftsführern zusammen einen inkriminierten Erfolg herbeiführen,
dann liegt ein Fall „kumulativer Kausalität" vor (vgl. *Fahl/Winkler*,
Def., Vor § 1 Rn. 15) und jeder ist kausal.

Vertiefend: *Armbrüster*, JR 1993, 317; *Beulke/Bachmann*, JuS 1992, 737;   **38**
Brammsen, Jura 1991, 533; *Hassemer*, JuS 1991, 253; *Hilgendorf*, NStZ 1994, 561;
Hoyer, GA 1996, 160; *Jähnke*, Jura 2010, 582; *Kuhlen*, NStZ 1990, 566; *Meier*,
NJW 1992, 3193; *dies.*, AT, § 2 Rn. 9 ff.; *Puppe*, JR 1992, 30; *Rotsch*, ZIS
2018, 1; *Roxin*, HRR, Fall 92; *Samson*, StV 1991, 182; *Timpe*, HRRS 2017, 272

Verfolger

39   BGH, Urt. v. 23.1.1958 – 4 StR 613/57, BGHSt 11, 268 = NJW 1955, 1688

40   Nach einem misslungenen Einbruch flohen die drei bewaffneten Täter A, B und C, die verabredet hatten, auf mögliche Verfolger zu schießen. A bemerkte rückwärts schauend, dass ihm in einer Entfernung von nicht mehr als 2 bis 3 m eine Person folgte. Diese war sein Komplize B. A hielt ihn aber für einen Verfolger und schoss, um der vermeintlich drohenden Festnahme zu entgehen, auf die hinter ihm hergehende Person; dabei rechnete er mit einer tödlichen Wirkung seines Schusses und billigte diese Möglichkeit. Das Geschoss traf B am rechten Oberarm, durchschlug aber nur den gefütterten Ärmel seines Rockes und verfing sich im aufgekrempelten Hemdärmel.

1. Problemstellung

41   Dass A einen Mordversuch gem. §§ 211, 22 StGB begangen hat, ist relativ klar. Im Sachverhalt steht, dass er die „Möglichkeit" der Tötung „billigte" (s. dazu § 15 Rn. 3 ff. – „Lederriemen"). Dass er einer „Personenverwechslung" unterlegen ist (sog. error in persona), ist nach h.M. wegen der „Gleichwertigkeit" der Objekte „unbeachtlich" (*Fahl/Winkler*, AT, § 16 Rn. 2 – nach a.A. liegt schon gar kein „Irrtum" vor, da sich sein Vorsatz auf die hinter ihm herlaufende Person „konkretisiert" hatte). Mordmerkmal ist die „Verdeckungsabsicht" (zur Frage, ob darauf § 28 I oder II StGB anwendbar ist, *Fahl/Winkler*, BT/2, § 211 Rn. 2). Das Problem liegt aber auch nicht bei A, sondern bei B und der Frage, ob dieser als Mittäter (§ 25 II StGB) nicht nur des vorangegangenen Einbruchversuchs (§§ 242, 243 I Nr. 1, 22 StGB – es handelte sich um ein Lebensmittelgeschäft, nicht um eine Wohnung i.S.d. § 244 Nr. 3, IV StGB, aber damals machte das ohnehin keinen Unterschied), sondern auch als Mittäter des an ihm (!) begangenen Mordversuchs (§§ 211, 22, 25 II StGB) zu bestrafen sei.

2. Lösung des BGH

42   Der BGH bejahte das. Der B müsse den von A gegen den vermeintlichen Verfolger gerichteten Mordversuch „als seine eigene Tat anrechnen" und sich „dafür als Mittäter bestrafen lassen". Dem stehe nicht entgegen, dass das deutsche Strafrecht nur die Vernichtung fremden menschlichen Lebens ahnde. Für B stünde die Tatsache, dass er selbst der Verletzte, also nicht „ein anderer" i.S.d. Vorschrift sei, der Beurteilung der Tat als „untauglicher Versuch" (s. dazu § 25 Rn. 9 ff. – „Münzhändler") nicht entgegen. Dass es sich in Wahrheit um einen solchen handele, werde lediglich durch den Umstand verdeckt, dass die

Tat nicht den in Rechnung gestellten und gebilligten Tötungserfolg hatte und so im Versuch stecken blieb.

3. Kritik

Nach Ansicht der Kritiker handelt es sich um einen (freilich fahrläs- **43** sigen, aber dennoch) „Mittäterexzess". An der objektiven Überschreitung des Tatplans (B war nun einmal kein „Verfolger" im Sinne des Planes) ändert sich nichts dadurch, dass sie irrtümlich erfolgte (*Fahl/Winkler*, AT, § 25 Rn. 17). Insofern bliebe nur die Strafbarkeit wegen Verbrechensverabredung (§ 30 I StGB). Man muss aber zugeben, dass die Lösung derjenigen im „Rose-Rosahl-Fall" (s. § 26 Rn. 5) entspricht. Auch dort wird der (unbeachtliche) „error in persona" des einen auch für den anderen (Anstifter) für unbeachtlich erklärt – und nicht etwa aus Sicht des anderen für eine bloße „aberratio ictus" gehalten (was manche auch hier tun und dazu führen würde, dass zumindest B auch im Fall, dass der Schuss getroffen hätte, nur wegen Versuchs zu bestrafen wäre). Immerhin entspricht das „Opfer" in gewisser Weise ja den „Programmvorgaben" („Verfolger").

4. Weiterführende Hinweise

Der Streit setzt sich fort bei dem (nicht getroffenen) Mittäter C. Hält **44** man freilich sogar den B für strafbar, obwohl das Rechtsgut (Leben) ihm gegenüber gar nicht geschützt ist („Selbsttötungen" sind nach h.M. bekanntlich straflos, vgl. § 216 Rn. 2 ff. – „Fall Wittig"; s. auch § 216 Rn. 9 ff. – „Gisela"), dann muss der „error in persona" des Mittäters A erst recht auch C gegenüber unbeachtlich sein! Dasselbe gilt übrigens auch für die Sachbeschädigung (Loch) am Rockärmel (§ 303 I Alt. 1 StGB) – es handelt sich um einen (für alle Mittäter) unbeachtlichen „error in objecto" (wenn überhaupt).

Nicht zu verwechseln ist dieser strafrechtliche „Verfolgerfall" (dessen Sachverhalt so abstrus ist, dass man ihn für ausgedacht halten würde) mit den – vergleichsweise profanen – zivilrechtlichen „Verfolgerfällen" (z.B. BGHZ 63, 189 ff. – P sollte einen 17-jährigen Jugendlichen zu Hause abholen, um ihn in den Jugendarrest zu bringen, J flüchtete jedoch durch ein Toilettenfenster. Beim Versuch, ihn einzufangen, stürzte P in einen Fensterschacht). Der BGH bejaht hier die Haftung (§ 823 BGB), wenn der Verfolger sich zur Verfolgung „herausgefordert" fühlen durfte (sog. Herausforderungsfälle). Im Strafrecht spielt das bei der „eigenverantworteten Selbstgefährdung" eine Rolle (s. dazu Vor § 1 Rn. 9 ff. – „Heroinspritzenfall").

Vertiefend: *Dehne-Niemann*, ZJS 2008, 351; *Kudlich*, PdW AT, Nr. 285; *Roxin*, **45** HRR, Fall 11; *Scheffler*, JuS 1992, 920; *Schröder*, JR 1958, 427; *Spendel*, JR 1969, 314

§ 26 Anstiftung

1 **Aufbauschema**

A. Strafbarkeit des Haupttäters

B. Strafbarkeit des weiteren Beteiligten als Anstifter

I. Tatbestand

  1. Objektiver Tatbestand

     a) Vorsätzlich begangene, rechtswidrige Tat (sog. Haupttat)

     b) Bestimmen

  2. Subjektiver Tatbestand

     a) Vorsatz bzgl. (Vollendung der) Haupttat

     b) Vorsatz bzgl. Bestimmen

  3. Möglichkeit der Tatbestandsverschiebung, § 28 II

II. Rechtswidrigkeit

III.Schuld

IV.Strafzumessung

   Möglichkeit der Strafmilderung, § 28 I

Rose-Rosahl

2 PrObTr, Urt. v. 5.5.1859 – Crimin-S. Nr. 6, GA 7 (1859), 322

3 Rose sollte im Auftrag seines Dienstherren Rosahl, Holzhändler zu
Schliepzig, den Zimmermann Schliebe erschießen, mit dem dieser
in Geschäftsverbindung stand und dem er noch Geld schuldete. Wie
geheißen legte sich Rose in einem Hinterhalt am Wegesrand zwischen Schliepzig und Lieskau bei Halle auf die Lauer, erschoss aber
infolge einer Personenverwechslung in der Dunkelheit den sieb-
zehnjährigen Gymnasiasten Ernst Harnisch, Sohn des Kantors in
Lieskau, der auf dem Heimweg war.

1. Problemstellung

4   Rose befand sich, als er auf Harnisch, den vermeintlichen Schliebe,
schoss, in einem „error in persona" (vel objecto). Dessen Behandlung ist
streitig, die h.M. differenziert: Bei Ungleichwertigkeit der Objekte ist der
error beachtlich, bei Gleichwertigkeit unbeachtlich (s. *Fahl/Winkler*, AT,
§ 16 Rn. 2). Da Harnisch und Schliebe (der den toten Harnisch gefunden
und den Schulzen verständigt hat) beide Menschen (vgl. § 212 I StGB)

sind, war sein Irrtum mithin unbeachtlich. Die Frage war indes, wie sich der „error in persona" des Haupttäters (Rose) auf den Anstifter (§ 26 StGB)Rosahl auswirkt (s. *Fahl/Winkler*, AT, § 26 Rn. 9).

2. Lösung des PrObTr

Das Preußische Obertribunal hat den Rosahl wie den Rose verur-   **5**
teilt, im Wesentlichen mit dem Argument, was für den einen (Rose) unbeachtlich sei, müsse es auch für den anderen (Rosahl) sein („mitgefangen, mitgehangen"). Berühmte Persönlichkeiten, wie *Welzel* (§ 35 Rn. 2 – „Weichenstellerfall") haben dem zugestimmt, und dafür kann in der Tat ins Feld geführt werden, dass der Anstifter nach § 26 StGB „gleich einem Täter" bestraft wird.

3. Kritik

Das entscheidende Gegenargument lieferte ein anderer wichtiger   **6**
Strafrechtler, *Karl Binding* (1841–1920), berühmt geworden für seine Erkenntnis, dass nicht die Strafgesetze „verletzt" (vielmehr „erfüllt") werden, sondern die hinter ihnen stehenden Normen („Normentheorie"): Sollte sich der Angestiftete, nachdem er seinen Irrtum erkannt hat, erneut auf die Lauer legen und wieder eine falsche Zielperson erschießen, so wäre der Anstifter für das ganze Gemetzel verantwortlich, obwohl er doch nur einen einzigen Mord in Auftrag gegeben hatte (sog. *Binding*'sches Blutbadargument). Was sich für den Haupttäter als „error" darstellt, wirkt sich beim Anstifter als „aberratio ictus" (s. dazu *Fahl/Winkler*, AT, § 16 Rn. 4) aus – d.h. Bestrafung als versuchte Anstiftung, strafbar gem. § 30 StGB, und Fahrlässigkeit, § 222 StGB (Nachteil: letzteres ist nicht immer strafbar, § 15 StGB, ersteres nur bei Verbrechen).

4. Weiterführende Hinweise

Trotz der Kritik hat der BGH über hundert Jahre später, als schon   **7**
niemand mehr daran glaubte, dass der „Lehrbuchfall" sich noch einmal wiederholen würde, im „Hoferbenfall" (BGHSt 37, 214) ebenso entschieden wie einst das Preußische Obertribunal. Dort hatte der A den Angestifteten über die Gewohnheiten und das Aussehen seines zu tötenden Sohnes informiert und ihm zur Sicherheit sogar ein Foto mitgegeben, um ganz sicher zu gehen, dass es „den Richtigen" erwischte. Trotzdem erschoss der Angestiftete den falschen „Hoferben", nämlich einen Nachbarn N, der dem H in Statur und Aussehen ähnelte und ebenfalls in der Hand eine Tüte trug, wie das auch der H zu tun pflegte. – Das bietet eine Menge Stoff für die Erörterung der „Sorgfaltspflichtverletzung" des A im Rahmen des Fahrlässigkeitsvorwurfs (s. *Fahl/Winkler*, Def., § 15 Rn. 9–12). Man muss aber zugeben, dass

die Lösung der Rspr. – „Unbeachtlichkeit" des „error" auch beim Anstifter (§ 26 StGB)– einem die Sache in der Klausur (in der Hausarbeit ist mehr Zeit) erheblich einfacher macht.

Bei der Falllösung sind noch zwei Fragen zu beachten, die sich häufiger stellen, nicht nur hier, nämlich ob etwa in den Fällen des „error in persona" in der Vollendung am „falschen Objekt" zugleich der Versuch am „richtigen Objekt" steckt. Dann wäre Rosahl vielleicht nur wegen §§ 212, 22/26 StGB zu bestrafen. Das ist aber nicht der Fall (s. dazu *Fahl/Winkler*, AT, § 16 Rn. 3). – Zweitens stellt sich die Frage, wie es sich auswirkt, dass der Rose das Mordmerkmal „Heimtücke" (Ausnutzen von Arg- und Wehrlosigkeit, s. § 211 Rn. 2 – „Babybrei" sowie *Fahl/Winkler*, Def., § 211 Rn. 5–8) und der Rosahl ein anderes verwirklicht, nämlich „Habgier" („übersteigertes Gewinnstreben um jeden Preis" – *Fahl/Winkler*, Def., § 211 Rn. 3). Darunter fällt bekanntlich auch die „Ersparnis" von „Aufwendungen" für die Bezahlung von Schulden (vgl. *Fahl/Winkler*, BT/2, § 211 Rn. 7). Das berühmte Problem der „gekreuzten Mordmerkmale" (*Fahl/Winkler*, BT/2, § 211 Rn. 3) stellt sich hier jedoch nur scheinbar. Denn „Heimtücke" ist (nach h.M.) kein „besonderes persönliches Merkmal" i.S.d. § 14 I StGB, sondern objektives („tatbezogenes") Mordmerkmal. Damit wird es dem Rosahl über den normalen Tatbestandsvorsatz (§ 16 I StGB) zugerechnet.

8 Vertiefend: *Alwart*, JuS 1979, 351; *Dehne-Niemann/Weber*, Jura 2009, 373; *Fahl*, Jura für Nichtjuristen, Kap. 4; *Geppert*, Jura 1992, 163; *Schlehofer*, GA 1992, 307; *Streng*, JuS 1991, 910 (Hoferbenfall)

§ 27 Beihilfe

1   Aufbauschema: Beihilfe

A. Strafbarkeit des Haupttäters

B. Strafbarkeit des weiteren Beteiligten als Gehilfe

   I. Tatbestand

      1. Objektiver Tatbestand

         a) Vorsätzlich begangene, rechtswidrige Tat (sog. Haupttat)

         b) Hilfeleisten

      2. Subjektiver Tatbestand

         a) Vorsatz bzgl. (Vollendung der) Haupttat

         b) Vorsatz bzgl. Hilfeleisten

      3. Möglichkeit der Tatbestandsverschiebung, § 28 II

   II. Rechtswidrigkeit

III. Schuld

IV. Strafzumessung

　Strafmilderung, § 27 II, § 28 I

Badewanne

RG, Urt. v. 19.2.1940 – 3 D 69/40, RGSt 74, 84　　　　　　**2**

> A hat in bewusstem und gewolltem Zusammenwirken mit ihrer　**3**
> Schwester B deren neugeborenes, uneheliches Kind C, das nach der
> Geburt deutlich hörbar atmete, in der Weise getötet, dass sie es in
> eine Badewanne legte, in der das Kind ertrank.

1. Problemstellung

　Man muss zum Hintergrund dieses „Klassikers" wissen, dass da-　**4**
mals in § 217 StGB noch eine „Privilegierung" für den Fall existierte,
dass eine Mutter ihr nichteheliches Kind in oder gleich nach der Geburt
tötete, die inzwischen abgeschafft worden ist, weil sie uneheliche
Kinder diskriminiere. Diese Diskriminierung hätte sich freilich auch in
die Richtung auflösen lassen, dass man die Beschränkung auf das
nichteheliche Kind gestrichen (und so weiterhin dem an § 21 StGB
grenzenden Ausnahmezustand der gebärenden Mutter Rechnung getra-
gen) hätte. Hätte also B ihr Kind getötet, so wäre auf Freiheitsstrafe
nicht unter drei Jahren zu erkennen gewesen, nähme man einen minder
schweren Fall an, so hätte die Mindeststrafe sogar nur zwei Jahre
betragen (s. § 217 II StGB a.F. – Der dürre Sachverhalt spiegelt die
dramatische Lage der Bauerstöchter nur unzureichend wider: A hatte
bereits ein uneheliches Kind geboren. Darüber hatte sich ihr Vater
furchtbar echauffiert und den Schwestern die schlimmsten Folgen
angedroht, falls das noch einmal geschehe). – Da aber A das Kind
getötet hatte, kam für sie sogar § 211 StGB („Tötung mit Überlegung")
in Betracht, der damals noch mit Todesstrafe durch Enthauptung bedroht war, und B drohte als Anstifterin (§ 48 StGB a.F., § 26 StGB
n.F.) dieselbe Strafe!

2. Lösung des RG

　Das RG hob die Verurteilung der A wegen Mordes gem. § 211　**5**
StGB auf. Es stehe zu befürchten, dass das LG die A nur deshalb als
Täterin für schuldig erkannt habe, weil sie die tatbestandsmäßige
Handlung „selbst" ausgeführt habe. Diese Rechtsansicht widerspreche
aber der ständigen Rspr. des RG zur Auslegung der Begriffe Täter-

schaft (Mittäterschaft) und Beihilfe. – Entscheidend sei vielmehr, ob der Beschuldigte die Ausführungshandlung mit „Täterwillen" unternommen, d.h. die Tat „als eigene" gewollt habe oder nicht. Nur im ersten Fall sei er Täter, sonst bloß Gehilfe. Das RG nahm daher an, dass A nur eine fremde Tat „als fremde" unterstützen wollte.

3. Kritik

6   Man muss dem RG zugute halten, dass es damit die Verurteilung der B, die die Tat „als eigene" wollte, nach § 217 StGB und die Verurteilung der A als bloßer Gehilfin – nach Ansicht des RG freilich nicht zu § 217 StGB a.F., sondern zu § 212 StGB (oder sogar zu § 211 StGB) – und damit die Abwendung der als unangemessen empfundenen Todesstrafe ermöglichte. – Nach der damaligen Rechtslage mag die „extrem-subjektive Theorie" (sog. Animus-Theorie; benannt nach dem „animus auctoris" – lat. für „Täterwille" im Unterschied zum „animus socii" – lat., „Teilnehmerwille") vertretbar gewesen sein – nach dem neuen § 25 StGB („Als Täter wird bestraft, wer die Straftat selbst … begeht") ist sie es nicht.

4. Weiterführende Hinweise

7   Ganz verzichten können wird man auf das Kriterium des „Eigeninteresses" dagegen schon deshalb nicht, weil nach der im Strafrecht geltenden „Äquivalenztheorie" (*Fahl/Winkler*, Def, Vor § 1 Rn. 11) alle Bedingungen als „gleichwertig" zu betrachten sind und daher vom rein Objektiven her nicht unterschieden werden kann, ob ein „Schmiere"-stehender Tatbeteiligter oder Fluchtwagenfahrer nun „Mittäter" ist (das ist er, wenn er ein „Eigeninteresse" hat, weil die Beute geteilt wird) oder bloß „Gehilfe" (wenn er vorab oder nachher aus der Beute bezahlt werden soll). – Nachdem § 217 StGB a.F. gestrichen wurde und § 216 StGB als einzige „Privilegierung" verblieben ist, stellt sich das zuletzt angesprochene Problem (Rn. 6) nicht mehr. Bei § 216 StGB ergibt sich aber das vergleichbare Problem, ob der Gehilfe einer Tötung auf Verlangen sich (bei Kenntnis des Verlangens, § 16 I StGB) ebenfalls nur nach §§ 216, 27 StGB strafbar macht oder nach §§ 212, 26 StGB (oder gar: §§ 211, 26 StGB). Das hängt davon ab, ob es sich bei den verschiedenen Tötungstatbeständen jeweils um ein eigenständiges Delikt (delictum sui generis) handelt und bei dem „Bestimmtsein" um ein „besonderes persönliches Merkmal", welches nur für denjenigen Beteiligten gilt (vgl. § 28 II StGB), bei dem es „vorliegt" (s. dazu *Fahl/Winkler*, BT/2, § 216 Rn. 10).

8   **Vertiefend:** *Dohna*, DStR 1940, 120; *Hillenkamp/Cornelius*, Probleme AT, 19. Problem; *Klee* ZAkDR 1940, 188; *Mezger*, DR 1940, 635

Staschynski (Stachinskij)

BGH, Urt. v. 19.10.1962 – 9 StE 4/62, BGHSt 18, 87 = NJW 1963, 355	**9**

Staschinski, der im KGB in der Abteilung für Terrorakte im Ausland beschäftigt war, wurde 1957 mit dem Auftrag, von der Führungsspitze der Sowjetunion als störend empfundene Exilpolitiker zu liquidieren, nach Berlin beordert. Auftragsgemäß tötete er im Herbst 1957 Lew Rebet vom „nationalen Bund" und im Sommer 1959 in München Stefan Bandera, den Vorsitzenden der „Organisation Ukrainischer Nationalisten". Als Tatwaffe verwendete er einen pistolenähnlichen Gegenstand zum Versprühen von Blausäuregas, welches er seinen Opfern direkt ins Gesicht spritzte. Fünf Tage vor dem Bau der Berliner Mauer floh er mit seiner deutschen Ehefrau nach West-Berlin, wo er sich der Polizei stellte und in U-Haft genommen wurde.	**10**

1. Problemstellung

Es geht im „Staschinskifall" – die (vielen) unterschiedlichen **11** Schreibweisen erklären sich aus den verschiedenen Transkriptionen aus dem Russischen – wie im „Badewannenfall" (Rn. 2 ff.) abstrakt um die Frage, anhand welcher Kriterien Täterschaft und Teilnahme voneinander abzugrenzen sind. Nach der „formal-objektiven Theorie" kann Täter nur sein, wer in eigener Person Tatbestandsmerkmale verwirklicht. Freilich könnte es dann die mittelbare Täterschaft nicht geben (§ 25 I Alt. 2 StGB). Das ist ein Grund dafür, warum die „subjektive Theorie" entwickelt wurde, wonach es (rein) subjektiv darauf ankommt, ob der Täter „Täterwillen" hat (animus auctoris), also Täter sein „will", oder nur „Teilnehmerwillen" (animus socii). Dagegen spricht jedoch schon, dass der „Täterwille" als Abgrenzungskriterium im objektiven Tatbestand ungeeignet erscheint (zu dem Streit ausf. *Fahl/Winkler*, AT, § 25 Rn. 4).

2. Lösung des BGH

Der BGH schließt sich der „subjektiven Theorie" des RG an: R. und **12** Ba. seien „heimtückisch" („Ausnutzen der auf Arglosigkeit beruhenden Wehrlosigkeit", vgl. *Fahl/Winkler*, Def., § 211 Rn. 5) getötet, also „ermordet" worden (§ 211 StGB). Darin sei der Bundesanwaltschaft zuzustimmen. Nicht zuzustimmen sei ihr aber darin, dass sie den Angekl. als Täter ansehe. „Gehilfe" sei, beim Morde wie bei allen anderen Straftaten, wer die Tat nicht „als eigene" begehe, sondern nur als Werkzeug oder Hilfsperson bei fremder Tat mitwirkt. Maßgebend sei die innere Haltung zur Tat. Dieser sog. subjektiven Teilnahmelehre habe sich der BGH von vornherein angeschlossen. Danach komme als Täter auch in Betracht, wer die Tat vollständig durch andere ausführen lasse, anderseits als bloßer Gehilfe auch derjenige, der alle Tatbestandsmerkmale eigenhändig erfülle. Anders seien auch diejenigen Urteile des BGH nicht zu verstehen, in denen ausgeführt werde, Täter sei, wer den „Willen zur Tatherrschaft" habe. Es bestehe kein Grund, von dieser Rspr. abzurücken, die von der Rechtslehre, kaum ganz zutreffend, als „subjektive Theorie mit Einbau objektiver Elemente" bezeichnet werde, insb. biete die in der durchaus nicht einheitlichen Rechtslehre vertretene „materiell-objektive Lehre" dazu keinen überzeugenden Anlass. Das hiernach für maßgeblich erklärte Unterscheidungsmerkmal der „Tatherrschaft" lehnt er als zu „schematisch" ab und kommt zum Schluss: Der Angekl. war daher als Gehilfe (§ 49 StGB a.F. = § 27 StGB n.F.) zu verurteilen.

3. Kritik

13   In der Lehre hat sich dagegen die „Tatherrschaftslehre" (materiell-objektive Theorie) durchgesetzt, wonach Täter ist, wer die „Tatherrschaft" hat, d.h. das Geschehen planvoll-lenkend in den Händen hält („Hauptfigur" des Geschehens ist), wohingegen Teilnehmer ist, wer als bloße „Randfigur" des Geschehens erscheint, und auch in der Rspr. existieren – wie gesehen – seit langem praktisch nur noch „Mischformen". Ob eine so „extreme" Auslegung, wie das RG sie im „Badewannenfall" vertreten hat – oder der BGH hier – nach der heutigen Gesetzesfassung (in Kraft seit 1. Januar 1975) noch vertretbar ist, wonach „als Täter wird bestraft, wer die Straftat selbst … begeht" (§ 25 I Alt. 1 StGB), ist umstritten. – Das Urteil ist erkennbar politisch motiviert, um „Überläufer" in der Zeit des „kalten Krieges" nicht von vornherein abzuschrecken – von diesem „Kunstgriff" profitierten freilich vor allem NS-Täter, die für ihre eigenhändig ausgeführten Verbrechen in der Folgezeit vielfach nur als „Teilnehmer" bestraft wurden (die „Haupttäter" hatten sich praktischerweise alle umgebracht oder waren jedenfalls nicht zu greifen) und damit – mit Billigung des BGH – viel zu milde weggekommen sind!

4. Weiterführende Hinweise

14   Die „Giftspritze" ist ein „gefährliches Werkzeug" i.S.d. § 224 I Nr. 2 Alt. 2 StGB – eines, das seiner „konkreten Art seiner Verwendung nach geeignet ist, erhebliche Verletzungen herbeizuführen" (s. *Fahl/Winkler*, Def., § 224 Rn. 5). – Der Tatbestand der „Giftbeibringung" gem. § 229 StGB a.F., der damals noch galt, ist inzwischen aufgegangen in § 224 I Nr. 1 StGB, aber die Streitfrage, ob für die

„Beibringung" auch eine äußerliche Anwendung genügt, ist geblieben; s. dazu *Fahl/Winkler*, BT/2, § 224 Rn. 3). Diese Tatbestände werden aber von §§ 211, 212 StGB „verdrängt", sofern man sich nicht der Meinung anschließt, dass Körperverletzung neben Tötung schon tatbestandlich ausscheidet (sog. Gegensatztheorie, s. *Fahl/Winkler*, BT/2, § 223 Rn. 7).

Aus tatsächlichen Gründen verneint hat der BGH den „Nötigungsstand" (§ 52 StGB a.F.: Eine strafbare Handlung ist nicht vorhanden, wenn der Täter durch unwiderstehliche Gewalt oder durch Drohung, welche mit einer gegenwärtigen, auf andere Weise nicht abwendbaren Gefahr für Leib oder Leben … verbunden war, zu der Handlung genötigt wurde"). Dies wurde von ihm schon damals nur als ein „rechtlicher Entschuldigungsgrund" aufgefasst, und das bleibt auch nach der Abschaffung des § 52 StGB a.f. richtig, weil das Opfer des im „Nötigungsnotstand" Handelnden (Genötigten) sich sonst nicht einmal wehren dürfte – sog. Notwehrprobe (vgl. *Fahl/Winkler*, AT, § 34 Rn. 9).

Anschläge wie der von Staschinski sind (natürlich!) auch ein Völkerrechtsbruch, scheinen aber noch immer zum Repertoire des russischen Geheimdienstes zu gehören, wie das Polonium-Attentat 2006 in London auf Alexander Litwinenko und das auf Sergei Skripal und seine Tochter mit einem Nervenkampfstoff in Salisbury im Jahr 2008 zeigen. Aber auch andere Länder greifen zu ähnlichen Methoden (z.B. Saudi-Arabien mit der Ermordung des Journalisten Khashoggi im Istanbuler Konsulat). Neu ist aber, dass ein Staat wie die USA mehr oder weniger offen zum Völkerrechtsverstoß steht (wie bei der Tötung des iranischen Generals Soleimani im Irak durch eine US-Drone). Dann kann das „Völkerrecht" abdanken. – Was aus Staschinski nach seiner Haftentlassung geworden ist, ist unklar – jahrelang hat man gemeint, dass er unter einer neuen Identität in Deutschland lebe, jetzt wird gemutmaßt, dass er unter amerikanischem Schutz in den USA leben könnte. Was Überläufern blüht, wenn sie entdeckt werden, zeigen die Fälle Litwinenko und Skripal schließlich auch.

Vertiefend: *Baumann*, NJW 1963, 561; *Sax*, JZ 1963, 329; *Roxin*, HRR, Fall 76　**15**

Vor § 32 Einwilligung

Aufbauschema: Rechtfertigende Einwilligung　　　　**1**
I. Objektiver Rechtfertigungstatbestand
　1. Disponibilität (= Verzichtbarkeit)
　2. Dispositionsbefugnis (z.B. Eltern für Kind)

3. Einwilligungserklärung (ausdrücklich oder konkludent; vor der Tat erklärt und bei der Tat noch wirksam)

4. Einwilligungsfähigkeit des Einwilligenden

5. Keine Willensmängel

6. (Bei Körperverletzung) keine Sittenwidrigkeit, § 228

II. Subjektiver Rechtfertigungtatbestand

Handeln in Kenntnis und aufgrund der Einwilligung

Zahnextraktion

2   BGH, Urt. v. 22.2.1978 – 2 StR 372/77, NJW 1978, 1206

3   Frau F litt seit Jahren unter starken Kopfschmerzen, deren Ursache alle ärztlichen Bemühungen nicht hatten ergründen können. Bei neuerlichen ergebnislosen Untersuchungen äußerte sie die Absicht, sich alle plombierten Zähne ziehen zu lassen, weil nach ihrer Überzeugung ein Zusammenhang zwischen dem Leiden und den mit einer Füllung versehenen Zähnen bestehe. Der untersuchende Arzt A war der Auffassung, dass eine solche Maßnahme medizinisch nicht geboten sei, konnte die Zeugin aber nicht von ihrer Meinung abbringen. Er überwies sie deshalb an den Zahnarzt Z, dem er die Sachlage telefonisch erläuterte. Auch Z stellte fest, dass der Zustand der Zähne für die Kopfschmerzen der Zeugin nicht ursächlich sein konnte. Er hielt es lediglich für entfernt denkbar, dass unbekannte psychosomatische Zusammenhänge ein Abklingen der Kopfschmerzen nach einer Zahnextraktion bewirken könnten. Die Z beharrte jedoch auf einer Extraktion. Mit der Bemerkung, sie müsse es selbst wissen, ob sie die Zähne „heraus haben" wolle, zog er ihr schließlich die Zähne.

1. Problemstellung

4   Ob die Zustimmung des Rechtsgutsinhabers tatbestandsausschließend (sog. Einverständnis) oder rechtfertigend (Einwilligung) wirkt, ist von Tatbestand zu Tatbestand verschieden (vgl. *Fahl/Winkler*, AT, Vor § 32 Rn. 6). Bei § 223 StGB geht die Rspr. davon aus, dass nur eine „Einwilligung" in Betracht kommt, wobei § 228 StGB die Einwilligung nicht regelt, sondern voraussetzt und nur ihre Grenzen (Sittenwidrigkeit) festlegt. Die Einwilligung folgt jedoch daraus, dass dem Einwilligenden kein Unrecht widerfährt (volenti non fit iniuria), und ist daher als allgemeiner Rechtfertigungsgrund anerkannt (vgl.

Fahl/Winkler, AT, Vor § 32 Rn. 7). Ihre Voraussetzungen sind nach der Rspr. die „Disponibilität" des Rechtsgutes (Leib ja, nicht aber Leben, s. § 216 StGB), die „Dispositionsbefugnis" (dass F auch Inhaber des disponiblen Rechtsguts ist), die „Einwilligungsfähigkeit" (die Erwachsenen normalerweise zugestanden wird, Minderjährigen aber fehlen kann, s. *Fahl/Winkler*, AT, Vor § 32 Rn. 9) und die Einwilligungserklärung, die ausdrücklich (nicht unbedingt schriftlich) und rechtzeitig vorher erteilt worden sein und noch fortbestehen (vgl. *Fahl/Winkler*, AT, Vor § 32 Rn. 10) muss. Weiter setzt die „Einwilligung" im Unterschied zum „Einverständnis" die Freiheit von Willensmängeln voraus (vgl. *Fahl/Winkler*, AT, Vor § 32 Rn. 11) – und das bedeutet, dass der Arzt den Patienten (rechtzeitig vorher) umfassend (d.h. über Chancen und Risiken) aufklären muss (sog. Aufklärungspflicht).

2. Lösung des BGH

Nach Ansicht des BGH ist eine in „laienhaftem Unverstand" auf- **5** grund einer „unsinnigen selbstgestellten Diagnose" erteilte Einwilligung unwirksam. Entscheidend sei nicht, dass der Angekl. ihr den Mangel der medizinischen Indikation nicht verschwiegen habe, sondern allein, dass es ihm nicht gelungen sei, das Vorstellungsbild der F, „mit welchen Mitteln auch immer", in Übereinstimmung zu einer realistischen medizinischen Beurteilung zu bringen. Allein dieser Umstand habe ihn vor dem Recht bereits gezwungen, von der Zahnextraktion abzusehen.

3. Kritik

Das kann aber nicht richtig sein. Entscheidend ist nicht, ob der Ge- **6** schädigte vernünftig handelt, sondern ob er in den Stand versetzt wurde, vernünftig zu handeln (näher *Fahl/Winkler*, AT, Vor § 32 Rn. 12). Das allein ist Sinn und Zweck der Aufklärungspflicht. Des Menschen Wille ist sein Himmelreich! Was hätte Z denn tun sollen? Die F an den nächsten Arzt weiter verweisen (wie es der A getan hat)? Die Extraktion „hinauszögern" (was er nach den Urteilsgründen getan hat)? Weiter aufklären? Wenn sie dann immer noch die Zähne „heraus haben" will? Irgendwann muss ja einmal Schluss sein mit der „Aufklärung".

4. Weiterführende Hinweise

Im Originalfall hat Z der F, „um sie hinzuhalten", zuerst zwei Zähne **7** im Ober- und drei im Unterkiefer gezogen, F erschien aber trotzdem wieder und verlangte – wiederum „aus Unkenntnis, Rat und Hoffnungslosigkeit, jedoch nach seinem Eindruck aufgrund reiflicher Überlegung" – auch die Entfernung der restlichen Zähne. Infolge eines Missverständnisses glaubte Z, sie wolle alle Zähne gezogen haben, während F nur die plombierten meinte. Für den BGH handelte es sich dabei um einen (den Schuldvorwurf bestehen lassenden, weil vermeidbaren) Verbotsirrtum (§ 17 StGB). – Geht man hingegen mit der Gegenmeinung davon aus, dass die gewollte Zahnextraktion von der „Einwilligung" der F gedeckt gewesen wäre, dann ging der Z in Wahrheit von Umständen aus, die im Falle ihres wirklichen Vorliegens die Voraussetzungen eines anerkannten Rechtfertigungsgrundes ausfüllen würden, unterlag mithin einem „Erlaubnistatbestandsirrtum" (vgl. *Fahl/Winkler*, Def., § 16 Rn. 5), welcher gem. § 16 analog den sog. Vorsatzschuldvorwurf entfallen ließe (s. *Fahl/Winkler*, AT, § 16 Rn. 9). Es bliebe nur ein Fahrlässigkeitsvorwurf gem. § 229 StGB (vgl. § 16 I 2 StGB).

Da die F am Ende zahnlos war und Prothesen tragen musste, fragte sich, ob die F im Sinne des § 226 I Nr. 3 StGB „in erheblicher Weise dauernd entstellt" wurde. Das ist bei Prothesen aber nicht der Fall (s. *Fahl/Winkler*, BT/2, § 226 Rn. 6).

Schließlich hat das LG in der Zange, mit der die Zähne gezogen wurden, ein „gefährliches Werkzeug" i.S.d. § 224 I Nr. 2 Alt. 2 StGB gesehen. Das hat der BGH im „Zahnextraktionsfall" aber zu Recht verneint, weil ein ärztliches Werkzeug in der Hand eines Arztes der „konkreten Art seiner Verwendung nach" nicht geeignet ist, erhebliche Verletzungen herbeizuführen (s. *Fahl/Winkler*, Def., § 224 Rn. 5 – neuerdings, z.B. bei der „Knabenbeschneidung", wird das aber vermehrt wieder in Zweifel gezogen, s. § 228 Rn. 6).

Nicht zu verwechseln ist der „Zahnextraktionsfall" mit dem „Zahnarztfall" (BGHSt 21, 59) – betr. (hypothetische) Kausalität und objektive Zurechnung sowie Abgrenzung von Tun und Unterlassen (s. dazu § 13 Rn. 2 – „Ziegenhaarfall") in einem Fall, in dem der Angekl. einem Mädchen unter Vollnarkose zwei Backenzähne zog, obwohl sie ihm mitgeteilt hatte, dass sie „etwas am Herzen" habe, aber die Möglichkeit bestand, dass auch ein hinzugezogener Internist den Herzfehler nicht entdeckt und den – tödlich verlaufenden – Eingriff daher zugelassen hätte.

8 Vertiefend: *Amelung*, JR 1999, 45; *Horn*, JuS 1979, 29; *Hruschka*, JR 1978, 519; *Rogall*, NJW 1978, 2344; *Roxin*, HRR, Fall 29; *Rüping*, Jura 1979, 90; *Sonnen*, JA 1978, 464

Myom

9 BGH, Urt. v. 28.11.1957 – 4 StR 525/57, BGHSt 11, 111 = NJW 1958, 267

10 Arzt A riet der 46-jährigen P zur (notwendigen) operativen Entfernung eines doppelfaustgroßen Gebärmuttergeschwulstes (Myom). Während der OP ergab sich, dass das Geschwulst nicht auf der

Oberfläche der Gebärmutter saß, wie von A und P angenommen, sondern mit ihr fest verwachsen war und daher nicht ohne sie beseitigt werden konnte. Daraufhin entfernte A kurzerhand den gesamten Gebärmutterkörper.

1. Problemstellung

Der Fall liegt im Schnittpunkt zwischen AT und BT, zwischen **11** „ärztlichem Heileingriff" (s. dazu *Fahl/Winkler*, BT/2, § 223 Rn. 6) und „mutmaßlicher Einwilligung" (*Fahl/Winkler*, AT, Vor § 32 Rn. 13). – Zunächst einmal liegt aber auch hier, wie im „Zahnextraktionsfall" (s.o. Rn. 2 ff.) – nach ärztlicher Aufklärung – eine „Einwilligung" vor. Die Frage war nur, ob die erteilte Einwilligung (zur Entfernung des Myoms) auch die Entfernung der Gebärmutter (die medizinisch unbedingt notwendig war, über die aber im Rahmen des Aufklärungsgesprächs nicht gesprochen worden war) deckte.

2. Lösung des BGH

Der BGH verneinte das und meinte, der A habe vor der OP die **12** Möglichkeit erkennen und P darauf hinweisen müssen, dass die Gebärmutter mit dem Geschwulst verwachsen sein könnte; A sei verpflichtet gewesen, „sich ihres Einverständnisses mit dem vielleicht erforderlichen folgenschweren Eingriff zu versichern". A habe nicht davon ausgehen dürfen, dass P schon mit der Entfernung ihrer Gebärmutter einverstanden (untechnisch! – es geht nach Ansicht des BGH ja um eine „Einwilligung", vgl. Rn. 4 – „Zahnextraktion") sein werde, denn es sei möglich (und war dann ja auch so), dass ein Kranker ein selbst gefährliches Geschwulst an einem Organ seines Körpers (speziell am Uterus) eher weiterbestehen zu lassen bereit sei, als für die Beseitigung den Verlust des ganzen Organs in Kauf zu nehmen. Möge diese Entscheidung auch lebensbedrohlich und deshalb jedenfalls dann unverständlich sein, wenn er auch ohne das Organ weiterleben könne, so müsse sie doch von jedem, auch einem Arzt, in Betracht gezogen und respektiert werden. Niemand dürfe sich zum Richter in der Frage aufwerfen, unter welchen Umständen ein anderer vernünftigerweise bereit sein sollte, seine körperliche Unversehrtheit zu opfern. Es wäre, so der BGH, ein rechtswidriger Eingriff in die Freiheit und Würde des Menschen, „wenn ein Arzt – und sei es auch aus medizinisch berechtigten Gründen – eigenmächtig und selbstherrlich eine folgenschwere OP bei einem Kranken, dessen Meinung rechtzeitig eingeholt werden kann, ohne dessen vorherige Billigung vornähme."

3. Kritik

13   Daran ist auszusetzen, dass das ja wohl kaum bedeuten kann, dass
der Arzt den Patienten bei jeder unvorhergesehenen Komplikation erst
wieder zunähen und dann nach eingehender Befragung erneut dem
(schließlich nicht unerheblichen) Risiko einer Operation aussetzen
muss. Die vom BGH im „Myom-Fall" dem Arzt angesonnene Respek-
tierung auch unvernünftiger Patientenwünsche widerspricht im Übrigen eklatant seiner im „Zahnextraktionsfall" geäußerten Ansicht (s.o.
Rn. 5). Auch würde die „Aufklärungspflicht" ins Uferlose ausgedehnt,
wenn der Arzt wirklich auch unvernünftige Überlegungen einbeziehen
und sie auf Umstände erstrecken müsste, die keinen vernünftigen
Menschen abhalten würden. Deshalb sei (mit dem LG, das den A im
Ergebnis freigesprochen hatte) davon auszugehen, dass die erteilte
Einwilligung zur Myomentfernung auch die Ausräumung der Gebärmutter deckte, wenn es nicht anders ging.

4. Weiterführende Hinweise

14   Wie der BGH bei Verneinung einer Einwilligung überhaupt zu einer
bloß fahrlässigen (§ 229 StGB) anstatt einer vorsätzlichen Körperverletzung (§§ 223, 224 I Nr. 2 Alt. 2 StGB) kommen konnte, ist mit einer
„actio illicita in causa" zu erklären – danach handelte der A nicht im
Moment der OP fahrlässig, sondern fahrlässig handelte er dadurch,
dass er vor der OP versäumte, sich der Zustimmung der P zu vergewis-
sern. Durch dieses Versäumnis ist er nachher in eine Lage geraten, in
der er die P vernünftiger- und zumutbarerweise nicht mehr nach ihrem
Einverständnis fragen konnte. Aber das hieße dann doch wohl, dass die
Fortsetzung der OP in dieser Situation dann nach Ansicht des BGH
zwar nicht von der (aktuellen) Einwilligung der P gedeckt war, aber
doch von einer „mutmaßlichen Einwilligung". Die „mutmaßliche"
Einwilligung hat aber zur Voraussetzung, dass eine aktuelle Einwilligung nicht oder nicht rechtzeitig eingeholt werden kann (s.
Fahl/Winkler, AT, Vor § 32 Rn. 13). Wenn man das ernst nimmt, dann
ist genau das wohl zu verneinen, denn die OP könnte ja zur Wahrung
der Patientenautonomie abgebrochen und die Patientin nach ihrem
Willen befragt werden. Die Gegenansicht argumentiert, dass das Risiko, durch die Ausräumung der Gebärmutter den späteren Willen der
Patientin zu verfehlen, geringer war als das Risiko, dass der Abbruch
der OP den späteren Willen verfehlen würde. Darin (und nicht in der
Autonomie) liege der Unterschied zum Notstand (§ 34 StGB): Es
werde kein „wesentliches Überwiegen" verlangt. Die mutmaßliche
Einwilligung ist damit ein „Notrecht".

Mit dem „ärztlichen Heileingriff" lässt sich im vorliegenden Fall jedenfalls auch kein anderes Ergebnis als der BGH erreichen. Danach soll schon der Tatbestand der Körper"verletzung" verneint werden, wenn der Eingriff (1) medizinisch indiziert, (2) mit Heilungswillen und mit (3) Zustimmung des Patienten vorgenommen und (4) kunstgerecht (de lege artis) durchgeführt ist (*Fahl/Winkler*, BT/2, § 223 Rn. 6). An der dritten Voraussetzung fehlt es. Auf das Zustimmungserfordernis kann auch nicht verzichtet werden, soll nicht die „eigenmächtige Heilbehandlung" straflos ausgehen.

Wie weit dabei die ärztliche „Aufklärungspflicht" reicht, ist eine noch immer umstrittene Frage des Arztstrafrechts. Dass A die Aufklärung über (als möglich erkannte) Komplikationen bei der OP unterlassen habe, weil er die Patientin „nicht über das Notwendige hinaus" beunruhigen wollte, wie das LG meinte, ist jedenfalls erstens wenig plausibel und würde außerdem einer „falsch verstandenen Rücksicht" entsprechen, wie der BGH zu Recht anmerkt.

Vertiefend: *Puppe*, AT, § 11 Rn. 9; *Roxin*, HRR, Fall 30   **15**

§ 32 Notwehr

Aufbauschema   1

I. **Objektiver Rechtfertigungstatbestand**

 1. Notwehrlage

  a) Angriff

  b) Gegenwärtigkeit des Angriffs

  c) Rechtswidrigkeit des Angriffs

 2. Notwehrhandlung

  a) Verteidigung

  b) Erforderlichkeit

   aa) Geeignetheit zur Beendigung des Angriffs

   bb) Relativ mildestes Mittel

  c) Gebotenheit

   aa) Ausschluss bzw. Einschränkung des Notwehrrechts, z.B.

    – Angriffe von Schuldlosen

    – Krasses Missverhältnis

    – Notwehrprovokation

    – Enge persönliche Beziehungen

– Sonstige Fallgruppen: Bagatellangriffe, Unfugabwehr, Folter, Chantage etc.

bb) Stufenfolge:

(1) Ausweichen

(2) Falls nicht möglich: Schutzwehr

(3) Falls unmöglich oder unwirksam: maßvolle Trutzwehr

II. Subjektiver Rechtfertigungstatbestand

Verteidigungswille

Obstdiebe

2   RG, Urt. v. 20.09.1920 – I StR 384/20, RGSt 55, 82

3   Bauer A wacht nachts vor seiner Hütte mit Hund und geladenem Gewehr über seine Obstbäume. Er bemerkt zwei Männer, B und C, die Obst von seinen Bäumen pflücken. Als er ihnen zuruft, ergreifen diese die Flucht. A fordert sie auf, stehenzubleiben und droht zu schießen. Als sie nicht reagieren, gibt A einen gezielten Schuss aus seinem Schrotgewehr ab und verletzt dabei den B schwer.

1. Problemstellung

4   § 32 StGB unterscheidet unter den objektiven Voraussetzungen zwischen der Notwehrlage (Angriff, gegenwärtig, rechtswidrig) und der Notwehrhandlung (Verteidigung, erforderlich). Dazu muss als subjektives Merkmal nach h.M. der Verteidigungswille treten (näher *Fahl/Winkler*, AT, Vor § 32 Rn. 3). Bei Erfüllung dieser Voraussetzungen handelt der Täter „nicht rechtswidrig". Eine Angemessenheits- oder Verhältnismäßigkeitsprüfung wie in § 34 S. 1 und 2 StGB kennt § 32 StGB – anders als die Notwehr in den meisten europäischen Staaten – nicht. Die Notwehr beruht hierzulande auf dem Gedanken, dass „das Recht dem Unrecht nicht zu weichen" braucht (und Gewalt, auch gegen Sachen, mit Gewalt beantwortet werden darf – „vim in vi repellere licet"). Damit erweist sich die Notwehr in den Augen vieler als zu „scharfes Schwert" in Fällen, in denen ein Mindestmaß mitmenschlicher Solidarität an sich die Beschränkung auf weniger einschneidende Mittel „gebieten" würde.

2. Lösung des RG

5   Das RG fragt zunächst unter dem Gesichtspunkt der Gegenwärtigkeit des Angriffs, ob auf (mit der Beute) Flüchtende noch geschossen werden dürfe, und bejaht das, weil der Diebstahl zwar „vollendet", aber noch nicht „beendet" (vgl. *Fahl/Winkler*, Def., § 32 Rn. 4: „noch nicht abgeschlossen") sei und das Eigentum, das die Diebe „davontrugen", für B somit noch „erreichbar" war (s. *Fahl/Winkler*, AT, § 32 Rn. 7). – „Sittliche" (sozialethische) Erwägungen verweist das RG in den Bereich der Moral. Eine Verhältnismäßigkeitsabwägung möge da berechtigt sein, wo es sich um einen Widerstreit von Rechten handele, aber nicht, wo das Recht im Kampf gegen das Unrecht geschützt werden müsse. Wenn zur Erhaltung eines geringfügigen Gutes ein wertvolles Gut niemals geopfert werden dürfe, dann wäre die Notwehr, sobald sie durch Angriffe auf Leib und Leben geübt werden müsste, dem Diebe gegenüber überhaupt ausgeschlossen. Die Notwehr sei deshalb nicht anders beschränkt als durch die Erforderlichkeit (s. dazu *Fahl/Winkler*, Def., § 32 Rn. 4: das „mildeste unter den sicher wirksamen" Mitteln).

3. Kritik

Freilich dürfte dann der Bauer, der sieht, wie ein teurer Rassehund **6** sein Huhn wegschleppt, diesen nicht erschießen (um wenigstens noch das Fleisch des Suppenhuhns zu retten), weil die Tötung des teuren Hundes (§ 303 StGB) außer Verhältnis stünde zu dem abgewendeten Schaden (vgl. § 228 BGB – § 32 greift bei „tierischen Angriffen" nicht ein, s. *Fahl/Winkler*, AT, § 32 Rn. 3), dagegen wäre dasselbe Verhalten unter dem Gesichtspunkt des Totschlags (§ 212 StGB) gerechtfertigt, wenn ein hungriger Landstreicher das Huhn gestohlen hätte. Das würden die meisten deshalb heute anders sehen und akzeptieren sog. sozialethische Einschränkungen, z.B. beim Angriff von Schuldlosen (Kindern, Betrunkenen, erkennbar Irrenden) oder bei „krassem" Missverhältnis (von verteidigtem und geopfertem Gut). In dem berühmten Schulfall, dass der gelähmte Gartenbesitzer naschende Kinder mit dem Jagdgewehr aus seinem Obstbaum schießt, greifen daher gleich zwei „sozialethische Notwehreinschränkungen" ein. Festgemacht werden sie an der „Gebotenheit" i.S.d. § 32 I StGB. Im Laufe der Zeit sind weitere hinzugekommen (Bagatellangriffe, Unfugabwehr, Chantage, Folter, s. *Fahl/Winkler*, AT, § 32 Rn. 11), freilich um den Preis, dass das Recht dadurch immer unvorhersehbarer wird.

Im Übrigen ist zubedenken: Auch ein Suppenhuhn, ein Stück Obst oder eine Hand voll Kohle können in Zeiten wirtschaftlicher Not einen hohen, vielleicht überlebenswichtigen, Wert haben. Der Diebstahl von drei Äpfeln mag für den Bauern zu verkraften sein, für den Schiffbrüchigen aber nicht. Und wenn sich der Landstreicher des Verlustes seiner Äpfel mit der vollen Schärfe der Notwehr erwehren darf, warum dann der Bauer nicht? Damit wird ihm letztlich ein „Sonderopfer" abverlangt, das er nicht Gemeinschaftsbelangen, sondern fremden Individualinteressen (des Angreifers!) zu erbringen hat. – Der Verlust eines einzigen Apfels mag nicht zu Buche schlagen, der Verlust eines großen Teils der Ernte an Spaziergänger aber die wirtschaftliche Existenz kosten.

4. Weiterführende Hinweise

7   In einem anderen Schulfall schützt der Obstbauer seine Plantage daher mit Selbstschussanlagen – keine unerlaubte „Präventivnotwehr" sondern (im Prinzip) zulässige „antizipierte Notwehr" (ausf. *Fahl/Winkler*, AT, § 32 Rn. 6).

Ob das (private) Notwehrrecht durch Art. 2 II EMRK – keine tödliche Verteidigung bei bloßer Sachwehr – eingeschränkt wird, ist ebenfalls strittig (s. dazu *Fahl/Winkler*, AT, § 32 Rn. 12).

Bei der Falllösung ist auch noch zu beachten, dass nach der Rspr. eine – irgendwo zwischen Erforderlichkeit und Gebotenheit anzusiedelnde – „Stufenfolge" einzuhalten ist (die hier eingehalten ist), nach der der Schusswaffeneinsatz zunächst anzudrohen ist, dann ein Warnschuss abzugeben ist und auch dann noch nicht zwischen die Augen geschossen werden darf, sondern nur auf die Beine.

Ein anderes (strafprozessuales) Thema ist, ob der gezielte Schusswaffeneinsatz gegen den flüchtenden Dieb – zumindest in Ausnahmefällen – auch durch § 127 I StPO (Festnahmerecht) gedeckt sein kann, der (strafrechtlich) ebenfalls einen Rechtfertigungsgrund abgibt.

8   **Vertiefend:** *Fahl*, JA 2000, 460

Daschner (Jakob v. Metzler)

9   LG Frankfurt/Main, 20.12.2004 – 5/27 KLs 7570 Js 203814/03 (4/04), 527 KLs 7570 Js 203814/03 (4/04), NJW 2005, 692

10 | G hat den 11-jährigen Bankierssohn J zum Zwecke der Lösegelderpressung entführt und getötet. Bei der Geldübergabe wird G festgenommen. Über den Verbleib des Opfers macht er jedoch keine Angaben. Die Polizei glaubt deshalb, dass J zwar in Lebensgefahr, aber noch am Leben ist. Als alles nichts fruchtet, droht der Polizeivizepräsident D dem G Schmerzen an, „wie er noch nie welche erlebt" habe. Daraufhin führt G die Polizei zum Ablageort der Leiche, einem kleinen See.

1. Problemstellung

Der Fall ist mehrfach für das deutsche Fernsehen verfilmt worden. **11**
Er hat eine verwaltungsrechtliche Komponente, weil G, ein Jura-
Student, in der Haft noch das Staatsexamen ablegen wollte – er hat
eine europarechtliche Komponente, weil nach Ansicht des EGMR ein
Verstoß gegen Art. 3 EMRK (Folter oder unmenschliche Behandlung)
vorliegt; eine verfassungsrechtliche (Art. 104 I 2 GG); eine strafpro-
zessuale (§ 136a StPO) und natürlich eine strafrechtliche: G ist u.a.
wegen Mordes (§ 211 StGB) zu einer lebenslangen Freiheitsstrafe
verurteilt worden. Im „Daschner-Fall" aber geht es um die Strafbarkeit
des D: Insofern kombiniert er einige strafrechtliche Standardprobleme,
nämlich den „Erlaubnistatbestandsirrtum" (s. dazu *Fahl/Winkler*, AT,
§ 16 Rn. 9) mit der Frage, ob auch Polizeibeamte sich zu ihrer Rechtfertigung auf die strafrechtlichen Rechtfertigungsgründe – inbes. auf
§ 32 II 2. Alt. StGB (Nothilfe) – berufen können (*Fahl/Winkler*, AT,
§ 32 Rn. 19) und schließlich – am wichtigsten – mit der Frage der
„sozial-ethischen Einschränkungen" der Notwehr (s.o. § 32 Rn. 2 –
„Obstdiebe"; s. auch *Fahl/Winkler*, AT, § 32 Rn. 11). Eine „Notwehrlage" (*Fahl/Winkler*, Def., § 32 Rn. 1), d.h. ein gegenwärtiger, rechtswidriger Angriff (auf die Freiheit des J durch G) liegt nach Vorstellung
von D vor (§ 239a StGB ist ein Dauerdelikt, das erst mit Freilassung
endet). Die „Verteidigung" (*Fahl/Winkler*, Def., § 32 Rn. 6) war „geeignet" (was in Folterfällen häufig bestritten wird) und „erforderlich" –
d.h. das „mildeste" verbleibende („als alles nichts fruchtet") Mittel
(vgl. *Fahl/Winkler*, Def., § 32 Rn. 7). Damit sind die in § 32 II StGB
geregelten Voraussetzungen erschöpft, man kann die „Notwehr"
höchstens noch sozial-ethisch einschränken

2. Lösung des LG Frankfurt

Das LG Frankfurt ging von einem „absoluten" (auch durch das Not- **12**
wehrrecht nicht einschränkbaren) Folterverbot (aus Art. 1 GG) aus und
hat D wegen (der Verleitung eines Untergeben zur) Nötigung im Amt
(§ 375 I i.V.m. § 240 StGB – einen b.s.F. nach § 240 IV Nr. 2 StGB hat
die Kammer verneint) schuldig gesprochen und (was selten vorkommt)
gem. § 59 StGB eine Verwarnung mit Strafvorbehalt ausgesprochen.

3. Kritik

Das ist den einen zu wenig – G hat gegen das Urteil Beschwerde **13**
beim EGMR eingelegt und die Große Kammer des EGMR sah die G
gewährte Genugtuung im Gegensatz zur Vorinstanz tatsächlich nicht
als ausreichend an. Die ausgesprochenen Strafen hätten nicht die
notwendige abschreckende Wirkung, um weitere Verstöße in Zukunft

wirksam zu verhindern. (Das OLG Frankfurt hat später entschieden,
dass das Land Hessen G wegen der Folterdrohung im Polizeiverhör
eine Entschädigung zahlen muss.) Den anderen geht das Urteil zu weit,
wobei sich die Kritik weniger an der Bejahung der „Verwerflichkeit"
(s. *Fahl/Winkler*, Def., § 240 Rn. 6: „in erhöhtem Grad" zu missbilli-
gen) i.S.d. § 240 II StGB (die Nötigung ist ein „offener Tatbestand")
entzündet (vgl. dazu *Fahl/Winkler*, BT/2, § 240 Rn. 15), als vielmehr
daran, dass „Notwehr" in Form der „Not(wehr)hilfe" überhaupt verneint wurde!

4. Weiterführende Hinweise

14   Unabhängig davon, ob es sich dabei um eine „neue" Notwehrein-
schränkung handelt (der „Katalog" der Einschränkungen ist erweiter-
bar) oder eine „alte" (manche haben sie schon immer gefordert, andere
schon immer abgelehnt), stellt die sog. Rettungsfolter (wie man diese
Art der Folter im Unterschied zur strafprozessualen Folter zur Ge-
ständniserlangung nennt) das Strafrecht – und die Strafrechtsphiloso-
phie – doch vor erhebliche Herausforderungen: So fragt sich, ob die
Lösung auf das Nothilferecht von Privatpersonen (tatsächlich war D
mit der Bankiersfamilie bekannt) übertragbar ist (s. *Fahl/Winkler*, AT,
§ 32 Rn. 18). Sodann fragt sich, ob dasselbe auch für die „Selbstverteidigung" gilt – also ich etwa auch dann meinem Peiniger keinerlei
Schmerzen androhen darf, wenn der mir ein tödliches Gift gespritzt
hat, aber nicht verrät, wo sich das Gegenmittel befindet – und schließlich, ob daran (und mit welchem Recht eigentlich?) auch dann festzu-
halten wäre, wenn es (wie im *Brugger*'schen „Bombenlegerfall" – die
Stadt S wird von einem Terroristen mit einer chemischen Bombe
bedroht und erpresst, bei der Geldübergabe wird der Erpresser von der
Polizei gefasst und schildert der Polizei glaubhaft, dass er vor der
Übergabe den Zünder der Bombe aktiviert hat, die Bombe werde in
drei Stunden explodieren und alle Bewohner der Stadt töten) um die
drohende Vernichtung sehr vieler Menschenleben (oder der ganzen
Welt) ginge (s. dazu § 35 Rn. 6 – „Weichenstellerfall").
    Strafprozessual steht außer Frage, dass ein „erfoltertes" Geständnis
gem. § 136a III StPO – einer der seltenen Fälle eines ausdrücklichen
„Beweisverwertungsverbotes" – „unverwertbar" wäre (wobei man
schon fragen kann, ob die dort genannten Beweismethoden, z.B.
Hypnose, wirklich den Namen „Folter" verdienen, und auch – wie
auch schon bei Art. 3 EMRK – ob das „Androhen" von Folter schon
„Folter" ist). Ob darüber hinaus auch die infolge des Geständnisses
gefundene Leiche (samt Täter-DNA) strafprozessual verwertbar ist, ist
eine Frage der sog. Fernwirkung von Beweisverwertungsverboten (die

h.L. verneint die Verwertbarkeit mit der sog. fruits-of-the-poisonous-tree-doctrine, die Rspr. bejaht sie).

Vertiefend: *Ellbogen*, Jura 2005, 339; *Erb*, NStZ 2005, 593; *Fahl*, Jura 2007, 743; *Götz*, NJW 2005, 953; *Keiser*, GA 2009, 344; *Kudlich*, JuS 2005, 376 **15**

§ 34 Rechtfertigender Notstand

Aufbauschema **1**

I. **Objektiver Rechtfertigungstatbestand**

1. Notstandslage

   a) Notstandsfähiges Rechtsgut

   b) Gefahr für das Rechtsgut

   c) Gegenwärtigkeit der Gefahr

2. Notstandshandlung

   a) Rettung des Rechtsgutes (durch Opfern eines anderen)

   b) Erforderlichkeit der Rettung (nicht anders abwendbar)

     aa) Geeignetheit der Gefahrabwehr

     bb) Relativ mildestes Mittel

   c) Güter- und Interessenabwägung: Wesentliches Überwiegen des geretteten Gutes

   d) Angemessenheit, § 34 S. 2

II. **Subjektiver Rechtfertigungstatbestand**

   Rettungswille

Haustyrann (Familientyrann II)

BGH, Urt. v. 25.3.2003 – 1 StR 483/02, BGHSt 48, 255 = NJW 2003, 2464 **2**

A erschoss gegen Mittag ihren schlafenden Ehemann M mit dessen Revolver. Dieser hatte sie über viele Jahre hinweg durch zunehmend aggressivere Gewalttätigkeiten und Beleidigungen immer wieder erheblich verletzt und gedemütigt. Als sie die Tat beging, sah sie keinen anderen Ausweg mehr, um sich und auch die beiden gemeinsamen Töchter vor weiteren Tätlichkeiten zu schützen. **3**

1. Problemstellung

§ 32 StGB (Notwehr) scheitert an der „Gegenwärtigkeit" (des Angriffs des B auf die Rechtsgüter der A). Entgegen dem Alltagssprachgebrauch ist damit zwar kein Punkt auf der Zeitskala gemeint, sondern **4**

eine Strecke von „unmittelbar bevorstehend" bis „noch nicht abgeschlossen" (vgl. *Fahl/Winkler*, Def., § 32 Rn. 4). Aber der nächste
Angriff des B stand noch nicht „unmittelbar" bevor und die vergange-
nen waren „bereits abgeschlossen". Auch §§ 34, 35 StGB (Notstand)
setzen „Gegenwärtigkeit" voraus. Hier meinen aber manche, dass man
„weniger streng" sein könne. – Schon im „Bratpfannen-Fall" (Vor § 1
Rn. 30) hat der BGH Notwehr (§ 32 StGB) mangels „Gegenwärtigkeit" verworfen und dafür die Prüfung des – freilich damals bereits als
bloßen Entschuldigungsgrund verstandenen – § 54 StGB a.F. („Eine
strafbare Handlung ist nicht vorhanden, wenn die Handlung außer in
den Fällen der Notwehr in einem unverschuldeten, auf andere Weise
nicht zu behebenden Notstande zur Rettung aus einer *gegenwärtigen*
Gefahr für Leib und Leben des Täters oder eines Angehörigen begangen worden ist") angemahnt.

2. Lösung des BGH

5   Das LG hatte die A wegen Mordes verurteilt (§ 211 StGB), die lebenslange Freiheitsstrafe aber gem. § 49 I Nr. 1 StGB gemildert – sog.
Rechtsfolgenlösung (s. dazu § 211 Rn. 12 – „Türkenmordfall"). Der
BGH bestätigte die Ansicht des LG, dass der M seine Arglosigkeit
gleichsam „mit in den Schlaf genommen" habe (s. dazu *Fahl/Winkler*,
BT/2, § 211 Rn. 14). Zudem habe die A nicht gerechtfertigt gehandelt;
insb. scheide ein rechtfertigender Notstand aus, weil § 34 StGB eine
Abwägung von „Leben gegen Leben" nicht zulasse. Dennoch hob er
das Urteil des LG auf und verwies die Sache zur erneuten Verhandlung
an eine andere Strafkammer zurück (§ 354 II StPO), weil das LG
versäumt hatte, die Voraussetzungen des entschuldigenden Notstandes
nach § 35 StGB zu prüfen. Gefahr i.S.d. Vorschrift sei nämlich auch
eine „Dauergefahr", was freilich weniger am unterschiedlichen Verständnis der „Gegenwärtigkeit", als vielmehr an den unterschiedlichen
Bezugspunkten liegt („Angriff" bei der Notwehr; „Gefahr" beim Notstand). Die Annahme eines entschuldigenden) Notstandes sei hier auch
nicht deshalb ausgeschlossen, weil die A die von M ausgehende Gefahr etwa „selbst verursacht" hätte, indem sie über Jahre hinweg trotz
Misshandlungen und Beleidigungen bei ihrem Ehemann ausharrte,
oder weil ihr aufgrund der Ehe mit diesem die Hinnahme der Gefahr
„zumutbar" gewesen wäre (§ 35 I 2 StGB). Indes komme als anderwei-
tige Abwendungsmöglichkeiten die Inanspruchnahme behördlicher
Hilfe oder der Hilfe karitativer Einrichtungen in Betracht, namentlich
der Auszug in ein sog. Frauenhaus, aber auch eine Strafanzeige. Grds.
gelte: Die von einem „Familientyrannen" ausgehende „Dauergefahr"
sei für die übrigen Familienmitglieder regelmäßig i.S.d § 35 I StGB
anders als durch die Tötung abwendbar. Freilich könne sich die A

diesbezüglich in einem unvermeidbaren oder vermeidbaren Irrtum gem. § 35 II StGB befunden haben. Die – für den letzteren Fall – vorgesehene obligatorische Strafmilderung nach § 35 II 2 StGB gehe der Rechtsfolgenlösung vor.

3. Kritik

Dass A „Inanspruchnahme behördlicher Hilfe" oder „karitativer 6 Einrichtungen" nicht in Betracht gezogen und „nicht versucht" habe, sich „auf diese Weise aus ihrer bedrängten Lage zu befreien" trifft freilich nicht zu: So war sie (nachdem ihre Eltern nicht bereit waren, sie aufzunehmen, weil sie Furcht vor den Nachstellungen des B und seiner Rockergruppe hatten) in ein Frauenhaus gezogen, kehrte jedoch nach vier Wochen zu B zurück, nachdem dieser Besserung gelobt hatte. Für den Fall der erneuten Trennung hatte B ihr angedroht, den beiden gemeinsamen Kindern etwas anzutun. Sie hatte auch schon versucht, sich umzubringen. Nach drei gescheiterten Selbstmordversuchen mittels Tabletten reifte in A jedoch die Erkenntnis, dass die Töchter B dann schutzlos ausgeliefert wären. Von einer Strafanzeige hatte sie stets abgesehen, weil sie fürchtete, ihren Mann dadurch noch mehr zu erzürnen, und B gedroht hatte, dass sich, wenn er im Gefängnis wäre, seine Motorradfreunde um sie „kümmern" würden. Schließlich werde auch er irgendwann „wieder herauskommen". Das alles betrifft die „Nicht-anders-Abwendbarkeit" i.S.d. § 35 StGB.

Statt die A nur zu „entschuldigen" könnte man – wenn man das wirklich will – die Handlungen der A auch gem. § 34 StGB „rechtfertigen": Dass „Leben gegen Leben" niemals abgewogen werden dürfe (vgl. § 35 Rn. 2 – „Weichenstellerfall"), wird zunehmend in Zweifel gezogen, nicht nur im Falle des von Terroristen gekaperten Verkehrsflugzeugs, das im Begriff ist, in ein Gebäude zu stürzen – in diesem Fall wollte sogar das gescheiterte Luftsicherheitsgesetz den Abschuss erlauben –, sondern auch beim „autonomen" Fahren (weil ja irgendwie festgelegt werden muss, was das Auto tun soll, wenn es nur die Wahl hat, in die eine oder andere Menschenmenge zu rasen). Insb. auch im „Daschner-Fall" (s.o. § 32 Rn. 9) ist darauf hingewiesen worden, dass in die Abwägung nach den Regeln des sog. Defensivnotstandes (Verteidigungsnotstand) auch die Tatsache einzustellen sei, in wessen Herrschaftsbereich die Gefahr ihren Ursprung habe. – Schließlich könnte mit Hilfe der Konstruktion eines „Dauerangriffs" eine „notwehrähnliche Lage" begründet und versucht werden, die Handlung der A sogar analog § 32 StGB – Analogien sind im Strafrecht nur zu Ungunsten des Angekl. verboten (sog. Analogieverbot) – zu rechtfertigen. Das wird aber wohl schon mit Blick auf das Fehlen einer (planwidrigen) Regelungslücke angesichts der §§ 34, 35 StGB abzulehnen sein.

4. Weiterführende Hinweise

7　Da eine Notwehrsituation immerhin einmal vorlag und immerhin der „nachzeitige extensive Notwehrexzess" (Überschreitung der zeitlichen Grenzen der Notwehr „nach hinten", vgl. *Fahl/Winkler*, Def., § 33 Rn. 2) nach h.M. von § 33 StGB erfasst wird (s. dazu *Fahl/Winkler*, AT, § 33 Rn. 2) und die A aus „Furcht" (sog. asthenischer Affekt, s. *Fahl/Winkler*, Def., § 33 Rn. 3) handelte, könnte auch dieser Strafausschluss – nach h.M. ebenfalls nur Entschuldigungsgrund – erwogen werden.

Würde man die „Heimtücke" auf dem einen oder anderen Weg (s. dazu § 211 Rn. 13 – „Türkenmordfall") verneinen, so wäre der Weg frei zu § 213 StGB (Mindeststrafe von einem Jahr statt lebenslanger Freiheitsstrafe). Zwar wurde A durch die ihr und ihren Angehörigen „zugefügten Misshandlungen" und „schweren Beleidigungen" nicht „auf der Stelle" (und nicht im „Zorn") zur Tat hingerissen, es dürfte aber „sonst ein minder schwerer Fall" vorliegen.

Unter dem Stichwort „Haus-" oder „Familientyrann" findet man in der strafrechtlichen Literatur (leider) weitere – bedauerlich ähnliche – Fälle. Neben dem „Bratpfannen-Fall" (Vor § 1 Rn. 30) ist vor allem noch BGH NJW 1983, 2456 („Familientyrann I"– auch hier tötete die Angekl. ihren Ehemann im Schlaf, nachdem dieser sie und ihre Familie, insb. den 13-jährigen Sohn, jahrelang tyrannisiert hatte und A um dessen Leben fürchtete; auch hier hatte das LG das Mordmerkmal der „Heimtücke" bejaht, Rechtfertigungs- und Entschuldigungsgründe „ohne näherer Begründung" abgelehnt und die „Rechtsfolgenlösung" angewandt) unter diesem Namen bekannt.

Unter rechtsvergleichenden Gesichtspunkten interessant ist eine Studie des Max-Planck-Institutes für ausländisches und internationales Strafrecht in Freiburg, in der von 1997 bis 2005 die Rechtsprechung in acht europäischen Ländern untersucht wurde, um herauszufinden, inwieweit das Strafrecht in Europa harmonisiert sei und wie mit demselben Fall in verschiedenen Ländern umgegangen wird – ausgewählt wurden dafür vier Varianten des „Haustyrannenmordes". (Die Ergebnisse stimmten weitgehend überein, deutliche Unterschiede gab es aber im Strafmaß. Deutschland lag im Mittelfeld.)

Die Frage, unter welchen Voraussetzungen der „Tyrannenmord" gerechtfertigt (oder entschuldigt – die Philosophie unterscheidet da nicht so genau) werden kann, ist schließlich auch ein uraltes Thema der Rechtsphilosophie, das hier aber nicht weiter vertieft werden kann.

8　**Vertiefend:** *Adomeit/Beckemper*, JA 2005, 35; *Beckemper*, JA 2004, 99; *Bock*, AT, S. 308; *Bürger*, JA 2004, 298; *Hillenkamp*, JZ 2004, 48; *Kargl*, Jura 2004, 189; *Rengier*, NStZ 2004, 233; *Rotsch*, JuS 2005, 12; *Widmaier*, NJW 2003, 2788; zu

„Familientyrann I": *Frommel*, StV 1987, 292; *Günther*, JR 1985, 268; *Hassemer*, JuS 1984, 66; *ders.*, JZ 1983, 967; *Rengier*, NStZ 1984, 22; *Seier*, JA 1984, 261; *Spendel*, StV 1984, 45

§ 35 Entschuldigender Notstand

Aufbauschema   **1**

I. **Objektive Voraussetzung**

  1. Notstandslage

    a) Notstandsfähiges Rechtsgut in Form von Leib, Leben oder Freiheit

    b) Gefahr für das Rechtsgut

    c) Gegenwärtigkeit der Gefahr

    d) Nähebeziehung → *Rn. 4*

  2. Notstandshandlung

    a) Rettung des Rechtsgutes (durch Opfern eines anderen)

    b) Erforderlichkeit der Rettung (nicht anders abwendbar)

      aa) Geeignetheit zur Gefahrabwehr

      bb) Relativ mildestes Mittel

  3. Hinnahme der Gefahr nicht zumutbar

    a) Keine Selbstverursachung der Gefahr

    b) Kein besonderes Rechtsverhältnis mit erhöhter Gefahrtragungspflicht → *Rn. 9 ff.*

II. **Subjektive Voraussetzung**

  Rettungswille

Weichensteller (Gleisarbeiter)

Welzel, ZStW 63 (1951), 51   **2**

> Auf einer steilen Gebirgsstrecke hat sich ein Güterwagen gelöst und | **3**
> rast mit voller Wucht ins Tal auf einen Bahnhof zu, in dem gerade
> ein Personenzug steht. In wenigen Sekunden wird der Güterwagen
> in den Personenzug rasen und eine große Anzahl von Menschen
> töten. Ein Gleisarbeiter, der das Unheil kommen sieht, legt in letzter
> Minute die Weiche um, so dass der Güterwagen auf das Nebengleis
> gelangt, auf dem gerade einige Arbeiter einen Güterzug entladen.

Durch den Aufprall werden drei Arbeiter getötet, wie der Weichensteller voraussah.

1. Problemstellung

4   § 34 StGB („Leben gegen Leben" – kein „Überwiegen") und § 35 StGB (keine „Nähebeziehung") greifen nicht ein. In dieser Situation wird seit langem ein – dritter – „übergesetzlicher Notstand" diskutiert (s. dazu *Fahl/Winkler*, AT, § 35 Rn. 7), der freilich nur ein entschuldigender Notstand sein kann (um dem davon Betroffenen das Notwehrrecht nicht zu nehmen). – Das Problem ist im anglo-amerikanischen Rechtskreis als „Trolley"(= Straßenbahn)-Problem bekannt: Eine Straßenbahn gerät außer Kontrolle und droht, fünf Personen zu überrollen, kann aber auf ein anderes Gleis umgeleitet werden, wo sich nur eine Person befindet. Abgewandelt (für philosophische Zwecke) ist der Fall auch als „Dicker-Mann-Fall" bekannt: Die Straßenbahn kann nur durch das Herabstoßen eines dicken Mannes (fat man) auf die Gleise gestoppt werden. Während die meisten der Philosophiestudenten im „Trolley-Fall" regelmäßig ein Eingreifen befürworten, hält das die Mehrheit im „Fat-Man-Fall" für falsch.

2. Lösung von Welzel

5   Der deutsche Rechtsphilosoph und Strafrechtslehrer (bekannt geworden durch seine „finale Handlungslehre") *Hans Welzel* (1904–1977), der ihn ersonnen hat, meint, man könne dem Arbeiter nicht „im Ernst... verbieten, die Weiche umzustellen", und dass dieser nicht nur rechtlich, sondern auch ethisch „eklatant richtig" gehandelt habe.

3. Kritik

6   Dieser „utilitaristische" Ansatz („the greatest amount of good for the greatest number" – *John Stuart Mill* und *Jeremy Bentham*) wird philosophisch wie rechtlich angegriffen, z.B. hat das BVerfG in seinem Urteil zum Luftsicherheitsgesetz mit Gesetzeskraft (§ 31 Abs. 2 S. 1 BVerfGG) entschieden, dass die Tötung Unschuldiger an Bord eines Flugzeugs, das wie in 9/11 (World Trade Center) im Begriff ist in ein Gebäude voller Menschen gesteuert zu werden, gegen die Menschenwürde (Art. 1 GG) verstößt und die entsprechende Vorschrift, die (als kleineres Übel) den Abschuss erlaubte, für verfassungswidrig und nichtig erklärt. Freilich heißt das in letzter Konsequenz dann: „Fiat iustitia et pereat mundus" (Recht geschehe, und wenn die Welt dabei zugrunde geht)! – Was den „übergesetzlicher Notstand" anbelangt, so meinen viele, dass dafür kein Raum mehr sei, seit der Gesetzgeber den ursprünglich in Anlehnung an die §§ 228, 904 BGB vom RG entwickelten strafrechtlichen Notstand in den §§ 34, 35 StGB geregelt habe und dass daneben für einen die gesetzgeberischen Wertungen negierenden weiteren Notstand kein Raum mehr sei.

4. Weiterführende Hinweise

Im „Bergsteiger-Fall" (der oben am Seil hängende Bergsteiger **7** schneidet den unter ihm hängenden vom Seil ab, damit nicht beide in den Abgrund gezogen werden) ist die Lösung eindeutig: Wer das Seil losschneidet, „um die Gefahr von sich … abzuwenden, handelt ohne Schuld" (§ 35 StGB). Gleiches gilt für das „Brett des Karneades" (ein Schiffbrüchiger stößt den anderen von der Planke, die nur einen tragen kann) oder den berühmten, aus dem englischen Recht stammenden „Mignonettefall" (die im Rettungsboot befindlichen Überlebenden eines Schiffsuntergangs töten den Schiffsjungen, um sich von seinem Fleisch zu ernähren).

Im „Daschner-Fall" (s.o. § 32 Rn. 9) ging es um die Frage, ob der Vize-Polizeipräsident von Frankfurt dem Jurastudenten und mutmaßlichen Entführer eines elfjährigen Bankierssohnes „Folter" androhen durfte, um ihn zur Preisgabe des Versteckes des Entführten zu bewegen. – Wandelt man den Fall (geringfügig) so ab, dass ein Bombenleger gefoltert wird, damit er das Versteck der „tickenden Bombe" verrät, die unzählige Menschen bedroht („ticking bomb" oder „Bombenlegerfall" – vgl. § 32 Rn. 14) dann haben wir es wieder mit dem „Weichenstellerproblem" zu tun.

Vertiefend (Auswahl): *Fahl*, Joecks-FS, S. 67 ff.; *Jäger*, JA 2008, 678; *Koch*, **8** JA 2005, 745; *Mitsch*, GA 2006, 11; *Otto*, Jura 2005, 470 ff.; *Peters*, JR 1950, 742 (NS-Euthanasie-Ärzte); *Rönnau*, JuS 2017, 113; *Wörner*, ZIS 2019, 41; *Welzel*, ZStW 63 (1951), 47 ff.; *Zieschang*, JA 2007, 679

Wettermann (Grubenunglück)

RG, Urt. v. 14.6.1938 – 4 D 90/38, RGSt 72, 246	**9**

A war in einem Steinkohlebergwerk als „Wettermann" tätig, der ständig die Stollen begeht, um explosive Schlagwetterkonzentrationen mittels einer eigens zu diesem Zweck konstruierten Wetterlampe möglichst frühzeitig zu erkennen. Obwohl er eine Besorgnis erregende Konzentration feststellte, versäumte er es, seinem Vorgesetzten unter Tage, dem sog. Steiger, davon Meldung zu machen. Als er zwei Stunden später wieder an dieselbe Stelle kam, war das Methan-Luft-Gemisch hoch explosiv. Statt die noch im Stollen arbeitenden Bergleute zu warnen, flüchtete A sofort aus der Grube.	**10**

Kurz darauf kam es zur Explosion, die sechs Bergleute tötete und sieben weitere verletzte.

1. Problemstellung

11   Im „Wettermannfall" stellen sich so einige Fragen: Handelt es sich um aktives Tun oder bloßes Unterlassen (die h.M. entscheidet nach dem „Schwerpunkt der Vorwerfbarkeit", vgl. *Fahl/Winkler*, AT, § 13 Rn. 2)? Vorsatz oder Fahrlässigkeit (zur Abgrenzung *Fahl/Winker*, AT, § 15 Rn. 4; s. auch oben § 15 Rn. 3 – „Lederriemen")? Wie viele Taten oder Handlungen (erster Rundgang, zweiter Rundgang) stehen überhaupt in Rede (und wie konkurrieren sie miteinander, wenn einmal Vorsatz und einmal Fahrlässigkeit angenommen wird)? Vor allem aber: Dürfen diejenigen, die aufgrund eines besonderen Rechtsverhältnisses eigentlich verpflichtet sind, andere vor Gefahren zu bewahren, im Ernstfall ihre eigene Haut auf Kosten derer retten, die sie eigentlich beschützen sollen? Die Problematik stellt sich bei vielen Berufen: Soldaten, Seeleuten, Polizisten usw. Da in dieser Konstellation Leben gegen Leben steht (s. auch § 35 Rn. 2 – „Weichensteller"), greift nicht § 34 StGB ein, sondern (allenfalls) § 35 StGB.

2. Lösung des RG

12   § 35 StGB (§ 54 RStGB) hatte damals freilich noch eine andere Fassung und setzte zwar voraus, dass der Notstand „unverschuldet" war – dem entspricht cum grano salis die heutige Formulierung, dass der Täter die Gefahr nicht „selbst verursacht" haben darf (§ 35 I 2 Alt. 1 StGB) – die weitere Einschränkung, dass der Täter auch nicht „in einem besonderen Rechtsverhältnis" gestanden hat, kraft dessen ihm „zugemutet" werden konnte, die Gefahr hinzunehmen (§ 35 I 2 Alt. 2 StGB) – gab es aber noch nicht. Sie wurde vom RG – in dieser Entscheidung (!) – erst entwickelt. Dementsprechend versagte das RG dem Wettermann die Entschuldigung.

3. Kritik

13   Das erscheint auf den ersten Blick gerecht. Auf den zweiten Blick aber zeigt sich, dass das nicht richtig sein kann. Alles, was der Staat mir für den Fall der Nichtbefolgung an Übel androhen könnte, ist geringer als das Übel, das mir gegenwärtig droht, wenn ich den Normbefehl befolge. Das hat schon *Immanuel Kant* (1724–1804) erkannt und gemeint: Ein solches Gesetz wäre absurd. Das sichere Opfer des eigenen Lebens ist daher auch Soldaten, Polizisten und Feuerwehrleuten nicht zuzumuten – die Frage ist nur, ob davon hier bereits die Rede sein kann, weil die Explosion erst einige Zeit stattfand, nachdem A den

Stollen verlassen hatte. Das ist aber unvereinbar mit § 35 II StGB, der die angenommene Lage maßgeblich sein lässt, es sei denn, dass der Täter „den Irrtum vermeiden konnte". Zwischen dem Verlassen der Grube und der Explosion lagen gerade einmal fünfzehn Minuten. Unter diesen Voraussetzungen beruht die Annahme, es sei höchste Zeit, wohl kaum auf Fahrlässigkeit. Und obwohl ein italienisches Gericht den Kapitän der untergegangenen Costa Concordia, Francesco Schettino, mit einer ähnlichen Begründung wie das RG verurteilt hat, sind beide Fälle wohl falsch entschieden. Das Recht verlangt von niemandem ein Held zu sein.

4. Weiterführende Hinweise

Es fragt sich lediglich in dogmatischer Hinsicht, ob man dafür wie **14** einst (vor Einführung des § 35 StGB) auf einen „übergesetzlichen Notstand" zurückgreifen muss (vgl. *Fahl/Winker*, AT, § 35 Rn. 7; s. auch § 35 Rn. 2 – „Weichensteller") oder ob man die richtige Lösung entgegen der Meinung des RG und der Intention des Gesetzgebers, der die Entscheidung des RG nur in Gesetzesform gießen wollte, dem § 35 StGB und dem über allem stehenden Prinzip der „Zumutbarkeit" selbst entnehmen kann. Der Wortlaut jedenfalls ist dafür weit genug.

Vertiefend: *Fahl*, JA 2013, 274 (zur Costa Concordia: JA 2012, 161); *Puppe*, **15** AT, § 17; *Timpe*, JuS 1985, 35

Besonderer Teil

§ 211 Mord

Aufbauschema 1
I. Tatbestand
   1. Objektiver Tatbestand
     a) Objektiver Tatbestand des § 212 I
     b) Tatbezogene Mordmerkmale (2. Gruppe)
      aa) Heimtücke
      bb) Grausam
      cc) Mit gemeingefährlichen Mitteln
   2. Subjektiver Tatbestand
     a) Vorsatz bzgl. § 212 I und tatbezogener Mordmerkmale (2. Gruppe)
     b) Spezielle Absichten (täterbezogene Mordmerkmale, 3. Gruppe)
      aa) Ermöglichungsabsicht
      bb) Verdeckungsabsicht
     c) Sonstige besondere subjektive Merkmale (täterbezogene Mordmerkmale, 1. Gruppe)
      aa) Mordlust
      bb) Zur Befriedigung des Geschlechtstriebs
      cc) Habgier
      dd) Sonstige niedrige Beweggründe
II. Rechtswidrigkeit
III. Schuld
IV. Strafzumessung
   Strafmilderungsmöglichkeit nach § 49 I Nr. 1

Babybrei

BGH, Urt. v. 7.6.1955 – 5 StR 104/55, BGHSt 8, 216 = NJW 1955, 1524 2

Die zur Tatzeit 19jährige A tötete ihr drei Wochen altes Baby. Sie 3
fürchtete um ihre Ehe, weil sie während der Empfängniszeit mit
einem anderen geschlafen hatte und sie und ihr Ehemann den Ver-

dacht hatten, das Kind stamme nicht von ihm. Sie dachte sogar an Selbstmord. Schließlich war sie überzeugt davon, dass sie ihre Ehe nur retten könne, wenn sie das Kind tötete. Um es zu töten, mischte sie ein Schlafmittel in den Babybrei, um so den bitteren Geschmack der Schlaftabletten zu überdecken, und gab dem Baby davon zu essen. Das Baby schlief daraufhin ein und kam nicht wieder zu sich. Den Ehemann M, der besorgt war und einen Arzt holen wollte, beruhigte sie mit den Worten, der Junge würde schon wieder aufwachen, wenn er Hunger bekomme.

1. Problemstellung

4　　A hat ihr Kind getötet (§ 212 StGB). § 217 StGB a.F. (s. dazu § 27 Rn. 2 – „Badewannenfall") sah – wegen solcher Konflikte – eine Privilegierung für die Kindstötung „in oder gleich nach der Geburt" (aber nicht mehr nach Wochen) vor. (Er ist gestrichen worden, weil er nur für „nichteheliche" Kinder galt, worin eine verfassungsrechtliche Ungleichbehandlung gegenüber „ehelichen" Kindern lag, die man freilich auch durch Streichung der Beschränkung hätte beheben können und – nach Meinung mancher – auch sollen.) Stattdessen kommt eine „Qualifikation" nach § 211 StGB in Betracht. „Heimtücke" wird definiert als das „Ausnutzen der auf Arglosigkeit beruhenden Wehrlosigkeit" (*Fahl/Winkler*, Def., § 211 Rn. 5). Dabei ist „arglos", wer sich keines Angriffs auf Leib und Leben versieht (*Fahl/Winkler*, Def., § 211 Rn. 6), und „wehrlos", wer (infolge dessen) in seiner Verteidigungsfähigkeit (zumindest erheblich) eingeschränkt ist (*Fahl/Winkler*, Def., § 211 Rn. 7). Bei Klein(st)kindern (Babys) „beruht" die Wehrlosigkeit aber nicht auf ihrer Arglosigkeit, sie sind nicht „aufgrund" ihrer Arglosigkeit wehrlos, sondern „konstitutionell" (= aufgrund ihrer „Verfassung") „arg- und wehrlos" (*Fahl/Winkler*, BT/2, § 211 Rn. 15). Damit könnten Kleinstkinder niemals heimtückisch getötet werden – oder man verzichtet auf das Beruhenserfordernis – dann ist jedwede Kleinstkindertötung Mord.

2. Lösung des BGH

5　　Nach dem BGH können „konstitutionell" Arg- und Wehrlose, die von Natur aus unfähig sind sich zu wehren oder Argwohn zu bilden (also außer Kleinstkindern z.B. auch Geisteskranke, schwer Betrunkene etc.), in zwei Fällen dennoch „heimtückisch" ermordet werden, nämlich (1) wenn der „natürlichen Abwehrinstinkt" überwunden (also das Gift in den süßen Brei gemischt und so der Brechreiz des Kindes ausgeschaltet) wird und (2) bei der Ablenkung „schutzbereiter Dritter" (das ist erkennbar gemünzt auf den Kindsvater M, der den Arzt holen wollte). A war folglich des Mordes schuldig.

3. Kritik

Während die zweite Fallgruppe weitgehend Zustimmung gefunden 6 hat (und in Klausuren häufig auftaucht) sieht sich die erste der Kritik ausgesetzt, dass es kaum von den Kochkünsten des Täters abhängen kann, ob er eine lebenslange Freiheitsstrafe verwirkt hat oder nicht: Man frage sich zur Gegenprobe, ob es denn (umgekehrt) richtig wäre, die Mutter wegen Totschlags statt wegen Mordes zu bestrafen, wenn das Schlafmittel süß und der Brei bitter geschmeckt hätte. – Nimmt man allerdings den „Vertrauensbruch" her, den ein Teil der Lit. zur Restriktion der „Heimtücke" fordert (*Fahl/Winkler*, BT/2, § 211 Rn. 12), sieht es keineswegs besser aus. Entweder ist ein sehr kleines Kind stets als vertrauensvoll anzusehen (dann immer Heimtücke) oder Voraussetzung dafür ist, dass es alt genug ist, Vertrauen gegenüber anderen überhaupt zu bilden (dann nie).

4. Weiterführende Hinweise

In der Fallbearbeitung kann man die erste Fallgruppe diskutieren 7 und mit den einschlägigen Gegenargumenten verneinen, ohne „aus der Lösung herauszufallen", weil dann immer noch die zweite Fallgruppe Platz greift. Diese Fallgruppe lässt sich problemlos auf hilflose Erwachsene erweitern, die Ausdehnung auf fast Wehrlose ist jedoch problematisch. Bei einem 3-jährigen Kind kann u.U. bereits auf eigene Verteidigungsmöglichkeiten abgestellt werden. – Dieselbe Personengruppe (Kleinstkinder, Bewusstlose, Betrunkene, Körperbehinderte) spielt auch bei anderen Delikten eine Rolle, insb. bei § 239 StGB. Ob die, die konstitutionell unfähig sind, sich selbständig fortzubewegen, ihrer Freiheit noch beraubt werden können (oder vielmer schon beraubt sind), ist umstritten (*Fahl/Winkler*, BT/2, § 239 Rn. 6).

Besonderes Augenmerk verdienen die Schlafenden: Sie sind ebenfalls „konstitutionell" arg- und wehrlos (und unfähig sich zu bewegen, wenn man einmal vom Schlafwandler absieht). Trotzdem können sie nach umstrittener Rspr. heimtückisch getötet werden, weil sie (anders als Bewusstlose) ihre Arglosigkeit „mit in den Schlaf nehmen" (*Fahl/Winkler*, BT/2, § 211 Rn. 14). Vorzugswürdig ist es allerdings – schon wegen der sonst möglichen Irrtümer (Schlafende für Bewusstlose gehalten und umgekehrt) – Bewusstlose und Schlafende insoweit gleich zu behandeln.

Vertiefend: *Fahl*, JA 1999, 284; zum „Schlafenden": *Fahl*, Jura 1998, 456   **8**

Türken-Onkel (Türkenmord)

9   BGH, Beschl. v. 19.5.1981 – GSSt 1/81, BGHSt 30, 105 = NJW 1981, 1965

10 | Der türkische Ehemann A tötete seinen Onkel O, der seine Frau F vergewaltigt hatte, damit auf der Straße prahlte und zu A sagte, er werde auch ihn noch „vögeln". Die Ehe war darüber zerbrochen, weil F es dem A übel nahm, dass es einer aus seiner Familie war. Bevor F sich ihm offenbarte, hatte sie versucht die Scheidung zu erreichen und drei Selbstmordversuche begangen. A war fassungslos, weinte vor Verzweiflung und sagte seiner Frau, dass er Rache nehmen werde, am Tattag nahm er eine Pistole, suchte den Onkel in seiner Stammkneipe auf, wo er gerade Karten spielte, und feuerte 14 bis 16 Schuss auf seinen Onkel ab.

1. Problemstellung

11   „Heimtücke" ist das „Ausnutzen der auf Arglosigkeit beruhenden Wehrlosigkeit" (s. *Fahl/Winkler*, Def., § 211 Rn. 5; s. auch Rn. 2 – „Babybrei"). Der Onkel war „arglos", weil er sich keines Angriffs auf Leib und Leben versah (*Fahl/Winkler*, Def., § 211 Rn. 6), und „wehrlos", weil er (infolge dessen) weiter Karten spielte (s. zur „Wehrlosigkeit" *Fahl/Winkler*, Def., § 211 Rn. 7). Nicht anders sieht es aus, wenn man (zusätzlich) einen „Vertrauensbruch" fordert (s. dazu *Fahl/Winkler*, BT/2, § 211 Rn. 12), denn A hatte beim Betreten des Lokals sogar noch nach seinem Onkel hin „gegrüßt", bevor er von der Theke aus 14 bis 16 Schuss auf ihn abgab. – Trotzdem will die „lebenslange Freiheitsstrafe", die schärfste Strafe, die wir nach Abschaffung der Todesstrafe (Art. 102 GG) haben, in diesem Fall nicht recht einleuchten. Darum fragt sich, wie man den Mordtatbestand „verfassungskonform" einschränken (d.h. auf die wirklich strafwürdigsten Fälle beschränken) kann, wobei ein Teil der Bauchschmerzen, die wir bei dem Mordtatbestand haben, damit zusammen hängt, dass er seine heutige Formulierung im „Dritten Reich" – unter Mitwirkung des berüchtigten späteren Volksgerichtshofpräsidenten *Roland Freisler* im Reichsjustizministerium – erhalten hat, was man heute noch an der ungewöhnlichen Formulierung („Mörder ist, wer") erkennen kann (sog. Tätertypenlehre versus „Tatstrafrecht").

2. Lösung des BGH

12   Der BGH hat gemeint, es möge Fälle geben, in denen so außergewöhnliche Umstände vorliegen (z.B. eine notstandsnahe, ausweglos erscheinende Situation oder in großer Verzweiflung begangene, aus tiefem Mitleid oder auf Grund einer schweren Provokation verübte Taten), die das Ausmaß der Täterschuld so sehr mindern, dass die „absolute Strafdrohung" für Mord (davon spricht man, wenn ein Gesetz für den Fall der Tatbestandsverwirklichung nur eine einzige Strafe bereithält, § 212 II StGB enthält zwar auch eine „lebenslange Freiheitsstrafe", aber nur als „relative" Strafandrohung) unangemessen sei und die „verfassungskonforme Rechtsanwendung" ihre Ersetzung durch einen für solche Erwägungen offenen Strafrahmen gebiete – d.h. auf der Rechtsfolgenseite des Mordes an die Stelle lebenslanger Freiheitsstrafe den Strafrahmen des § 49 I Nr. 1 StGB treten zu lassen (sog. Rechtsfolgenlösung).

3. Kritik

Das ist klar contra legem (vgl. § 49 I StGB: „Milderung nach dieser **13** Vorschrift" weder „vorgeschrieben" noch „zugelassen"). Die Lit. sucht aber auch noch nach einer besseren Lösung. Manche meinen, Mordmerkmale hätten nur „indizielle Bedeutung" (sog. negative Typenkorrektur). Dagegen spricht jedoch, dass § 211 StGB keine Strafzumessungsregel ist, sondern Tatbestand. Eine andere Ansicht will als ungeschriebenes (zusätzliches) Tatbestandsmerkmal die „besondere Verwerflichkeit" (positiv) in den Mordtatbestand hineinlesen (sog. positive Typenkorrektur). Dagegen spricht aber, dass es so zu einem Superlativ der Verwerflichkeit käme. Ein „niedriger Beweggrund" steht an sich schon auf tiefster Stufe und ist besonders verachtenswert, das ist nicht mehr zu steigern. Nach h.M. hilft nur die „restriktive Auslegung" einzelner Mordmerkmale (s. *Fahl/Winkler*, BT/2, § 211 Rn. 4).

4. Weiterführende Hinweise

Beim Mordmerkmal der „niedrigen Beweggründe" und damit zu- **14** sammenhängend also der Frage, ob ein Beweggrund „sittlich" auf tiefster Stufe steht (vgl. *Fahl/Winkler*, Def., § 211 Rn. 4) oder nicht (Blutrache, Ehrenmord), ist neuerdings fraglich geworden, ob dafür auf die Anschauungen des Täters bzw. seines Kulturkreises oder auf die in Deutschland gültigen Sitten und Gebräuche abzustellen ist (s. dazu *Fahl/Winkler*, BT/2, § 211 Rn. 11).

Alle bisherigen Reformbemühungen sind im Übrigen im Sande verlaufen, weshalb Rspr. und Schrifttum sich weiterhin um möglichste Reduktion des Mordtatbestandes bemühen, entweder indem sie zusätzliche Merkmale „erfinden" – z.B. „in feindlicher Willensrichtung" zum Ausschluss von Gnadentötungen (sog. mercy-killings, vgl. Vor § 1 Rn. 23 – „Gnadenschussfall") oder auch das „bewusste Ausnutzen" der Arg- und Wehrlosigkeit – oder die vorhandenen (Habgier, Grausamkeit, Verdeckungsabsicht usw.) „eng" auslegen, so ist nicht jedes

Gewinnstreben schon Habgier, sondern nur das „übersteigerte" (vgl. *Fahl/Winkler*, Def., § 211 Rn. 3). Die Eifersucht als Motiv ist nur dann ein „niedriger" Beweggrund, wenn sie menschlich nicht begreiflich ist (vgl. *Fahl/Winkler*, BT/2, § 211 Rn. 10). Grausam ist nur, was über das für die Tötung „erforderliche Maß" hinausgeht (s. *Fahl/Winkler*, Def., § 211 Rn. 9), und hat mit dem normalen Sprachgebrauch häufig nichts mehr zu tun.

Doch im Zentrum der Kritik stand von jeher die „Heimtücke". Sie privilegiere den offenen Kampf „Mann gegen Mann" und benachteilige damit die Schwächeren, häufig Frauen, die infolge körperlicher Unterlegenheit gar keine andere Möglichkeit sehen, als aus der Deckung heraus vorzugehen (vgl. Vor § 1 Rn. 30 – „Bratpfannen-" oder § 34 Rn. 2 – „Haustyrannen-Fall"). Außerdem kann man sich aus der Warte des Opfers auf den Standpunkt stellen, dass man es, wenn es denn schon sein müsse, allemal vorzöge, so getötet zu werden, dass man davon nichts mitbekomme, weshalb diese Art der Tötung in Wahrheit die schonendste sei.

Wenn der Große Senat entscheidet, dann handelt es sich übrigens immer um besonders bedeutsame Entscheidungen, weil eine Vorlage an ihn nur zulässig ist, wenn von der bisherigen Rspr. abgewichen werden soll (vgl. § 132 II GVG).

15 **Vertiefend:** *Bruns*, JR 1981, 358; *Fünfsinn*, Jura 1986, 136; *Günther*, NJW 1982, 353; *Jähnke*, Spendel-FS, S. 537; *Hauf*, JA 1996, 546; *Kratzsch*, JA 1982, 401; *Lackner*, NStZ 1981, 348; *Reichenbach*, Jura 2009, 176; *Rengier*, NStZ 1982, 225; *Sonnen*, JA 1981, 638

§ 216 Tötung auf Verlangen

1   **Aufbauschema**

   I. Tatbestand

       1. Objektiver Tatbestand (unter Beachtung von § 16 II)

          a) Bestimmen zur Tötung durch den Getöteten

          b) Verlangen

          c) Ausdrücklich

          d) Ernsthaft

       2. Subjektiver Tatbestand

   II. Rechtswidrigkeit

       Einwilligung nicht rechtfertigend

   III. Schuld

Peterle (Wittig)

BGH, Urt. v. 4.7.1984 – 3 StR 96/84, BGHSt 32, 367 = NJW 1984, 2639 **2**

Der Angekl. (Dr. med. Wittig) war der Hausarzt der 76jährigen **3**
Witwe U, die an hochgradiger Verkalkung der Herzkranzgefäße
und an Gehbeschwerden wegen einer Hüft- und Kniearthrose litt.
Nachdem ihr Ehemann – von ihr „Peterle" genannt – gestorben
war, sah sie in ihrem Leben keinen Sinn mehr. Gegenüber dem
Angekl. und Dritten äußerte sie öfter die Absicht, aus dem Leben
zu scheiden. Schon zu Lebzeiten ihres Ehemannes hatte sie sich mit
der Problematik des Suizids beschäftigt und Bücher darüber gelesen. Sie wollte nicht in einen Zustand der Hilflosigkeit geraten und
weder in ein Krankenhaus noch in ein Pflegeheim eingewiesen
werden. W hatte vergeblich versucht, sie von ihren Selbstmordge-
danken abzubringen. Eines Tages fand W die U bewusstlos auf der
Couch. Unter ihren gefalteten Händen befand sich ein Zettel, auf
dem sie handschriftlich vermerkt hatte: „An meinen Arzt – bitte
kein Krankenhaus – Erlösung! U." Aus Respekt vor dieser Entscheidung unternahm W nichts zu ihrer Rettung, blieb aber in der
Wohnung, bis er am nächsten Morgen den Tod feststellte. In der
Wohnung fand sich noch ein anderer Zettel, auf dem stand: „Ich
will zu meinem Peterle".

1. Problemstellung

Was die U getan hat („Selbstmord") fällt nach h.M. nicht unter **4**
§ 212 StGB, obwohl dort – anders als etwa in § 223 StGB – nicht von
einem „anderen" Menschen die Rede ist, sondern nur von „einem
Menschen", der die U sicher ist bzw. war (vgl. *Fahl/Winkler*, BT/2,
§ 212 Rn. 3 – relevant freilich nur für den Suizidversuch, der dann
möglicherweise nur aufgrund des § 20 StGB „entschuldigt" wäre). Aus
der Straflosigkeit der Haupttat folgert die h.M. auch die Straflosigkeit
der bloßen Teilnahme am (frei verantworteten – s. *Fahl/Winkler*, BT/2,
§ 212 Rn. 5) Suizid eines anderen (s. *Fahl/Winkler*, BT/2, § 212
Rn. 4): keine Beihilfe ohne Haupttat („Akzessorietätsgrundsatz").
Damit geht es um die Abgrenzung von (strafloser) bloßer Teilnahme
an der (straflosen) Selbsttötung eines anderen von der (strafbaren)
Tötung auf Verlangen nach § 216 StGB durch Unterlassen (§ 13
StGB). Denn als Hausarzt war Dr. Wittig „Beschützergarant" bzw.
hatte eine „Garantenstellung" (*Fahl/Winkler*, Def., § 13 Rn. 4) für U
„aus Vertrag" (vgl. *Fahl/Winkler*, AT, § 13 Rn. 5).

2. Lösung des BGH

5   Obwohl der BGH das freisprechende Urteil des LG bestehen ließ, führte er aus, wegen Tötung durch Unterlassen mache sich strafbar, wer einen Bewusstlosen in einer lebensbedrohenden Lage antreffe und nicht Hilfe leiste, obwohl ihn – z.B. als Arzt oder Ehegatten – Garantenpflichten träfen. Wenn nämlich der Suizident die tatsächliche Möglichkeit der Beeinflussung des Geschehens endgültig verloren habe, weil er infolge Bewusstlosigkeit nicht mehr von seinem Entschluss zurücktreten könne, dann hänge der Eintritt des Todes nur noch vom Verhalten des Garanten ab, in dessen Hand das Leben des Opfers nunmehr liege. Es komme zu einem Übergang der „Tatherrschaft" (!) auf den obhutspflichtigen Garanten („Tatherrschaftswechsel"). Letztlich hielt der BGH den Freispruch aber wegen einer ausnahmsweise (bei Rettung der U drohten bleibende, schwere Dauerschäden) vertretbaren Gewissensentscheidung aufrecht.

3. Kritik

6   Aber die „Gewissensnot" (Art. 4 GG) würde ja ebenso bestehen, wenn keine irreparablen Schäden drohten; die Zubilligung eines (über- bzw. außergesetzlichen) generellen „Entschuldigungsgrundes der Gewissensnot" wäre darüber hinaus problematisch. Doch der Hauptkritikpunkt – den der BGH freilich gesehen und gemeint hat entkräften zu können – ist ein anderer: bedeutet die Konstruktion des BGH doch, dass der Garant dem Lebensmüden zwar den Strick reichen darf (straflose Beihilfe), ihn aber wieder abschneiden muss, sobald er daran hängt (vgl. *Fahl/Winkler*, BT/2, § 216 Rn. 6 – argumentum ad absurdum). Richtigerweise wird man sagen müssen, dass (auch) die „Garantenpflichten" nur dem Schutz vor äußeren Gefahren dienen und nicht dem Schutz des Handelnden vor sich selbst (vgl. Vor § 1 Rn. 16 – „Stechapfeltee").

4. Weiterführende Hinweise

7   Neuere Entscheidungen (BGH NStZ 2019, 666 m. Anm. *Sowada* – der angeklagte Hausarzt wurde ebenfalls freigesprochen) scheinen inzwischen davon – wenn auch nicht ausdrücklich – abzurücken. Überhaupt hat sich seit den 1980er Jahren viel verändert, so ist im Zivilrecht z.B. der § 1901a BGB (Patientenverfügung) eingefügt worden, der den Bedenken Rechnung trägt, die auch im „Peterle-Fall" anklangen, in einen Zustand der Hilflosigkeit zu geraten, in dem man dann nicht mehr selbstbestimmt über sein Leben entscheiden kann (zur Frage, ob darin eine strafrechtlicher Rechtfertigungsgrund liegen kann, s. *Fahl/Winkler*, BT/2, § 212 Rn. 6 a.E.).

Ein weiterer Streitpunkt ist, ob ein (beabsichtigter) Suizid ein „Unglücksfall" i.S.d. § 323c StGB ist (s. dazu *Fahl/Winkler*, BT/3, § 323c Rn. 4). Der BGH hält daran – weiterhin – fest, schon deshalb, weil Außenstehende nicht erkennen können, worum es geht, meint aber beim Hausarzt fehle es an der „Zumutbarkeit" (s. dazu auch § 15 Rn. 10 – „Leinenfängerfall").

Vertiefend: *Gropp*, NStZ 1985, 97; *Roxin*, HRR, Fall 87; *Schmitt*, JZ 1984, 866; **8** *Schulz*, JuS 1985, 270; *Sowada*, Jura 1985, 75; *Rissing-van Saan/Verrel*, NStZ 2020, 121

Gisela

BGH, Urt. v. 14.8.1963 – 2 StR 181/63, BGHSt 19, 135 = NJW 1965, 699   **9**

Der A und die 16-jährige Gisela hatten eine intime Liebesbezie-   **10** hung. Die Eltern missbilligten jedoch diese Verbindung und hatten sogar schon eine einstweilige Verfügung gegen A erwirkt, mit der diesem verboten wurde, zu ihrer Tochter noch einmal Kontakt aufzunehmen. Da fasste Gisela den Entschluss, aus dem Leben zu scheiden. A versuchte vergeblich, sie umzustimmen. Weil er Gisela nicht allein sterben lassen wollte, beschloss er, mit ihr in den Tod zu gehen. Beide schrieben Abschiedsbriefe an ihre Eltern und fuhren zu einem Parkplatz, wo A die Auspuffgase durch einen Schlauch in das Wageninnere leitete. Gisela, die neben A auf dem rechten Vordersitz Platz nahm, verriegelte ihre Tür von innen. A trat das Gaspedal durch, bis das einströmende Kohlenmonoxid ihm die Besinnung raubte. Als man beide am nächsten Morgen fand, konnte nur noch A gerettet werden.

1. Problemstellung

Der Fall ist nicht zuletzt wegen seiner „Romeo und Julia"-   **11** Problematik ein „Klassiker". Es geht – wie im „Peterle-Fall" (s.o. § 216 Rn. 2 ff.) – auch hier um die Abgrenzung von (strafloser) Teilnahme an der Selbsttötung eines anderen von der (strafbaren) Tötung auf Verlangen nach § 216 StGB. Dabei müssen zwei Dinge vorausgesetzt werden, die keineswegs selbstverständlich sind, nämlich erstens, dass die Selbsttötung eines – wenn auch „über sein Alter hinaus gereiften" – 16-jährigen Mädchens, das aus Liebeskummer und dem Konflikt mit den Eltern heraus handelt, noch „frei verantwortet" (s. dazu *Fahl/Winkler*, BT/2, § 212 Rn. 5) zu nennen wäre, und zweitens, dass die Selbsttötung – trotz des von § 223 StGB abweichenden Wortlauts („eine andere Person") – wirklich straflos wäre (s. dazu *Fahl/Winkler*,

BT/2, § 212 Rn. 3). Dies vorausgeschickt, geht es im „Gisela-Fall" um die Konstellation eines sog. einseitig fehlgeschlagenen Doppelselbstmordes (vgl. *Fahl/Winkler*, BT/2, § 216 Rn. 4). – Nach der von der Rspr. ansonsten vertretenen sog. subjektiven Theorie (s. § 27 Rn. 5 – „Badewannenfall") müsste man sagen, dass A die Tötung der G nicht „als eigene" wollte, sondern „als fremde Tat" und demzufolge nur „animus socii" und keinen „animus auctoris" hatte.

2. Lösung des BGH

12   Erstaunlicherweise folgt der BGH hier aber „Tatherrschaftsgesichtspunkten", wonach derjenige Täter ist, der die auf den Tod zielende Handlung (beim Tod durch Einatmen von Autoabgasen also das Gasgeben) vornimmt: „Was A tat, war auch ursächlich für den Tod des Mädchens. Dass Gisela dieses Handeln wünschte und – auf Grund ihres frei und unbeeinflusst gefassten Entschlusses – durch Verbleiben im Wagen und Einatmen der einströmenden Gase wirksam werden ließ, schließt weder die Kausalität aus, noch wird dadurch der Vorsatz des Angekl. in Frage gestellt." Gisela möge „zunächst noch" in der Lage gewesen sein, die rechte Wagentür wieder zu öffnen oder den Fuß des Angekl. vom Gashebel zu stoßen, aber das ändere an der „Tatherrschaft" des A nichts.

3. Kritik

13   Das dürfte aber mit dem Prinzip der „Eigenverantwortung" oder „Eigenverantwortlichkeit" unvereinbar sein, wie es in den Grundsätzen der – damals freilich noch unbekannten – sog. eigenverantworteten Selbstgefährdung (s. dazu Vor § 1 Rn. 9 ff. – „Heroinspritze") zum Ausdruck kommt. Denn weder die Tatsache, dass G vor A das Bewusstsein verloren hat – wenn sie es nach ihm verloren hätte, könnte von einem „Übergang der Tatherrschaft" auf A (s. dazu Rn. 5 – „Peterle") ohnehin keine Rede mehr sein –, noch die Tatsache, dass A das Gaspedal betätigt hat (zur Unterscheidung von „eigenverantworteter Selbstgefährdung" von der „einverständlichen Fremdgefährdung" s. Vor § 1 Rn. 16 – „Stechapfeltee"), kann bei vernünftiger Betrachtung etwas daran ändern, dass es sich für um eine eigenverantwortliche Entscheidung der G handelte, die Tür zu verriegeln und nicht mehr zu öffnen.

4. Weiterführende Hinweise

14   Vom „Doppelselbstmord" zu unterscheiden ist der sog. erweiterte Suizid (bei dem z.B. der vor einer ausweglosen Situation stehende Familienvater erst seine Familie und dann sich selbst tötet) oder „Mitnahmesuizid". Um einen atypischen Fall (weil die Opfer Fremde

waren) handelt es sich bei dem in den französischen Alpen vom Kopi-
loten Andreas Lubitz, der den Piloten zuvor ausgesperrt hatte, willent-
lich zum Absturz gebrachten Passagierjet (s. dazu *Fahl*, JA 2016, 401
– „Germanwings-Fall").

Vertiefend: *Dreher*, MDR 1964, 337; *Hillenkamp*, Probleme BT, 2. Problem; **15**
Paehler, MDR 1964, 647; *Willms*, JuS 1964, 250

§ 227 Körperverletzung mit Todesfolge

Aufbauschema **1**

Beachte: Vor § 227 sollten § 222 sowie § 223 geprüft werden. Dann kann im
Tatbestand 1. entweder ganz weggelassen oder insoweit in aller Kürze auf
die vorangegangene Prüfung verwiesen werden.

I. Tatbestand

1. Erfüllung des Grundtatbestandes, § 223

2. Eintritt der Todesfolge

3. Kausalität zwischen Grunddelikt und Todesfolge

4. Generelle/objektive Sorgfaltspflichtverletzung bei
   objektiver Vorhersehbarkeit der Todeserfolge

5. (Sonstige) Objektive Zurechnung

6. Unmittelbarkeitszusammenhang

II. Rechtswidrigkeit

III. Schuld

1. Allgemeine Schuldmerkmale

2. Individuelle/subjektive Sorgfaltspflichtverletzung bei
   subjektiver Vorhersehbarkeit der schweren Folge

Rötzel

BGH, Urt. v. 30.9.1970 – 3 StR 119/70, NJW 1971, 152 **2**

Der Angekl. (Rötzel) griff im Obergeschoss des mütterlichen Hau- **3**
ses die Haushaltsgehilfin (Resi G.) an und brachte ihr eine tiefe
Oberarmwunde und einen Nasenbeinbruch bei. Bei dem Versuch,
vor weiteren Schlägen durch das Fenster ihres Zimmers auf den
Balkon zu flüchten, stürzte sie tödlich ab.

---

1. Problemstellung

4 § 227 StGB (Körperverletzung mit Todesfolge) ist der Prototyp eines „erfolgsqualifizierten Delikts", bei denen der Gesetzgeber hinsichtlich der „besonderen Folge" (Tod) gem. § 18 StGB „Fahrlässigkeit" genügen lässt (wobei man darüber streiten kann, ob durch die Formulierung „wenigstens" auch Vorsatz erfasst ist, s. *Fahl/Winkler*, AT, § 18 Rn. 2; s. auch § 22 Rn. 24 – „Pistolenknauffall"). § 227 StGB setzt sich damit zusammen aus § 222 StGB (Fahrlässige Tötung) und § 223 StGB (Körperverletzung), dessen „Qualifikation" er ist. Das erklärt aber nicht die im Vergleich zu den Bestandteilen (Strafrahmen jeweils bis zu 5 Jahren) enorm hohe Strafandrohung des § 227 StGB (von 3 bis zu 15 Jahren, vgl. § 38 II StGB).

2. Lösung des BGH

5 Der BGH erklärt sich diesen „Strafrahmensprung" mit dem zusätzlichen (ungeschriebenen) Erfordernis eines sog. Unmittelbarkeitszusammenhangs (zwischen Körperverletzung und Todesfolge), den er im vorliegenden (allerersten) Fall prompt verneint, mit der Folge, dass R nur wegen § 223 StGB – § 52 StGB – § 222 StGB (Strafrahmen bis zu 5 Jahre gem. § 52 II StGB) verurteilt wurde (den Schuldspruch änderte der BGH in entsprechender Anwendung des § 354 I StPO gleich selbst).

3. Kritik

6 Die Entscheidung, die der BGH selbst nicht einmal zur Veröffentlichung in BGHSt vorgesehen hat, sieht sich im Wesentlichen Kritik von zwei Seiten ausgesetzt: Die einen fordern, die Verletzungen bei § 227 StGB müssten, um die „Strafrahmenexplosion" zu rechtfertigen, von sich aus besonders schwer – d.h. „lebensgefährlich" oder „tödlich" (letal) – gewesen sein (sog. Letalitätsthese). Die anderen kritisieren, dass der BGH die von ihm kreierte „Unmittelbarkeit" im vorliegenden Fall abgelehnt hat, zumindest werde man bei einer riskanten Flucht nicht einfach von einer „eigenverantwortlichen Selbstgefährdung" ausgehen können, sondern wenigstens nach der Art und Schwere der Schläge differenzieren müssen, ob sich daraus ein „verständlicher" Anlass für die Flucht ergab (vgl. *Fahl/Winkler*, BT/2, § 227 Rn. 3; s. dazu auch Vor § 1 Rn. 9 – „Heroinspritzenfall").

4. Weiterführende Hinweise

7 Von hieraus ist die Entwicklung in zwei Richtungen verlaufen: Einerseits hat der BGH den Unmittelbarkeitszusammenhang dadurch entwertet, dass er ihn auch in Fällen angenommen hat, in denen man schon an der – von der Frage der Unmittelbarkeit zu unterscheidenden – normalen strafrechtlichen Kausalität und objektiven Zurechnung zweifeln kann, so im „Hochsitz-Fall" (BGHSt 31, 96: Neffe stößt seinen Onkel von einem 3,50 m hohen Hochsitz, der dabei einen Knöchelbruch erleidet, im Krankenhaus falsch behandelt wird, bettlägerig wird und schließlich an den Folgen einer Lungenembolie verstirbt; s. dazu *Fahl/Winkler*, BT/2, § 227 Rn. 4) und im „Herzinfarkt-Fall" (BGH JA 1998, 9 m. Bespr. *Fahl*: Skinheads schlagen einen 63-Jährigen zusammen, der mehrere Blutergüsse und eine Nasenbeinfraktur davonträgt und aus Angst 8 Tage später den ersten und weitere drei Wochen später den zweiten Herzinfarkt erleidet, an dem er verstirbt).

Andererseits hat der BGH zu Recht die im „Rötzelfall" vertretene Meinung aufgegeben, dass auf der Flucht zugezogenen Verletzungen den Unmittelbarkeitszusammenhang entfallen lassen (z.B. BGHSt 48, 34: Skins jagen Ausländer durch die Stadt, von denen einer sich beim Sprung durch die Glasscheibe einer Hauseingangstür so schneidet, dass er an Ort und Stelle verblutet – „Gubener Hetzjagd").

Der im Rahmen des § 227 StGB – damals übrigens noch § 226 StGB – entwickelte (sprachlich an die vielen „Zusammenhänge" aus dem „Lastzug-Radfahrerfall", s.o. Vor § 1 Rn. 2, erinnernde) „Unmittelbarkeitszusammenhang", manchmal auch „spezifische" oder „tatbestandsspezifische" Unmittelbarkeitsbeziehung oder schlicht „Unmittelbarkeit" genannt, ist, da § 227 StGB gewissermaßen die Mutter aller erfolgsqualifizierten Delikte ist, von der Rspr. und Lit. bald auf alle erfolgsqualifizierten Delikte (§§ 226 I, 238 III, 239 III Nr. 2, IV – s. dazu *Fahl/Winkler*, BT/2, § 239 Rn. 9 –, 239a III, 251, 306c etc. etc.) ausgedehnt worden (*Fahl/Winkler*, BT/2, § 227 Rn. 2), unabhängig davon, ob es sich um Delikte mit Todesfolge handelt (§ 251 StGB – s. dazu *Fahl/Winkler*, BT/2, § 251 Rn. 2) oder eine andere schwere Folge (§ 226 StGB) und ob sie einen dramatischen „Strafrahmensprung" aufweisen oder nicht. Allerdings ist umstritten, ob eine solche Unmittelbarkeit auch dort zu fordern ist, wo der Täter (z.B. bei § 226 I StGB) die schwere Folge bedingt vorsätzlich (vgl. Rn. 4) in Kauf genommen hat, weil man sagen könnte, in diesem Fall verstehe sich der Grund der Strafschärfung von selbst (vgl. *Fahl/Winkler*, BT/2, § 226 Rn. 8). Die h.M. verlangt ihn aus Gründen der Systematik und Einheitlichkeit dennoch (nicht aber bei § 226 II StGB).

Vertiefend: *Bartholme*, JA 1994, 373; *Kühl*, HRR, Nr. 32; *Mitsch*, Jura 1993, **8** 18 („Fenstersturzfall"); *Rengier*, Jura 1986, 143

§ 228 Einwilligung

Beschneidung (Knabenbeschneidung)

1   LG Köln, Urt. v. 07.05.2012 – 151 Ns 169/11, NJW 2012, 2128

2   Der Arzt A führte auf Wunsch der Eltern, die dem muslimischen
     Glauben angehörten, in seiner Praxis in Köln unter örtlicher Betäu-
     bung die Beschneidung ihres vierjährigen Kindes mittels eines
     Skalpells durch, ohne dass dafür eine medizinische Indikation vor-
     lag. Er vernähte die Wunden des Kindes mit vier Stichen und ver-
     sorgte die Wunde noch einmal bei einem Hausbesuch am Abend,
     trotzdem kam es zu Nachblutungen, die jedoch in der Universitäts-
     klinik gestillt werden konnten.

1. Problemstellung

3   Abraham hat sich laut Bibel noch im Alter von 99 Jahren beschnei-
     den lassen. Strafbar wäre das nach deutschem Recht nur, wenn die Tat
     „trotz der Einwilligung gegen die guten Sitten" verstieße (auf den mit
     der Tat verfolgten Zweck – den Bund mit Gott – kommt es dagegen
     nach h.M. gar nicht an, s. *Fahl/Winkler*, BT/2, § 228 Rn. 1). Aber das
     ist nicht so, im Gegenteil entspricht es in vielen Religionen gerade den
     „guten Sitten" sich beschneiden zu lassen. Im Judentum und im Islam
     findet die religiöse Beschneidung aber regelmäßig in einem Alter statt,
     in dem das Kind noch nicht „einwilligungsfähig" ist. Soll die nicht
     medizinisch (zum „ärztlichen Heileingriff" s. *Fahl/Winkler*, BT/2,
     § 223 Rn. 6), sondern religiös motivierte „Zirkumzision" straflos
     bleiben, so muss daher entweder auf die soziale Üblichkeit („Sozial-
     adäquanz") in den betreffenden Kreisen oder auf einen Rechtferti-
     gungsgrund aus Art. 4 II GG (Religionsausübungsfreiheit) oder
     Art. 6 II GG (Erziehungsrecht der Eltern) abgestellt werden.

2. Lösung des LG Köln

4   Das LG Köln verneinte sowohl das eine wie auch das andere. Die
     aufgrund elterlicher Einwilligung aus religiösen Gründen von einem
     Arzt ordnungsgemäß durchgeführte Beschneidung eines nicht einwilli-
     gungsfähigen Knaben ist nicht unter dem Gesichtspunkt der sog. Sozi-
     aladäquanz vom Tatbestand ausgeschlossen, und die Handlung sei
     auch nicht durch Einwilligung gerechtfertigt gewesen. Eine Einwilli-
     gung des seinerzeit vierjährigen Kindes lag nicht vor und kam mangels
     hinreichender Verstandesreife auch nicht in Betracht. Eine Einwilli-
     gung der Eltern lag vor, vermochte indes die tatbestandsmäßige Kör-

perverletzung nicht zu rechtfertigen. Die Grundrechte der Eltern aus Art. 4 und 6 GG würden durch das Grundrecht des Kindes auf körperliche Unversehrtheit und Selbstbestimmung gemäß Art. 2 I, II GG begrenzt. Der Körper des Kindes werde durch die Beschneidung dauerhaft und irreparabel verändert. Umgekehrt werde das Erziehungsrecht der Eltern nicht unzumutbar beeinträchtigt, wenn sie gehalten seien abzuwarten, ob sich der Knabe später, wenn er mündig ist, selbst für die Beschneidung als sichtbares Zeichen der Zugehörigkeit zum Islam entscheide.

3. Kritik

Es geht bei der Einwilligung in die Beschneidung gar nicht um die **5** Religions(ausübungs)freiheit der Eltern, sondern die des Kindes. Solange das Kind nicht in der Lage ist, für sich zu entscheiden, umfasst die „elterliche Sorge" (§ 1631 BGB) das Recht, für das Kind zu entscheiden (betr. zum Beispiel auch das Stechen von Ohrlöchern und andere medizinisch nicht indizierte körperliche Eingriffe). Entsprechend ist die religiöse Beschneidung stets anerkannt gewesen. Die Lösung des LG Köln, dem Arzt deshalb einen unvermeidbaren Verbotsirrtum (§ 17 S. 1 StGB) zuzugestehen und so zur Straffreiheit zu gelangen, versagt angesichts der heftigen Reaktionen, die das Urteil in der Öffentlichkeit hervorgerufen hat, schon beim nächsten Mal. Angesichts der deutschen Geschichte besteht auch eine besondere Verantwortung Deutschlands, die jüdische Religionsausübung zu gewährleisten.

4. Weiterführende Hinweise

Der Gesetzgeber hat daher in „Rekordzeit" auf das Urteil reagiert **6** und einen neuen § 1631d BGB eingefügt, wonach die Personensorge auch das Recht umfasst, in eine Beschneidung einzuwilligen. Ob das vorher auch schon so war, die Regelung also nur „klarstellend" ist, ist ebenso müßig wie die Frage, ob der Ursprung der Rechtfertigung in § 228 StGB liegt (vgl. dazu *Fahl/Winkler*, AT, Vor § 32 Rn. 7) oder § 1631d BGB gar selbst ein Rechtfertigungsgrund ist (eine ähnliche Frage stellt sich schon länger bei der Patientenverfügung gem. § 1901a BGB, s. *Fahl/Winkler*, BT/2, § 212 Rn. 6). Dafür stellt sich nunmehr in aller Schärfe die Frage, wann eine Beschneidung „kunstgerecht" (lege artis) ist (nur mit örtlicher Betäubung? Nur von einem Arzt? – vgl. die sog. Mohel-Klausel in § 1631d II BGB) und ob eine solche Regelung auch angesichts der Tatsache, dass nahezu im selben Atemzug der neue § 226a StGB (betr. die weibliche Beschneidung – sog. Genitalverstümmelung) eingefügt wurde, nicht gegen Art. 3 III GG (Geschlechtergleichbehandlung) verstößt.

Bei der Falllösung ist noch an § 226 I Nr. 1 StGB (Verlust der Fort-pflanzungsfähigkeit – wie bei allen „erfolgsqualifizierten" Delikten genügt insofern schon Fahrlässigkeit, § 18 StGB) zu denken sowie – vor allem – an § 224 I Nr. 2 Alt. 2 StGB (Skalpell als „gefährliches Werkzeug"). Die Anklage hat die Vorschrift (wegen des medizinisch nicht indizierten Eingriffs) enthalten, das LG sie zu Recht verneint, weil ein ärztliches Werkzeug in der Hand eines Arztes (wie auch des Mohels) der „konkreten Art seiner Verwendung nach" nicht geeignet ist, erhebliche Verletzungen herbeizuführen (vgl. *Fahl/Winkler*, Def., § 224 Rn. 5).

7   **Vertiefend:** *Bartsch*, StV 2012, 603; *Beulke/Dießner*, ZIS 2012, 338; *Fahl*, Beulke-FS, S. 81 ff.; *Jahn*, JuS 2012, 850; *Kempf*, JR 2012, 434; *Rox*, JZ 2012, 805; *Krüper*, ZJS 2012, 547; *Muckel*, JA 2012, 636; *Putzke*, MedR 2012, 621; *Spickhoff*, FamRZ 2012, 1423

§ 240 Nötigung

1   **Aufbauschema**
   I. Tatbestand
      1. Objektiver Tatbestand
        a) Tatobjekt: Mensch
        b) Tathandlung: Nötigen
        c) Tatmittel
          aa) Alt. 1: Gewalt
          bb) Alt. 2: Drohung mit einem empfindlichen Übel
        d) Nötigungserfolg: Handlung, Duldung oder Unterlassung
        e) Kausalität zwischen Nötigungshandlung und Nötigungserfolg
      2. Subjektiver Tatbestand
   II. Rechtswidrigkeit
      1. Fehlen von Rechtfertigungsgründen
      2. Verwerflichkeit, § 240 II
        a) aufgrund des Zwecks
        b) aufgrund des Mittels oder
        c) aufgrund der Zweck-Mittel-Relation
   III. Schuld
   IV. Strafzumessung
      Besonders schwere Fälle, § 240 IV (Regelbeispiele)

Laepple

BGH, Urt. v. 8.8.1969 – 2 StR 171/69, BGHSt 23, 46 = NJW 1969, 1770   **2**

> Student L war Vorsitzender des „Arbeitskreises Kölner Hochschu-   **3**
> len". Um gegen eine Preiserhöhung der Kölner Verkehrsbetriebe
> KVG zu protestieren, veranstaltete er um 13.30 Uhr einen „Sitz-
> streik", durch den der Straßenbahnverkehr an zwei wichtigen Kreu-
> zungspunkten innerhalb Kölns blockiert wurde.

1. Problemstellung

Im Zusammenhang mit „Sitzdemonstrationen" stellen sich vor allem   **4**
zwei Fragen: Was ist unter „Gewalt" i.S.d. § 240 I Alt. 1 StGB zu
verstehen (sog. Gewaltbegriff; s. dazu *Fahl/Winkler*, BT/2, § 240
Rn. 2) und sind politische oder gesellschaftliche „Fernziele" (der „gute"
Zweck) bei der „Verwerflichkeitsprüfung" (§ 240 II StGB) zu berücksich-
tigen (s. dazu *Fahl/Winkler*, BT/2, § 240 Rn. 12)? Das RG vertrat –
dem natürlichen Sprachgebrauch folgend – einen sog. körperlich-
dynamischen Gewaltbegriff. Doch dagegen sprach nicht nur, dass der
„Kraftaufwand" (z.B. beim Abdrücken einer Pistole) mitunter vernach-
lässigenswert gering ist, sondern auch, dass der in § 240 I Alt. 1 StGB
benutzte Begriff nicht einfach mit der „Gewalttätigkeit" in § 125 I
Nr. 1 StGB – das warf die Anklage den Studentenführern neben der
gemeinschaftlichen Nötigung, der schweren Aufruhr (§§ 114, 115
StGB a.F.) sowie diversen Verstöße gegen das VersammlG ebenfalls
vor gleichgesetzt werden darf (zu letzterem s. *Fahl/Winkler*, Def.,
§ 125 Rn. 1). Deshalb vertrat der BGH die Ansicht, Gewalt sei „körperlich wirkender" oder „körperlich empfundener" Zwang (z.B.
Schweißperlen auf der Stirn des Straßenbahnführers). Wenn das Opfer
jedoch besonders hartgesotten ist, dann empfindet es den Zwang körperlich gar nicht.

2. Lösung des BGH

Im „Laepple"-Urteil vertrat der BGH erstmals einen rein „psychi-   **5**
schen" – vergeistigten – Gewaltbegriff: Die Studenten, die sich auf den
Gleiskörper der Straßenbahn setzten oder stellten, um damit den Stra-
ßenbahnverkehr zu blockieren, nötigten die Führer der Straßenbahn mit
Gewalt, ihre Fahrzeuge anzuhalten. Dem stehe nicht entgegen, dass die
Studenten die Straßenbahn „nicht durch unmittelbaren Einsatz körperlicher Kräfte aufhielten, sondern nur mit geringem Kraftaufwand einen
psychisch determinierten Prozess in Lauf setzten". Es sei nicht etwa so,
dass § 240 I Alt. 2 StGB dieser Betrachtung im Wege stünde, weil

diese Begehungsform bereits auf „psychische Einwirkungen" abstelle; das könne höchstens dazu führen, das geschilderte Verhalten auch unter diesem rechtlichen Gesichtspunkt als strafbar zu beurteilen. – Zur Verwerflichkeitsprüfung (§ 240 II StGB) führt der BGH nur aus, die Gewaltanwendung sei „praktisch indiziell" für die Verwerflichkeit der Nötigung.

3. Kritik

6   Letzteres ist äußerst fragwürdig. Der Gesetzgeber hätte die Verwerflichkeitsprüfung leicht auf die Drohungsalternative beschränken können, hat er aber nicht (s. zu diesem Streit: *Fahl/Winkler*, BT/2, § 240 Rn. 14). Das gilt selbst bei einem „rematerialisierten Gewaltbegriff". Das BVerfG hat den „entmaterialisierten" („geistigen", „vergeistigten") Gewaltbegriff – nachdem es ihn zunächst (in einer 4:4-Entscheidung, vgl. § 15 IV 3 BVerfGG) bestätigt hat (BVerfGE 73, 206 aus dem Jahr 1986 – „NATO-Doppelbeschluss") – nämlich inzwischen (BVerfGE 92, 1 aus 1995 – „Sondermunitionslager") für verfassungswidrig und die Annahme, Sitzen sei Gewalt, als mit dem Analogieverbot unvereinbar eingestuft (Art. 103 II GG).

4. Weiterführende Hinweise

7   Das lässt die Möglichkeit offen, in der „Sitzblockade" eine Drohung i.S.d. § 240 I Alt. 2 StGB mit einem „empfindlichen" Übel zu sehen. Der BGH (BGHSt 41, 182 – „Autobahnblockade" – und NStZ 1995, 591 – „Kurden") beschritt einen anderen Weg, indem er entschied, dass zwar der Fahrer des ersten Fahrzeuges nicht genötigt sei, aber dafür die Fahrer aller weiteren, auf das Stauende auftreffenden Fahrzeuge, weil es für sie keinen Unterschied mache, ob als „physisch-reales" Hindernis vorn ein gefällter Baum (Gewalt) oder ein „Sitzdemonstrant" den Weg versperre (sog. Zweite-Reihe-Rspr.). Es kann aber ernsthaft kaum einen Unterschied machen, ob die Straßenbahnen, die auf Demonstranten treffen, aneinander gekoppelt sind oder nicht (s. *Fahl/Winkler*, BT/2, § 240 Rn. 3). – Auf jeden Fall hat die Aufgabe des „psychischen Gewaltbegriffs" im Straßenverkehr dazu geführt, dass das bloße Aufleuchtenlassen der Bremslichter (ohne Verringerung der Geschwindigkeit) nicht (mehr) als Nötigung eingestuft wurde (vgl. OLG Köln, JA 1998, 274 m. Bespr. *Fahl*).

8 Vertiefend: *Jakobs*, JZ 1986, 1063; *F.-C. Schroeder*, NJW 1985, 2392

§ 242 Diebstahl

Aufbauschema   1

I. Tatbestand

   1. Objektiver Tatbestand

     a) Tatobjekt

       aa) Sache

       bb) Fremd

       cc) Beweglich

     b) Tathandlung: Wegnahme → *Rn. 2 ff.*

       aa) Fremder Gewahrsam

       bb) Begründung neuen Gewahrsams

       cc) Bruch

   2. Subjektiver Tatbestand

     a) Vorsatz

     b) Zueignungsabsicht

       aa) (Absicht zumindest vorübergehender) Aneignung → *Rn. 23 ff.*

       bb) (Vorsatz dauernder) Enteignung → *Rn. 9 ff.*

       cc) (Vorsatz bzgl.) Rechtswidrigkeit der beabsichtigten Zueignung
        → *Rn. 16 ff.*

II. Rechtswidrigkeit

III. Schuld

IV. Strafzumessung

   Besonders schwere Fälle, § 243 (Regelbeispiele)

V. Strafverfolgungsvoraussetzung

   Strafantrag, §§ 247, 248a

***Beachte:** Qualifikationen, §§ 244, 244a*

Gänsebucht

RG, Urt. v. 15.12.1913 – II StR 684/13, RGSt 48, 58   2

In einer verschlossenen Gänsebucht – Gebäude i.S.d. § 243 I 2   3
Nr. 2 StGB – waren drei dem Händler H und zwei dem Maurer M
gehörige Gänse untergebracht. Der Angekl. A machte sich an dem
Schloss der Bucht zu schaffen, „würgte" daran herum und hatte es
schließlich zerbrochen in der Hand. Er sagte darauf zu dem nichts

ahnenden, hinzukommenden Arbeiter W, dem er Geld schuldete: Wenn dieser die fünf Gänse haben wolle, solle er sie sich nehmen. W öffnete die Tür der Bucht, an der jetzt das Schloss lose hing, nahm die Gänse heraus und ließ sie durch einen mitanwesenden Bekannten D wegtreiben. Zu A äußerte er: „So nun sind wir glatt", worauf dieser erwiderte: „Ist gut".

1. Problemstellung

4   Dieser „Klassiker" ist kurios: Das Problem, das sich dem RG damals stellte, ob es nämlich zur Wegnahme i.S.d. § 242 StGB nötigen Begründung neuen Gewahrsams auch reicht, dass „fremder" Gewahrsam (des W) begründet wird, uns heute so selbstverständlich, dessen Lösung so geläufig, dass wir darüber gar nicht mehr nachdenken, sondern sie schon in die Definition der „Wegnahme" bei § 242 StGB integriert haben (vgl. *Fahl/Winkler*, Def., § 242 Rn. 4). So werden aus Meinungsstreiten im Laufe der Zeit Definitionen – existieren für dasselbe Merkmal unterschiedliche Definitionen, gibt es wieder einen Streit, und führen die verschiedenen Definitionen zu unterschiedlichen Ergebnissen, so muss er in der Fallbearbeitung auch entschieden werden (vgl. *Fahl/Winkler*, Meinungsstreite Strafrecht AT und BT/1, BT/2 oder BT/3, jeweils S. V – „Zum Gebrauch"). – Berühmt geworden ist der Fall daher in einer Abwandlung, in der aus dem gutgläubigen Werkzeug (W) ein bösgläubiges gemacht wurde: Darin beauftragt nun der Bauer B (den nur vermeintlich gutgläubigen, in Wahrheit aber bösgläubigen) Knecht K, die Gänse des Nachbarn N in seine Gänsebucht zu treiben, um sie zu behalten. Obwohl K weiß, dass die Gänse dem N gehören, tut K wie ihm geheißen, weil es ihm egal ist, wie er seine Arbeitszeit verbringt.

2. Lösung des RG

5   In der – damals üblichen – erfrischenden Kürze von nicht einmal drei Seiten wies das RG den Einwand zurück, A habe nicht (wie im Normalfall des Diebstahls) selbst Gewahrsam an den Gänsen begründet: Der Wortbegriff des Wegnehmens erfordert dies nicht. Statt erst selbst Gewahrsam an der Sache zu begründen und ihn alsdann auf den anderen zu übertragen, könne der Täter den gleichen Erfolg auch dadurch herbeiführen, dass er den anderen in den Stand versetze, den Gewahrsam unmittelbar zu ergreifen. Ob er „seine Zueignungsabsicht" in der einen oder anderen Art verwirkliche, sei rechtlich ohne Bedeutung. A habe den Eigentümern H & M die Gänse durch W „als sein gutgläubiges Werkzeug" wegnehmen lassen, um durch deren Überlas-

sung an Erfüllungs statt (§ 364 BGB) „zwecks Tilgung einer Darlehns-
schuld an W ihren Sachwert seinem Vermögen zuzuführen."

3. Kritik

Letzteres ist nach der – schon vom RG vertretenen – Vereinigungs- **6**
theorie („Sache selbst oder der in ihr verkörperte Sachwert") unproblematisch (*Fahl/Winkler*, BT/2, § 242 Rn. 17; s. auch § 242 Rn. 23 –
„Dienstmützenfall"). Auch für die Konstruktion einer mittelbaren
Täterschaft mittels gutgläubigen Werkzeugs gab es im „Holzkugelfall"
bereits einen Vorläufer („Präzedenzfall"), wenn auch zweifelhaft war,
ob das RG die Beteiligungsverhältnisse dort richtig getroffen hatte (s.o.
§ 24 Rn. 20). Immerhin wusste A (hier) etwas, das W nicht wusste,
nämlich dass die Gänse A gar nicht gehörten (Tatherrschaft „kraft
überlegenen Wissens").

Überträgt man diese Konstruktion aber auf die Abwandlung (s.o.
Rn. 4 a.E.), so wird sie zweifelhaft, weil B zwar glaubte, über überle-
genes Wissen zu verfügen, K tatsächlich aber genau wusste, dass die
Gänse N gehörten. Es würde sich daher nur um eine „vermeintliche
Tatherrschaft" handeln, die nach h.M. (nicht als versuchte mittelbare
Täterschaft, sondern) als Anstiftung zu bestrafen ist (*Fahl/Winkler*,
AT, § 25 Rn. 12). Als Anstifter kann B aber auch nicht bestraft wer-
den, weil K bzgl. des Diebstahls ohne Zueignungsabsicht handelte,
sodass es an der „vorsätzlich begangenen rechtswidrigen Tat" fehlt
(§ 26 StGB). Denn „rechtswidrige Tat" ist nur eine solche, die „den
Tatbestand eines Strafgesetzes" (inkl. aller besonderen subjektiven
Tatbestandsmerkmalen wie z.B. der Zueignungsabsicht) erfüllt (§ 11 I
Nr. 5 StGB). Das war jedenfalls vor dem 1.4.1998 (Inkrafttreten des 6.
StrRG) so, bevor die „Drittzueignungsabsicht" in den Tatbestand (des
Diebstahls) aufgenommen wurde. Nunmehr wäre es denkbar, bei K
„Drittzueignungsabsicht" zugunsten des B zu bejahen. Da aber K sich
nur die Zeit vertreiben wollte, fehlt es ihm an der für die „Aneignungs-
komponente" der Zueignung nötigen (*Fahl/Winkler*, Def., § 242 Rn. 7)
Absicht i.S. eines zielgerichteten „Es-darauf-angelegt-Habens" (sog.
Absicht „im technischen Sinne", s. *Fahl/Winkler*, Def., § 15 Rn. 2,
sowie § 263 Rn. 37 – „Bahnsteigkartenfall"; bzgl. der „Enteignungskomponente" genügt bekanntlich ohnehin „einfacher" Vorsatz, d.h.
dolus eventualis). Die h.M. greift deshalb (nach wie vor) zur Konstruktion einer „normativen" Tatherrschaft mittels eines „absichtslos-
dolosen" Werkzeugs (*Fahl/Winkler*, BT/2, § 242 Rn. 25).

Daran ist kritisiert worden, die bloße Veranlassung einer Tat könne
vom Standpunkt der Tatherrschaftslehre mittelbare Täterschaft ebenso
wenig begründen wie die bloße Zueignungsabsicht, die dem Hintermann als ein reines inneres Faktum noch keine äußere Macht („kraft

überlegenen Wollens") verleihe. Weil aber Mittäterschaft (§ 25 II StGB) mangels gemeinsamen Tatplans ebenfalls ausscheidet und das Ergebnis, nun trotz einer vollendeten Wegnahme und Vorliegens sämtlicher Tatbestandsmerkmale, wenn man sie zusammenzählt, beide straflos zu lassen, nicht recht einleuchten will, hat die Konstruktion des RG jedoch auch viele Anhänger gefunden.

4. Weiterführende Hinweise

7   Ob es des „absichtslos-dolosen Werkzeugs" in folgendem Fall bedarf, ist streitig: A lässt sich von B für einen Regenspaziergang den Schirm des C holen, wobei er dem B wahrheitswidrig versichert, den Schirm später an C zurückgeben zu wollen. B hält es daher für sicher, dass C seinen Schirm zurückerhält. Hier fehlt es ebenfalls an der Drittzueignungsabsicht, jedoch nicht am Element der (mindestens vorübergehenden) Drittaneignung, sondern am Entreicherungselement, da B diesbezüglichen nicht einmal dolus eventualis hat. Hier sagen manche, dass es der umstrittenen Figur des absichtslos-dolosen Werkzeugs nicht bedürfe, weil dem Werkzeug infolge seines Irrtums nicht nur die nötige Absicht des Hintermanns, sondern der „wahre Sinn" der ganzen Unternehmung verborgen bleibe. Das ist zwar richtig, aber nicht einzusehen, warum man nicht trotzdem von einem „absichtslos-dolosen" Werkzeugs sprechen sollte (immerhin fehlt ihm nicht der Wegnahmevorsatz, sondern nur die Zueignungsabsicht).

8   **Vertiefend:** *Fahl*, JA 2004, 287 (Rechtslage nach dem 1.4.1998); *ders.*, JA 1995, 845 (Rechtslage vor dem 1.4.1998)

Taschenbuch-Kriminalroman

9   OLG Celle, Urt. v. 16.3.1967 – 1 Ss 10/67, NJW 1967, 1921

10   Der Philosophiestudent A entnahm aus einem Verkaufsstand eines Warenhauses einen neuen Rowohlt-Kriminalroman, den er in die Manteltasche steckte. Dabei wurde er beobachtet. Er behauptete jedoch unwiderlegt, er habe das Buch nur durchlesen und es dann zurückbringen wollen. Von einem Studenten der Rechte habe er erfahren, dass ein Gebrauchsdiebstahl nicht strafbar sei. Diese den meisten Menschen unbekannte Tatsache habe er ausnutzen wollen. Man könne ihm wohl einen moralischen Vorwurf machen, ein Dieb sei er aber nicht.

1. Problemstellung

Der Philosophiestudent müsste nach dem Gesetzeswortlaut die „Ab- **11** sicht" gehabt, „die Sache sich ... zuzueignen", wollte sie aber nur lesen. Fraglich ist, ob das ausreicht (und man sich also eine Sache durch Lesen „zueignen" kann). „Zueignungsabsicht" ist – da darf man sich nicht täuschen lassen (zum Absichtsbegriff s.u. den „Bahnsteigkartenfall", § 263 Rn. 37) – „Vorsatz" bezüglich der dauernden Enteignung kombiniert mit der „Absicht" mindestens vorübergehender Aneignung (vgl. *Fahl/Winkler*, Def., § 242 Rn. 7), wobei streitig ist, ob Zueignung Enteignung plus Aneignung oder Enteignung durch Aneignung ist (s. dazu *Fahl/Winkler*, BT/2, § 242 Rn. 16). Da A die Sache zurückgeben wollte, sieht es so aus, als ob zwar die Aneignungskomponente vorläge (vorübergehende Aneignung reicht!), es aber an der Enteignungskomponente fehlte (weil A nicht einmal mit dolus eventualis in Kauf nahm, was ausreichen würde, dass der Eigentümer sein Buch nicht zurückerhält). Die bloße Gebrauchsanmaßung (lateinisch: furtum usus) ist außer bei Kraftfahrzeugen und Fahrrädern (§ 248b StGB) nicht strafbar, da hat der Kommilitone recht.

2. Lösung des OLG

Der Philosoph hatte die Rechnung jedoch ohne den Amtsrichter **12** gemacht, der den A verurteilt hat. Der Amtsrichter und ihm folgend das OLG nahmen nämlich an, dass die Sache, die der A entwenden wollte, und die Sache, die er den eigenen Angaben zufolge nach dem Lesen zurückgeben wollte, nicht dieselbe Sache waren. So wie ein Neuwagen und ein Gebrauchtwagen nicht dieselbe Sache sind, selbst wenn es sich um dasselbe Fahrzeug handelt. Zurückgeben wollte A gewissermaßen ein Second-Hand-Buch. Dem Buch wäre gewissermaßen der „Neuverkaufswert" entzogen, den A sich zuzueignen vorhatte.

3. Kritik

Aber das gerät in Konflikt mit dem „Dienstmützenfall" (s.u. **13** Rn. 23). Der „Sachwert" wird einem Buch nämlich durch Lesen nicht (wirklich) entzogen, vielmehr kann man ein Buch immer wieder (mit Gewinn) lesen. Ob Buchhändler Bücher, die zur Ansicht ausgelegt oder – besonders nach Weihnachten – umgetauscht werden, wirklich zum halben Preis verkaufen, ist auch zweifelhaft. Die Lit. will z.T. zwischen Taschenbüchern (paper back) und gebundenen Büchern (hardcover) differenzieren, weil erstere beim Lesen praktisch immer zerknickt werden. Aber das ist letztlich nicht das Unrecht des Diebstahls, sondern der Sachbeschädigung nach § 303 StGB.

4. Weiterführende Hinweise

14   Freilich: Entwendet jemand einen druckfrischen „Palandt", um ihn nach (erfolgreichem) Abschluss seines Studiums „zurückzugeben", so handelt es sich wohl wirklich nicht mehr um dieselbe Sache (wegen der Neuauflage hat die Vorauflage nur noch halben Wert). Das gilt selbst dann, wenn darin überhaupt nicht gelesen wurde. Wieder anders (und eher wie beim Kriminalroman) ist es bei der Rückgabe der Ski-ausrüstung nach der Saison (Lehrbuchfälle) oder des Campingzeltes im Herbst (denn das Zelt oder die Ski kann der Eigentümer auch im nächsten Jahr noch benutzen, und zwar selbst dann, wenn er sie sich inzwischen neu gekauft hat). Derartige Fälle scheinen in der Gerichts-wirklichkeit freilich weit seltener vorzukommen als in Lehrbüchern und Kommentaren. Das hat seinen Grund. Niemand kann nämlich dem Richter vorschreiben, der Einlassung (Behauptung) des Täters, er habe die Sache nach der Benutzung zurückgeben wollen, Glauben zu schenken. Ob er das glaubt, unterliegt seiner „freien" Würdigung (vgl. § 261 StPO).

Als A das Buch in seine Manteltasche steckte, schuf er im Übrigen eine sog. Gewahrsamsexklave oder -enklave (je nachdem, wie man will) und begründete damit neuen Gewahrsam im „generell-beherrschten Raum" des Warenhausinhabers. Da A beobachtet wurde, handelt es sich um einen Fall des „beobachteten Ladendiebstahls", bei dem streitig ist, ob die Tatsache der Beobachtung durch einen ein-griffsbereiten Dritten den „Bruch" fremden Gewahrsams und damit sogar schon die Wegnahme und den objektiven Tatbestand ausschließt. Die h.M. verneint das freilich mit dem Argument, dass Diebstahl kein „heimliches Delikt" sei (vgl. *Fahl/Winkler*, BT/2, § 242 Rn. 15).

15   **Vertiefend:** *Fahl*, JA 2002, 649; *Eser*, Studienkurs IV, Fall 3; *Naucke*, Straf-recht, § 2 Rn. 70 ff.; *Otto*, Vermögensschutz, S. 181 f.; *Widmann*, MDR 1969, 529, 530

Moos raus

16   BGH, Urt. v. 12.1.1962 – 4 StR 346/61, BGHSt 17, 87

17   H war Inhaber der „Regina-Stuben", deren häufiger Gast G war. G schuldete H noch mindestens 20 DM für Zeche. Als H den G auf der Straße traf, vermutete er mit Recht, dass G Geld bei sich habe und forderte ihn mit den Worten, „Moos raus" zur Bezahlung seiner Zechschuld auf. G wandte sich jedoch zum Weitergehen. Da hielten H und sein Begleiter O den G an den Armen fest, während dieser eine Hand zur Abwehr erhob. Wie H es wollte, durchsuchte O die Taschen von G und fand darin einen 10 DM- und einen 5 DM-Schein. Beide nahm er ihm weg und händigte sie G aus.

1. Problemstellung

Denken wir uns zunächst den mit G befreundeten O weg und neh- **18** men an, dieser habe allein gehandelt, so ergibt sich, dass der objektive Tatbestand des Diebstahls erfüllt ist: Sache („körperlicher Gegenstand" – s. *Fahl/Winkler*, Def., § 242 Rn. 1 – sind die individuellen Scheine, nicht „Geld"), fremd (s. *Fahl/Winkler*, Def., § 242 Rn. 2), beweglich (s. *Fahl/Winkler*, Def., § 242 Rn. 3), Wegnahme (s. *Fahl/Winkler*, Def., § 242 Rn. 4), d.h. Bruch (s. *Fahl/Winkler*, Def., § 242 Rn. 6) fremden und Begründung neuen (nicht notwendig eigenen, s.o. Rn. 4 – „Gänsebuchtfall") Gewahrsams (*Fahl/Winkler*, Def., § 242 Rn. 5: tatsächliche, willensgetragene Sachherrschaft). Auch der diesbezügliche Vorsatz (*Fahl/Winkler*, Def., § 15 Rn. 1: Wissen und Wollen bzgl. sämtlicher Tatbestandsmerkmale) liegt vor. Dazu treten muss aber – als sog. überschießende Innentendenz – die „Zueignungsabsicht" (*Fahl/Winkler*, Def., § 242 Rn. 7), genauer: die Absicht, die Sache sich „rechtswidrig" zuzueignen, d.h. nicht die Zueignungsabsicht muss rechtswidrig sein (darum falsch: „rechtswidrige Zueignungsabsicht"), sondern die beabsichtigte Zueignung. – Deshalb fragt sich zunächst, ob eine Zueignung „rechtswidrig" ist, wenn der Täter einen fälligen, einredefreien Anspruch auf die Sache hat. Manche verneinen das im Hinblick auf das dem deutschen Recht eigentümliche sog. Trennungs- und Abstraktionsprinzip, weil das Strafrecht nun einmal die Eigentumslage schütze – dann müsse der Täter diese aber auch respektieren, bis ihm das Eigentum übertragen (§§ 929 ff. BGB) worden sei. Dagegen wurde zu Recht eingewandt, dass das „nutzlose Förmelei" wäre, wenn im Ergebnis doch nur der Zustand erreicht wird, der von Rechts wegen ohnehin hergestellt werden müsste (*Fahl/Winkler*, BT/2, § 242 Rn. 26). Allerdings besteht ein solcher fälliger, einredefreier Anspruch bei Gattungsschulden (zu denen die Geldschulden in dieser Hinsicht zählen) nun einmal bis zur Konkretisierung (durch den Schuldner!) nicht.

2. Lösung des BGH

Ohne Rechtsirrtum nahm die Strafkammer an, dass die Wegnahme **19** des Geldes rechtswidrig war. Denn H habe trotz seines Anspruchs auf Bezahlung der Zechschuld keinen Anspruch darauf, gerade die beiden Geldscheine von G zu bekommen. Nach der Regelung des bürgerlichen Rechts habe der Schuldner die ausschließliche Befugnis, seinerseits aus der Gattung die zur Erfüllung seiner Schuld erforderlichen bestimmten Sachen (hier die einzelnen Geldscheine) auszuwählen und zu leisten (§ 243 BGB). Für die innere Tatseite sei jedoch erheblich, was der Täter meinte. Der Irrtum eines Täters, Gattungssachen zur Befriedigung eines Anspruchs wegnehmen zu dürfen, sei grds. zwar ein den Vorsatz nicht ausschließender Verbotsirrtum (§ 17 StGB), weil der Täter regelmäßig wisse, dass sein Anspruch nicht auf irgendwelche Sachen gleicher Art gerichtet sei. Diesen Unterschied werde aber der nicht rechtskundige Täter häufig gerade bei Geld als der schlechthin gleichartigen und vertretbaren Gattungssache nicht zu machen pflegen. Wer so irre, dessen Irrtum entspreche seinem Inhalt nach der Vorstellung des Gläubigers, der eine Forderung auf Übereignung einer bestimmten Sache habe und sich nur über die Nämlichkeit der von ihm weggenommenen Sache (§ 16 StGB) irrte. Er müsse deshalb rechtlich genauso wie dieser behandelt werden.

3. Kritik

20   Das Ergebnis, das sich auch mit der im Strafrecht vertretenen „Wertsummentheorie" (vgl. dazu *Fahl/Winkler*, BT/2, § 246 Rn. 14) erreichen ließe, geht schon in Ordnung. Der BGH bleibt aber die Begründung dafür schuldig, warum die beiden Irrtümer, die sich nun einmal auf grundverschiedene Dinge (z.B. einen von einem Tischler handgefertigten Schaukelstuhl und schnödes Geld) beziehen, gleichbehandelt werden sollen. Das liegt daran, dass es sich bei der „Rechtswidrigkeit" der beabsichtigten Zueignung um ein (höchst) „normatives Tatbestandsmerkmal" handelt, bei dem es hinsichtlich des Irrtums auf die „Parallelwertung in der Laiensphäre" ankommt (vgl. *Fahl/Winkler*, AT, § 16 Rn. 8), also ob der Täter den Bedeutungsgehalt wenigstens in etwa richtig erfasst hat: Bei Geldschulden kann man in der Tat unterstellen, dass der Normalbürger den Unterschied zur Stückschuld nicht einmal laienmäßig richtig erfasst (s. dazu *Fahl/Winkler*, BT/2, § 242 Rn. 27).

4. Weiterführende Hinweise

21   Auf einem anderen Blatt steht die Frage, wo im Prüfungsaufbau das zu behandeln ist. Da die Frage, ob eine beabsichtigte Zueignung „rechtswidrig" ist oder nicht, streng genommen eine „objektive" ist, prüfen manche die Rechtswidrigkeit der Zueignung im „objektiven Tatbestand" des § 242 StGB (und gelangen so automatisch zu § 16 StGB). Ich bevorzuge den Vorsatz bzgl. der Rechtswidrigkeit der beabsichtigten Zueignung wie die Rechtswidrigkeit der beabsichtigten Zueignung selbst (als Unterpunkte) in der „Zueignungsabsicht" im subjektiven Tatbestand zu prüfen (s. *Fahl/Winkler*, Def., Vor § 242 Rn. 1 unter I.2.b.cc). So ergibt sich, dass es das geben kann: einen

„Irrtum über ein subjektives Tatbestandsmerkmal" (die Rechtswidrigkeit der Zueignung). – Hielte man den Irrtum hingegen für einen bloßen Verbotsirrtum (§ 17 StGB), so wäre zuvor – auf Rechtswidrig-
keitsebene – zu klären, ob H ein „Selbsthilferecht" nach § 229 BGB
(„Wer zum Zwecke der Selbsthilfe eine Sache wegnimmt") als „strafrechtlicher Rechtfertigungsgrund" zustehe – die h.M. verneint das, weil
darunter nur die vorläufige Sicherung und nicht die endgültigen „Befriedigung" der Ansprüche falle (was man, wenn man will, auch § 230
BGB entnehmen kann).

Sodann ist das Beteiligungsverhältnis des O zu klären: Bzgl. des
Diebstahls könnte man den O nach Einführung der „Drittzueignungs-
absicht" in § 242 StGB sogar für den (Allein-) Täter und H für seinen
Gehilfen halten, geht man hingegen nach dem „Eigeninteresse" (s.o.
§ 27 Rn. 5 – „Badewannenfall"), so erscheint eher H als Täter und O
als Gehilfe (§ 27 StGB), und nimmt man gleich den Raub (§ 249
StGB) als (aus § 242 StGB und § 240 StGB) „zusammengesetztes"
Delikt in den Blick, so ergibt sich, dass beide durch ihr „arbeitsteili-
ges" Vorgehen als Mittäter (§ 25 II StGB) anzusehen sind (vgl.
Fahl/Winkler, AT, § 25 Rn. 14: sog. funktionale Tatherrschaft). – Bzgl.
des letzteren Delikts kommt neben § 229 BGB („oder wer zum Zwecke der Selbsthilfe einen Verpflichteten, welcher der Flucht verdächtig
ist, festnimmt") zur Rechtfertigung auch noch das „Jedermannsrecht"
des § 127 I StPO in Betracht. Eine „Festnahme" ist aber gerade nicht
beabsichtigt, sondern (nur) die „Selbstbefriedigung" – hält man die für
nicht gerechtfertigt, so bestehen auch kaum Zweifel an der zusätzlich
noch zu prüfenden „Verwerflichkeit" i.S.d. § 240 II StGB (sog. offener
Tatbestand, vgl. dazu *Fahl/Winkler*, BT/2, § 240 Rn. 15).

Die für die Annahme einer Körperverletzung erforderliche Erheb-
lichkeitsschwelle (vgl. *Fahl/Winkler*, Def., § 223 Rn. 1: üble, unangemessene Behandlung, die das körperliche Wohlbefinden „mehr als nur
unerheblich" beeinträchtigt) dürfte ebenso wenig überschritten sein wie
die „Bagatellgrenze" bei § 239 I Alt. 2 StGB (vgl. *Fahl/Winkler*, BT/2,
§ 239 Rn. 4: ein „Vaterunser" lang) – „An-den-Armen"-Festhalten als
Freiheitsberaubung „auf andere Weise".

Vertiefend: *Gropp*, Weber-FS, S. 127; *Hirsch*, JZ 1963, 149; *Krey/Hell-* **22**
mann/Heinrich, BT 2, Rn. 121 ff.; *Schroeder*, JR 1962, 347

Dienstmütze

BGH, Beschl. v. 21.1.1964 – 5 StR 514/63, BGHSt 19, 387 = NJW 1964, **23**
2025

24 | Der Angekl. A hatte als Soldat seine Dienstmütze verloren. Um einem Schadensersatzanspruch zu entgehen, nahm er seinem Kameraden K die Mütze weg und gab sie bei seiner Entlassung aus dem Dienst anstelle von seiner ab.

1. Problemstellung

25   A hat eine fremde – dem „Bund" gehörende – bewegliche Sache (Mütze) „weggenommen" (vgl. *Fahl/Winkler*, Def., § 242 Rn. 4), also fremden (des K) Gewahrsam (s. *Fahl/Winkler*, Def., § 242 Rn. 5: tatsächliche, willensgetragene Sachherrschaft) „gebrochen" (s. *Fahl/Winkler*, Def., § 242 Rn. 6: Aufhebung gegen oder ohne den Willen des Gewahrsamsinhabers) und vorübergehend (bis zur Abgabe) neuen eigenen Gewahrsam begründet. – Fraglich ist, ob er sich die Mütze „zugeeignet" hat (wobei die diesbezogene Absicht reichen würde, sog. kupiertes Erfolgsdelikt). Zueignung ist mindestens vorübergehender Aneignung (s. *Fahl/Winkler*, Def., § 242 Rn. 8: Anmaßung einer eigentümerähnlichen Stellung) plus dauernde Enteignung, d.h. Verdrängung des Eigentümers aus seiner Position (s. *Fahl/Winkler*, Def., § 242 Rn. 9). Der A hat aber die Eigentümerstellung des Bundes zu keinem Zeitpunkt in Abrede gestellt, sondern dem Bund sein Eigentum im Gegenteil zurückgegeben. Dennoch hat er unbestreitbar einen Nutzen aus der Mütze gezogen. Von den „Sparbuchfällen" wissen wir, dass Gegenstand von Wegnahme und Zueignung nicht stets die Sache selbst ist (sog. Substanztheorie). Die „nackte" Substanz eines Sparbuchs (hinkendes Inhaberpapier) ohne den darin verkörperten Wert ist wertlos. Nach der (herrschenden) sog. Vereinigungstheorie ist Gegenstand der Zueignung daher die Sache selbst oder der in ihr verkörperte Sachwert (s. *Fahl/Winkler*, BT/2, § 242 Rn. 17). – Das OLG Celle legte dem BGH daher gem. § 121 II GVG (Divergenzvorlage) die Frage zur Entscheidung vor: „Ist das Merkmal der Zueignung i.S.d. § 242 StGB auch dann zu bejahen, wenn ein Soldat einem Kameraden einen Dienstgegenstand wegnimmt, um ihn als Ersatz für einen von ihm empfangenen, aber verlorenen (oder ihm abhanden gekommenen) bei der Abmusterung auf der Bekleidungskammer abzugeben?" Das OLG wollte die Frage verneinen, sah sich daran aber durch eine Entscheidung des OLG Frankfurt gehindert, das die Frage bejaht (und die Verurteilung wegen Diebstahls bestätigt) hatte.

2. Lösung des BGH

26   Der 5. Strafsenat des BGH – unter Vorsitz von *Werner Sarstedt* (1909–1985) – antwortete, die Voraussetzungen des § 121 II GVG seien nicht gegeben, denn die OLGe Frankfurt und Celle hätten beide übersehen, dass der BGH in einem solchen Fall bereits schon einmal die Verurteilung wegen schweren Diebstahls aufgehoben habe, weil der Angekl. nicht die Absicht gehabt habe, sich die Sache zuzueignen. Er habe sie nicht in sein Vermögen überführen, vielmehr über die Identität der (ausgetauschten) Sache täuschen wollen, um einem Schadensersatzanspruch zu entgehen. Auf diese Täuschung, nicht auf die Zueignung sei sein Wille abgestellt gewesen. Zu prüfen sei Betrug (§ 263 StGB).

3. Kritik

Die Kritik richtet sich zunächst gegen die Vereinigungs- bzw. die **27** darin enthaltene Sachwerttheorie, der vorgeworfen wird, aus dem Eigentums- ein Vermögensdelikt zu machen (Wertdiebstahl – lucrum ex re). Die Entscheidung im vorliegenden Fall aber ist richtig: Anders als das Sparbuch „verkörpert" die Dienstmütze nichts, auch nicht den Wert, sie zur Abwehr von Schadensersatzansprüchen nach Dienstablauf zurückgeben zu können, dieser Wert wird ihr im Übrigen auch nicht entzogen, sondern sie kann immer wieder dazu verwendet werden (und ist es vielleicht in der Vergangenheit auch schon mehrfach).

4. Weiterführende Hinweise

Die Prüfung des Betrugs nach § 263 StGB ergibt freilich auch kein **28** befriedigendes Ergebnis: A hat zwar „getäuscht" (s. *Fahl/Winkler*, Def., § 263 Rn. 2: unwahre Tatsachenbehauptung), entsprechend hat der die Mütze entgegennehmende Bedienstete sich möglicherweise „geirrt" (*Fahl/Winkler*, Def., § 263 Rn. 3. „Fehlvorstellung über Tatsachen" in Form „sachgedanklichen Mitbewusstseins" – selbst Zweifel würden den Irrtum nicht ausschließen, vgl. *Fahl/Winkler*, BT/2, § 263 Rn. 8) und durch Nichtgeltendmachung von Regressansprüchen über das Vermögen des Bundes „verfügt" (*Fahl/Winkler*, Def., § 263 Rn. 5: „jedes Handeln, Dulden oder Unterlassen", das sich unmittelbar vermögensmindernd auswirkt) – der Bund hat jedoch keinen „Schaden" (*Fahl/Winkler*, Def., § 263 Rn. 6): Der Vermögensvergleich vorher/nachher zeigt, dass der Bund sowohl die Mütze als auch den Schadensersatzanspruch behalten hat (nämlich nunmehr gegen K). Der geschädigte K aber ist weder getäuscht worden, noch hat er verfügt. Nun müssen der Getäuschte und der Geschädigte nicht identisch sein, aber der Kleiderkammerbedienstete steht noch nicht einmal „im Lager" des K (s. dazu § 263 Rn. 30 – „Sammelgaragenfall"). Das mag das OLG Frankfurt bewogen haben, Diebstahl anzunehmen.

Auf der Basis des „Dienstmützenfalls" ergibt sich weiter: Hat der Täter vor, den Eigentümer der Sache diese ohne Leugnung der wahren

Sachlage „zurückkaufen" zu lassen, so ist Gegenstand der Begierde nicht die Sache selbst oder eine in ihr verkörperten Möglichkeit (weiter Sachwertbegriff), sondern das Vermögen des Eigentümers – das ist (Lösegeld-) „Erpressung" gem. § 253 StGB (vgl. *Fahl/Winkler*, BT/2, § 242 Rn. 19). Leugnet der Täter dagegen beim Rückverkauf an den Eigentümer diesem gegenüber dessen Eigentum, so ist Gegenstand der Begierde zwar ebenfalls nicht die Sache selbst, die ja an den Eigentümer zurückgelangen soll, sondern bloß das Vermögen des Rückkäufers, das § 263 StGB schützt, aber der Verkäufer geriert sich dabei doch als Eigentümer (se ut dominum gerere). Deshalb liegt (neben § 263 StGB) Diebstahl gem. § 242 StGB vor (vgl. *Fahl/Winkler*, BT/2, § 242 Rn. 20).

Die Pfandflasche, welche im Eigentum des Getränkeherstellers (z.B. Coca-Cola) verbleibt und weggenommen wird, um sie (erneut) gegen Pfand abzugeben, „verkörpert" den Pfandwert ebenso wenig wie die „Dienstmütze" den Wert verkörpert, sie schadensersatzanspruchsbefreiend zurückgeben zu können. Es handelt sich, da das Eigentum nicht geleugnet wird, nur um einen Betrug gem. § 263 StGB (ggf. i.V.m. § 289 StGB). Wird das Eigentum an den Flaschen dagegen auf jeder Handelsstufe an den jeweiligen Erwerber übertragen, so leugnet der Täter mit der Rückgabe das Eigentum des Händlers und es liegt Diebstahl vor nach § 242 StGB (s. *Fahl/Winkler*, BT/2, § 242 Rn. 21).

29 **Vertiefend:** *Ambos/Rackow*, JuS 2008, 810 (Dienstflasche); *Eser*, JuS 1964, 477 (Dienststiefel); *Hillenkamp*, Probleme BT, 21. Problem; *Wessels*, JZ 1965, 631

§ 250 Schwerer Raub

1 **Aufbauschema: § 250 I**

Beachte: Vor § 250 I sollte § 249 geprüft werden. Dann kann im Tatbestand 1a) und 2a) entweder ganz weggelassen oder insoweit in aller Kürze auf die vorangegangene Prüfung verwiesen werden.

I. Tatbestand

    1. Objektiver Tatbestand

       a) Erfüllung des Grundtatbestandes, § 249

       b) Qualifikationsmerkmale, § 250 I

          Nr. 1:

          aa) Täter oder anderer Beteiligter

          bb) lit a: (1) Alt. 1: Waffe

                     Alt. 2: Gefährliches Werkzeug

       (2) Beisichführen

lit b: (1) Sonst ein Werkzeug oder Mittel

       (2) Beisichführen

lit c: (1) andere Person

       (2) (Konkrete) Gefahr schwerer Gesundheitsschädigung

       (3) durch die Tat

  Nr. 2:

  aa) Mitglied einer Bande

  bb) Zur fortgesetzten Begehung verbunden

  cc) Unter Mitwirkung eines anderen Bandenmitglieds

2. Subjektiver Tatbestand

  a) Bzgl. § 249 (Raubvorsatz und Zueignungsabsicht)

  b) Bzgl. § 250 I

    aa) Vorsatz

    bb) Bei Nr. 1b zusätzlich: Verwendungsabsicht („um … zu")

II. Rechtswidrigkeit

(Prüfungspunkt entfällt, wenn keine Abweichung zum Grunddelikt)

III. Schuld

(Prüfungspunkt entfällt, wenn keine Abweichung zum Grunddelikt)

Aufbauschema: § 250 II   2

Beachte: *Vor § 250 II sollten § 249 und § 250 I geprüft werden. Dann kann im Tatbestand 1a) und b) bb) Nr. 2 (1) sowie 2a)–b) entweder ganz weggelassen oder insoweit in aller Kürze auf die vorangegangene Prüfung verwiesen werden.*

I. Tatbestand

1. Objektiver Tatbestand

  a) Erfüllung des Grundtatbestandes, § 249

  b) (Weitere) Qualifikation, § 250 II

    aa) Täter oder anderer Beteiligter

    bb) Nr. 1 (1) Alt. 1: Waffe

                   Alt. 2: Gefährliches Werkzeug

         (2) Verwenden

    Nr. 2 (1) Erfüllung des Grundtatbestandes des § 250 I Nr. 2

       (2) Waffe

                    (3) Beisichführen

        Nr. 3   (1) andere Person

                (2) lit. a: Schwere körperliche Misshandlung

                     lit. b: (Konkrete) Gefahr des Todes

                (3) bei der/durch die Tat

    2. Subjektiver Tatbestand

        a) Bzgl. § 249 (Raubvorsatz und Zueignungsabsicht)

        b) Bzgl. § 250 I (Grunddelikt): Vorsatz bzgl. dessen Qualifikationsmerkmalen

        c) Bzgl. § 250 II: Vorsatz

II. Rechtswidrigkeit

    (Prüfungspunkt entfällt, wenn keine Abweichung zum Grunddelikt)

III. Schuld

    (Prüfungspunkt entfällt, wenn keine Abweichung zum Grunddelikt)

Labello

3   BGH, Beschl. v. 20.6.1996 – 4 StR 147/96, NJW 1996, 2663

4

> A betrat in der Absicht, einen Überfall zu verüben, das Geschäftslokal der G. Als ihr die dort tätige Verkäuferin V den Rücken zuwandte, holte sie aus ihrer Handtasche einen Lippenpflegestift der Marke „Labello", trat hinter die V und drückte ihr eine Ecke des Stiftes in den Rücken. Sie beabsichtigte, bei V die Vorstellung hervorzurufen, mit einer Waffe bedroht zu werden. Unter dem Eindruck des ihr in den Rücken gehaltenen Labellostifts, den die V für die Spitze eines Messers, einer Schere oder eines ähnlichen Gegenstandes hielt, händigte V der A Bargeld in Höhe von mindestens 280 DM aus.

1. Problemstellung

5   Zur „Scheinwaffenproblematik" muss man wissen, dass früher (vor dem 6. StrRG, das am 1.4.1998 in Kraft getreten ist) umstritten war, ob ungefährliche Gegenstände, die nur aussahen wie (einsatzbereite) Waffen (sog. Scheinwaffen) unter die §§ 244 I, 250 I StGB fielen. Die Meinungen waren geteilt: Bei § 244 StGB war die h.L. dafür, sie darunter zu subsumieren, bei § 250 StGB dagegen – Grund: Beim schwerer Raub (§ 250 StGB) tritt durch deren Verwendung keine Unrechtssteigerung mehr ein, da ohnehin bereits eine „Drohung mit gegenwärtiger Gefahr für Leib oder Leben" (§ 249 StGB) erforderlich ist (vgl. *Fahl/Winkler*,

BT/2, § 250 Rn. 3). Der BGH sah das (im Prinzip) anders und ließ auch ungefährliche – § 250 I Nr. 1b StGB gab es noch nicht – Gegenstände (ungeladene Waffen, Gas- und Schreckschusspistolen etc.) darunter fallen. Aber ein Labellostift sieht ja noch nicht einmal aus wie eine (echte) Waffe!

2. Lösung des BGH

Der BGH machte deshalb eine Ausnahme: Jedenfalls dann, wenn **6** der Gegenstand „schon nach seinem äußeren Erscheinungsbild" offensichtlich ungefährlich und deshalb nicht geeignet ist, mit ihm (etwa durch Schlagen, Stoßen, Stechen oder in ähnlicher Weise) auf den Körper eines anderen in erheblicher Weise einzuwirken, komme § 250 StGB nicht in Frage. Einen solchen Gegenstand könne der Täter schon „seiner Art" nach nur unter Täuschung über dessen wahre Eigenschaft bei der Tat einsetzen, und „Täuschung" sei nicht das Tatmittel des Raubes, sondern des Betruges. Wenn sich der Täter eines solchen Gegenstandes zur ausdrücklichen oder konkludenten Drohung bediene, dann stehe die Täuschung so sehr im Vordergrund, dass die Qualifizierung als Werkzeug oder Mittel i.S.d. § 250 I StGB „verfehlt" wäre.

3. Kritik

Dagegen hatte die Lit. nichts einzuwenden, die ja ohnehin gegen die **7** Anwendung des § 250 I StGB bei „Scheinwaffen" war, zumal der BGH schon im „Plastikrohr-Fall" ebenso entschieden hatte (BGHSt 38, 116 – Der drogenabhängige Angekl. überfiel innerhalb von zwei Monaten vier Sparkassenfilialen, dabei legte er jeweils einen Zettel vor, auf dem stand: „Überfall, bin bewaffnet", und hielt ein kurzes, gebogenes Plastikrohr von ca. 3 cm Durchmesser so unter seiner Jacke, dass diese ausbeulte und der Eindruck entstand, es handle sich um eine Schusswaffe). – Die Kritik beschränkt sich daher im Grunde darauf, dass der BGH ohne zu zögern eine „räuberische Erpressung" anstelle von „Raub" annahm, aber das liegt daran, dass die Rspr. meint, auf eine „Vermögensverfügung" als Voraussetzung der §§ 253, 255 StGB verzichten zu können und stattdessen auf das „äußere Erscheinungsbild" von „Geben" und „Nehmen zur Abgrenzung der §§ 249, 250 StGB von §§ 253, 255 StGB abstellt (näher zu dem Streit: *Fahl/Winkler*, BT/2, § 253 Rn. 2). Dass hier die Genötigte (V) und die (an ihrem Vermögen) Geschädigte (G) auseinanderfielen, ist bei der „Dreieckserpressung" (s. *Fahl/Winkler*, BT/2, § 253 Rn. 7) hingegen unter denselben – hier gegebenen – Voraussetzungen unschädlich wie beim „Dreiecksbetrug" (s. dazu *Fahl/Winkler*, BT/2, § 263 Rn. 12; s. auch § 263 Rn. 30 – „Sammelgaragenfall").

4. Weiterführende Hinweise

8 Die eigentlich spannende Frage ist aber, was heutzutage im Hinblick auf die umformulierten §§ 244 I Nr. 1b, 250 I Nr. 1b StGB zu gelten hat (s. dazu *Fahl/Winkler*, BT/2, § 244 Rn. 6). Für die eine Meinung (und dazu zählt auch der Gesetzgeber des 6. StrRG) ist klar, dass die „absolut ungefährlichen Scheinwaffen" auch weiterhin aus dem Tatbestand herausfallen (teleologische Reduktion). Dagegen spricht aber, dass diese Einschränkung im Gesetzeswortlaut nun einmal keinen Ausdruck gefunden hat. Deshalb lässt die (wohl) h.M. auch „absolut" *ungefährliche* („sonst ein Werkzeug oder Mittel …") Attrappen darunterfallen – aber mangels Werkzeugqualität (weiterhin) nicht den in den Rücken gebohrten Finger.

9 **Vertiefend:** *Bosch*, JA 2007, 468 (Metallstück); *Godendorff*, NStZ 2018, 321; *Hohmann*, NStZ 1997, 185; *Jäger*, JA 2016, 71 (Koffer-Trolley); *Jahn*, JuS 2018, 85 (Schlüssel); *Kudlich*, PdW BT I, Nr. 161; *ders.*, NStZ 2017, 582; *ders.*, JR 2007, 381; *Preuß*, HRRS 2016, 466; *Saal*, JA 1997, 859

§ 263 Betrug

1 **Aufbauschema**

I. Tatbestand

1. Objektiver Tatbestand
   a) Täuschung → *Rn. 2 ff.*
   b) Irrtum
   c) Vermögensverfügung → *Rn. 9 ff.*
   d) Vermögensschaden → *Rn. 16 ff.*
   e) Kausalität (jeweils zwischen a–b; b–c; c–d) → *Rn. 23 ff.*
2. Subjektiver Tatbestand
   a) Vorsatz
   b) Bereicherungsabsicht → *Rn. 37 ff.*
      aa) Stoffgleichheit
      bb) Rechtswidrigkeit der beabsichtigten Bereicherung

II. Rechtswidrigkeit

III. Schuld

IV. Strafzumessung

Besonders schwere Fälle, § 263 III (Regelbeispiele mit Geringwertigkeitsklausel § 263 IV i.V.m. § 243 II)

V. Strafverfolgungsvoraussetzung

Strafantrag, § 263 IV i.V.m. §§ 247, 248a

***Beachte:** Qualifikation, § 263 V*

Bundesligawettskandal (Fall Hoyzer)

BGH, Urt. v. 15.12.2006 – 5 StR 181/06, BGHSt 51, 165 = NJW 2007, 782   2

Ante Sapina (S) platzierte bei der deutschen Klassenlotterie Berlin   3
(DKLB) Einsätze auf Sportwetten (Oddset) mit festen Gewinnquo-
ten. Die Quote wird vor Abschluss der Wette durch den Wettanbieter nach dessen Einschätzung der jeweiligen Gewinnchancen fest-
gesetzt. Irgendwann entschloss S sich, seine Gewinnchancen durch
Einflussnahme auf das Spielgeschehen mittels Bestechung von
Spielern und Schiedsrichtern zu erhöhen. Unter Mithilfe seiner
Brüder gelang es S, den Schiedsrichter Hoyzer sowie einige Fuß-
ballspieler gegen Zahlung oder das Versprechen erheblicher Geld-
beträge dazu zu bringen, durch falsche Schiedsrichterentscheidun-
gen oder unsportliche Zurückhaltung den Ausgang der Spiele zu
manipulieren. Dies führte in vier von zehn Fällen zu dem erhofften
Ausgang und damit zu Gewinnen zwischen 300.000 und 870.000 €,
während S in den übrigen Fällen seinen Einsatz verlor. Insgesamt
entstand dem Wettanbieter nach Abzug der Einsätze von den Gewinnen ein Vermögensschaden in Höhe von knapp 2 Mio. €.

1. Problemstellung

Der Schaden (2 Mio. €) sowie die „Verfügung" (Auszahlung des   4
„Gewinns") scheinen (relativ) unproblematisch – besonders in den
Fällen, in denen S nicht „gewonnen" hat, stellt sich allerdings die
Frage, ob der Wettanbieter, und zwar schon bei Vertragsschluss (sog.
Eingehungsbetrug), einen Schaden dadurch erlitten hat, dass er die
Gewinnchancen („Quote") falsch berechnet hat (sog. Quotenschaden)
oder ob es sich gar (bis zum Schlusspfiff) bloß um eine „schadensglei-
che" (s. *Fahl/Winkler*, BT/2, § 263 Rn. 30) Vermögensgefährdung
(sog. Gefährdungsschaden) handelte. Davon unabhängig fragt sich, ob
S „getäuscht" hat: Zwar ist der Wettanbieter „stillschweigend" davon
ausgegangen (bzgl. des „Irrtums" genügt ein „sachgedankliches Mitbewusstsein", vgl. *Fahl/Winkler*, BT/2, § 263 Rn. 7), dass S ihm gegenüber keinen Wissensvorsprung hat, aber ausdrücklich danach
gefragt hat er S nicht und S das auch nicht ausdrücklich erklärt. Die
Täuschung kann nach § 263 StGB aber sowohl „durch Vorspiegelung
falscher" als auch durch „Unterdrückung wahrer Tatsachen" und durch
„Erregen" sowohl wie durch „Unterhalten" eines Irrtums begangen
werden, und so könnte S die wahre Tatsache, dass er die Spieler besto-
chen hat, „unterdrückt" und dadurch einen Irrtum „unterhalten" haben. – In diesem Sinne hat das RG Betrug im „Spätwettenfall" bejaht

(RGSt 62, 415: Dem Wettanbieter war zwar bewusst, dass das Pferde-
rennen bereits begonnen hatten, er ging aber davon aus, dass noch
niemand das Ergebnis kannte, A hatte jedoch in strafbarer Weise den
Rundfunk abgefangen), der BGH in einem ähnlichen Fall (BGHSt 16,
120: Die Angekl. hatten sich die Rennergebnisse von französischen
Rennplätzen mitteilen lassen) hingegen mit dem Argument verneint, es
könne sich allenfalls um ein Unterlassen (§ 13 StGB) handeln, das
mangels „Garantenstellung" aus „Treu und Glauben" (vgl.
Fahl/Winkler, AT, § 13 Rn. 7) straflos bleibe.

2. Lösung des BGH

5   Der BGH folgte dem Antrag des GBA nicht, der auf Freispruch (!)
plädiert hatte: Abgesehen davon, dass die Vertragspartner „ein Mini-
mum an Redlichkeit" im Rechtsverkehr voraussetzen dürften, sei die
Erwartung, dass es an einer vorsätzlichen sittenwidrigen Manipulation
des Vertragsgegenstandes durch einen Vertragspartner fehle, unver-
zichtbare Grundlage jeden Geschäftsverkehrs und deshalb zugleich
miterklärter Inhalt rechtsgeschäftlicher Erklärungen. Außer durch
ausdrückliche Erklärung könne eine Täuschung auch konkludent
erfolgen, nämlich durch irreführendes Verhalten, das nach der Ver-
kehrsanschauung als stillschweigende Erklärung zu verstehen sei.
Davon sei auszugehen, wenn der Täter die Unwahrheit „zwar nicht
expressis verbis" zum Ausdruck bringe, sie aber nach der Verkehrsan-
schauung durch sein Verhalten „miterkläre". Der Erklärungswert
ergebe sich demnach nicht nur aus demjenigen, was ausdrücklich zum
Gegenstand der Kommunikation gemacht werde, sondern aus den
Gesamtumständen. Dieser „unausgesprochene Kommunikationsinhalt"
werde wesentlich durch den dem Erklärenden bekannten Empfänger-
horizont und damit „durch die ersichtlichen Erwartungen der Beteiligten" bestimmt. Erklärungsinhalt könne demnach auch sein, dass etwas
nicht geschehen sei (sog. Negativtatsache). Eine konkludente Erklärung derartiger Negativtatsachen komme insbes. dann in Betracht,
wenn es um erhebliche vorsätzliche Manipulationen des Vertragsgegenstandes gehe, auf den sich das kommunikative Verhalten bezieht.

3. Kritik

6   Mit der „Aufklärungspflicht" hinsichtlich solcher Negativ-
Tatsachen, die „unausgesprochener Kommunikationsinhalt" werden,
macht der BGH aus dem Betrug ein „echtes Unterlassungsdelikt", bei
dem es auf die Voraussetzungen des § 13 StGB nicht mehr ankommt.
So ist § 263 StGB trotz des missglückten Wortlautes aber nicht zu
verstehen. Der Schlüssel zu dieser Erkenntnis liegt darin, dass „Unterdrückung" wie auch „Unterhalten" sowohl aktiv wie auch passiv

(durch Unterlassen) erfolgen können (s. *Fahl/Winkler*, BT/2, § 263 Rn. 39). Die besonderen Voraussetzungen des § 13 StGB, insbes. das „Einstehenmüssen" (Garantenpflicht), dürfen aber nicht umgangen werden durch die Annahme einer konkludenten Behauptung. - Abgesehen davon bleibt unklar, wieviel von seinem geheimen Sonderwissen (z.B. das Aufspielen mit neuartigen Fußballschuhen) der Wettende offenbaren muss, um sich nicht strafbar zu machen. (Ante Sapina hatte immerhin einen so großen „Wissensvorsprung" aufgrund seines „Insiderwissens" im Sportbereich gegenüber den Buchmachern und auch ohne Spielmanipulationen bereits so große Summen bei den Buchmachern in Berlin gewonnen, dass diese seine Wettmöglichkeiten beschränkten und seinen Einsatz so limitierten, dass er praktisch nur noch über „Oddset" wetten konnte.)

4. Weiterführende Hinweise

Als „Qualifikation" (nicht nur bloßes „Strafzumessungsregelbeispiel" nach § 263 III 2 Nr. 1 Alt. 1 und 2 sowie Nr. 2 StGB - „großes Ausmaß", s. dazu *Fahl/Winkler*, Def., § 263 Rn. 12) kommt § 263 V StGB („Bande" ist der Zusammenschluss von mindestens drei Personen, s. *Fahl/Winkler*, Def., § 263 Rn. 11 - „gewerbsmäßig" heißt „in der Absicht sich eine fortlaufende Einnahmequelle von einiger Dauer und einigem Umfang zu verschaffen", s. *Fahl/Winkler*, BT/2, § 263 Rn. 10) in Betracht. So haben die Brüder Sapina und ihr Spezi Hoyzer der Bundesliga den zweiten „Wettskandal" nach den Manipulationen in der Spielsaison 1970/71 (s. dazu *Triffterer*, NJW 1975, 612) beschert und sogar Spuren im StGB hinterlassen: Der „Fall Hoyzer" hat nämlich im Jahr 2017 zur Einfügung des § 265c StGB (Sportwettbetrug) geführt. Nach Abs. 3 dieser Vorschrift ist strafbar, wer als Schiedsrichter einen Vorteil für sich fordert, sich versprechen lässt oder annimmt, dafür dass er den Verlauf oder das Ergebnis eines Wettbewerbs in regelwidriger Weise beeinflusst, damit „infolgedessen ein rechtswidriger Vermögensvorteil durch eine auf diesen Wettbewerb bezogene öffentliche Sportwette erlangt werde". Nach Abs. 4 wird ebenso bestraft, wer einem Schiedsrichter unter diesen Voraussetzungen einen Vorteil anbietet, verspricht oder gewährt. Der später verwirklichte Betrug (bzw. die Beihilfe dazu, §§ 263, 27 StGB) steht dazu in Tatmehrheit (§ 53 StGB).

„Negativtatsachen" - dass etwas nicht geschehen sei - spielen darüber hinaus auch im Strafprozessrecht eine Rolle, namentlich beim Beweisantragsrecht (§ 244 III StPO), wo sie dem BGH dazu dienen, als „Beweisantrag" gemeinte Beweisbegehren zu bloßen „Beweisermittlungsanträgen", die leichter ablehnbar sind, „herabzustufen".

7

8 Vertiefend: *Bosch*, JA 2007, 389; *Eisenberg*, JR 2013, 232; *Engländer*, JR 2007, 477; *Feinendegen*, NJW 2007, 787; *Gaede*, HRRS 2007, 16; *Hohmann*, NJ 2007, 132; *Jahn/Maier*, JuS 2007, 215; *Kubiciel*, HRRS 2007, 68; *Radtke*, Jura 2007, 445; *Reinhart*, SpuRt 2007, 52; *Rönnau/Soyka*, NStZ 2009, 12; *Saliger/Rönnau/Kirch-Heim*, NStZ 2007, 361; *Satzger*, Jura 2016, 1142; *Schlösser*, NStZ 2005, 423; *Schulz/Slowinski*, Jura 2010, 706; *Trüg/Habetha*, JZ 2007, 878; *Tsambikakis*, StRR 2007, 35

Gasmann (E-Werk-Mann)

9   *Wessels/Hillenkamp/Schuhr*, BT 2, Rn. 626

10 Der falsche Gasmann A klingelt bei Frau F an der Wohnungstür und behauptet, er komme im Auftrag der Stadtwerke, um die Zähler von Strom und Gas zu überprüfen. Während F auf sein Geheiß hin auf dem Flur die Zähler beobachtet und ihn durch Zuruf über den Lauf oder Stillstand der Zählscheibe unterrichtet, schaltet A in den einzelnen Räumen alle Strom- bzw. Gasverbraucher ein und aus, dabei sucht er heimlich nach Wertsachen, die er einsteckt und mitnimmt.

1. Problemstellung

11   Es geht um die Abgrenzung von (Trick-)Diebstahl (§ 242 StGB) und Betrug (§ 263 StGB), also zwischen „Wegnahme" (d.h. „Bruch fremden Gewahrsams", s. *Fahl/Winkler*, Def., § 242 Rn. 4) und „Vermögensverfügung" – eine solche enthält der misslungene (s.o. Rn. 6) Text des § 263 StGB zwar nicht, sie ergibt sich aber aus dem Erfordernis der Kausalität zwischen dem im Text erwähnten „Irrtum" und dem „Schaden" („dadurch beschädigt, dass…"). Ohne eine „Vermögensverfügung" kann aus einem reinen Internum wie dem Irrtum niemals ein Externum wie ein „Schaden" werden. Daher ist sie bei § 263 StGB unstreitig (zur Streitfrage, ob auch § 253 StGB eine solche voraussetzt, vgl. *Fahl/Winkler*, BT/2, § 253 Rn. 2). Fraglich ist nur, wie sie zu definieren ist und ob eine solche in dem bekannten „Gasmannfall" vorlag (der bis heute noch immer viele Nachahmer findet und neben dem „Enkeltrick" zu den bekanntesten Methoden gehört, ältere Menschen um ihr Erspartes zu erleichtern).

2. Lösung der h.M.

12   Nach h.M. liegt im Einlassen in die Wohnung noch keine Verfügung – manche sagen: nur eine „Gewahrsamslockerung". Der BGH hat – nicht in diesem, sondern in einem anderen Fall, der häufig im Zusammenhang mit dem „Gasmannfall" zitiert wird (BGH bei *Dallinger*, MDR 1974, 15: statt einer alten Dame lässt ein kleiner Junge die Bekannte B hinein, die ihm erklärt, seine abwesende Mutter habe ihr die Erlaubnis erteilt, einige Kleidungsstücke mitzunehmen) – entschieden: Der Tatbestand des Betruges setze voraus, dass der Getäuschte über das Vermögen verfügt „und dieses dadurch *unmittelbar* schädigt". Hiernach liege kein Betrug, sondern Diebstahl vor, wenn die Täuschung dem Täter nur die Herbeiführung des Schadens durch eine „eigene Handlung" ermöglichen solle, die den Gewahrsam des bisherigen Inhabers ohne dessen Willen eigenmächtig aufhebe.

3. Kritik

Damit wird dem Betrugstatbetand unter der Hand ein weiteres **13** Merkmal (jedes Handeln, Dulden oder Unterlassen, das sich „unmittelbar" vermögensmindernd auswirkt, s. *Fahl/Winkler*, Def., § 263 Rn. 5) untergeschoben, das – wie z.B. auch das „Verfügungsbewusstsein" (vgl. dazu *Fahl/Winkler*, BT/2, § 263 Rn. 10) – den einzigen Zweck verfolgt, Diebstahl und Betrug voneinander zu scheiden und dementsprechend auf Fälle des „Sachbetrugs" beschränkt ist (weil nur bei „Sachen" Diebstahl in Betracht kommt) und beim „Forderungsbetrug" fehlt, was – dogmatisch nicht sehr überzeugend – zur Aufspaltung des Betruges in viele verschiedene Betrügereien mit jeweils unterschiedlichen Voraussetzungen führt. Das alles ist einem zweifelhaften „Exklusivitätsdogma" (s. dazu *Fahl/Winkler*, BT/2, § 263 Rn. 9) geschuldet, demzufolge immer nur eins – Diebstahl oder Betrug – aber nie beides zusammen (§ 52 StGB) vorliegen kann.

4. Weiterführende Hinweise

Im berühmten „Zeitschriftenwerberfall" (der Provisionsvertreter **14** schwatzt dem Rentner an der Haustür eine Zeitschrift auf, mit der dieser nichts anfangen kann, vgl. § 263 Rn. 23 – „Melkmaschinenfall"; s. auch *Fahl/Winkler*, BT/2, § 263 Rn. 28) fehlt es nicht etwa deshalb an der „Unmittelbarkeit" (wenn man diese beim „Forderungsbetrug" überhaupt verlangt, s.o. Rn. 13) und damit an einer Verfügung an der Haustür, weil der Rentner erst noch das Geld für das Zeitschriften-Abonnement überweisen (bzw. der Zeitschriftenverlag dieses bei ihm abbuchen) muss. Manche erklären sich das damit, dass der Abschluss des Vertrages an der Haustür (sog. Eingehungsbetrug) bereits einen Schaden in Form der „schadensgleichen Vermögensgefährdung" (s. dazu *Fahl/Winkler*, BT/2, § 263 Rn. 30) darstelle, zu dem die Unterschrift „unmittelbar" führe. Das offenbart jedoch ein falsches Verständnis des „Unmittelbarkeitserfordernisses": Es kommt nämlich nicht darauf an, ob das *Opfer* noch etwas tun muss oder nicht, sondern darauf, ob der *Täter* noch eine (weitere) Handlung (Aufziehen der Schubladen, Herausnahme der Wertgegenstände) vornehmen muss.

15 **Vertiefend:** *Kudlich*, PdW BT I, Nr. 110; *Wessels/Hillenkamp/Schuhr*, BT 2, Rn. 628

Dirnenlohn

16   BGH, Beschl. v. 28.04.1987 – 5 StR 566/86, NStZ 1987, 407

17 | A veranlasste vier Prostituierte des Straßenstrichs mit dem Verspre- chen eines beachtlichen Entgelts, den Mundverkehr und in zwei Fällen auch den Geschlechtsverkehr mit ihm vorzunehmen, bezahl- te aber, wie er von vornherein beabsichtigt hatte, den versprochenen Lohn nicht.

1. Problemstellung

18   Fraglich ist, was unter dem Begriff des Vermögens im strafrechtli- chen Sinne („Wer … das *Vermögen* eines anderen dadurch beschädigt, dass …") zu verstehen ist. Nach dem „juristischen Vermögensbegriff" ist Vermögen die Summe aller subjektiven Rechte (Ansprüche). Doch der Begriff ist einerseits zu weit, weil auch wirtschaftlich wertlose Ansprüche erfasst werden, und andererseits zu eng, weil er z.B. nicht den guten Ruf, das „know how" und den „good will" erfasst. Dem trägt der „ökonomische Vermögensbegriff" Rechnung, wonach Ver- mögen sämtliche geldwerte Positionen sind, inkl. Exspektanzen, An- wartschaften, Arbeitskraft etc. Nach dem „juristisch-ökonomischer Vermögensbegriff" ist Vermögen die Gesamtheit aller wirtschaftlich anerkannten Positionen – unter Ausschluss solcher, die rechtlich kei- nen Schutz genießen, z.B. sittenwidrig (§ 138 BGB) sind (s. *Fahl/Winkler*, BT/2, § 263 Rn. 17). Der hier in Rede stehende Vertrag ist aber sittenwidrig. Entsprechend müssten die erste und die dritte Ansicht den „Vermögensschaden" verneinen, nur die zweite Meinung (wirtschaftlicher Vermögensbegriff) kann einen Schaden annehmen.

2. Lösung des BGH

19   Der BGH schließt sich dem (herrschenden) juristisch-ökonomischer Vermögensbegriff an: Wer eine Prostituierte um den vereinbarten Lohn prellt, begeht keinen Betrug. Zwar gehöre die Möglichkeit, die eigene Arbeitskraft zur Erbringung von Dienstleistungen einzusetzen, zum Vermögen i.S.d. § 263 StGB. Das gelte aber nicht für Leistungen, die verbotenen oder unsittlichen Zwecken dienten. Das Strafrecht würde sich sonst in Widerspruch zur übrigen Rechtsordnung setzen (sog. Einheit der Rechtsordnung). Die (faktische) Aussicht der Prostituierten, durch sexuelle Leistungen den versprochenen oder üblichen Lohn zu erhalten, gehöre deshalb nicht zum strafrechtlich geschützten Vermögen.

3. Kritik

Dasselbe hat der BGH schon in BGHSt 4, 373 entschieden (Dort **20** griff der Angekl., der mit falschen 5-DM-Stücken bezahlt hatte, seine Verurteilung wegen Betruges mit dem Argument an, die Dirne sei deshalb nicht geschädigt, weil dem Geschlechtsverkehr für das Recht kein in Geld zu veranschlagender Wert zukomme). Von dieser Position ließ sich der BGH auch nicht dadurch abbringen, dass die Einkünfte der Prostituierten einkommensteuerpflichtig sind. Für die Besteuerung sei es unerheblich, ob ein Verhalten, das den Tatbestand eines Steuergesetzes erfüllt, gegen ein gesetzliches Gebot oder Verbot oder gegen die guten Sitten verstößt. – Umgekehrt soll aber die Prostituierte wegen Betruges (§ 263 StGB) zu bestrafen sein, wenn sie das Geld des Freiers annimmt, ohne die versprochene Gegenleistung zu erbringen, weil der Kunde durch die Hingabe „guten Geldes" eine vom wirtschaftlichen Vermögensbegriff geschützte tatsächliche Erwerbsaussicht (sog. Exspektanz) erworben hat. Das widerspricht sich in den Augen vieler und führte zu dem geflügelten Wort: „Der BGH mag die Huren nicht!" Als Konsequenz davon werden geschlechtliche Dienstleistungen üblicherweise gegen Vorkasse erbracht. Denn das, was die Prostituierte als Entgelt erlangt hat, bleibt – z.B. gegen Wegnahme (§ 242 StGB) – geschützt. Zu weitergehender Pönalisierung so der BGH – bestehe kein Anlass.

4. Weiterführende Hinweise

Das sah der Gesetzgeber anders und schuf 2001 mit dem nur drei **21** Paragraphen umfassenden Prostitutionsgesetz (ProstG) Abhilfe. Seitdem handelt es sich bei dem Prostitutionsgeschäft um einen einseitig verpflichtenden Vertrag, der den Freier zur Zahlung verpflichtet (§ 1), aber die Prostituierte nicht zur Leistung sexueller Dienste – das wäre mit der Verfassung (wohl) unvereinbar. Der Einwand der Sittenwidrigkeit ist ausgeschlossen (§ 2). Wenn man will, kann man darin die nachträgliche Bestätigung des wirtschaftlichen Vermögenbegriffs sehen – der Fall ist kein „Klassiker", weil er der erste in einer Reihe von Entscheidungen war (s.o. Rn. 20), sondern der letzte.

Außerhalb der Prostitution schwelt der Streit aber weiter, z.B. wenn Backpulver als Kokain verkauft wird (s. dazu *Fahl/Winkler*, BT/2, § 263 Rn. 17). Würde man die Täuschung verneinen, weil das Recht nicht bei Strafe ein Geschäft verbieten und zugleich verbieten kann, dabei zu lügen – oder den Schaden, weil der Käufer aus dem Kaufvertrag gem. § 134 BGB (gesetzliches Verbot) keinen Anspruch auf Lieferung hat (umgekehrt wäre der Verkäufer, der mit Falschgeld bezahlt würde, auch nicht geschädigt) – so entstünde ein rechtsfreier Raum im „Ganovenmilieu". Das gilt es zu verhindern.

Darum geht es auch in BGH NStZ-RR 2018, 221 (= JuS 2018, 719 m. Anm. *Jahn*), wo entschieden wurde, dass sich wegen Betruges strafbar mache, wer vom „Islamischen Staat" (IS) einen hohen Geldbetrag für Attentate erschwindelt, die er niemals vorhatte auszuführen. Der Gesetzeszweck des § 89c StGB, Geldzuflüsse an Terrororganisationen zu verhindern, gebe keinen Anlass, den Vermögensbegriff bei § 263 StGB einzuschränken. Die Rechtsordnung kenne im Bereich der Vermögensdelikte kein wegen seiner Herkunft, Entstehung oder Verwendung schlechthin schutzunwürdiges Vermögen.

22 Vertiefend: *Barton*, StV 1987, 485; *Tenckhoff*, JR 1988, 126

Melkmaschine

23 BGH, Beschl. v. 16.8.1961 – 4 StR 166/61, BGHSt 16, 321 = NJW 1962, 309

24 Provisionsvertreter P versuchte, Melkmaschinen an den Mann zu bringen, indem er den betroffenen Bauern vorspiegelte, er könne ihnen im Rahmen einer Sonderaktion Mustermelkanlagen weit unter dem Normalpreis verschaffen. In Wahrheit entsprach der vereinbarte Preis genau dem Listenpreis für solche Anlagen. In einigen Fällen setzte er die Kunden unter Druck, indem er deren sofortige Entscheidung verlangte, andernfalls „in einer Stunde ein anderer Bauer den Vorteil hätte". Um sich die vermeintlich günstige Gelegenheit nicht entgehen zu lassen, willigte Bauer A in den Kauf einer Melkmaschine ein, obwohl er dadurch, wie P wusste, in finanzielle Schwierigkeiten geraten und anderen bereits bestehenden Verpflichtungen nicht mehr nachzukommen in der Lage sein würde. Bauer B, der gerade erst ein neues Wirtschaftsgebäude errichtet hatte und dadurch bereits finanziell geschwächt war, musste für den Kauf der Melkmaschine einen hoch verzinslichen Kredit bei seiner Bank aufnehmen. Der Bäuerin C schwatzte P eine für ihre Zwecke ungeeignete Melkmaschine für zwei bis drei Kühe auf, obwohl diese, wie P wusste, allenfalls eine Melkmaschine für etwa zehn Kühe gebrauchen konnte. Trotz Geldschwierigkeiten ließ sich auch D

durch den angeblichen Preisnachlass von fast 85 % zum Kauf einer
Melkmaschine hinreißen, die er genauso wenig wie die anderen
Landwirte bestellt hätte, wenn er gewusst hätte, dass es sich um den
normalen Listenpreis handelte.

1. Problemstellung

Das Problem liegt beim (Vermögens-)Schaden. Dass die Bauern 25
durch Vorspiegelung falscher Tatsachen – ungewöhnlich hohe Preis-
nachlässe im Rahmen einer Sonderaktion – getäuscht (Täuschung) und
aufgrund dieser Fehlvorstellung (Irrtum) zu einer Vermögensverfügung
(Abschluss eines Kaufvertrages bzw. spätere Bezahlung des Kaufprei-
ses) veranlasst worden sind, steht fest. Allerdings haben sie ja auch
etwas dafür bekommen, und die gelieferten Melkmaschinen waren ihr
Geld (wirtschaftlich) objektiv auch wert.

2. Lösung des BGH

Der BGH bejaht einen Schaden – trotz wirtschaftlicher Gleichwer- 26
tigkeit von Leistung und Gegenleistung – in drei Fällen: (1) bei Untauglichkeit zum vertraglich vorausgesetzten Zweck, (2) wenn der Getäuschte
durch die eingegangene Verpflichtung zu vermögensschädigenden
Maßnahmen gezwungen wird oder (3) wenn der Verfügende infolge der
Verpflichtung nicht mehr über die nötigen Mittel zur ordnungsgemäßen
Erfüllung von Verbindlichkeiten und/oder angemessenen Lebensführung
verfügt (Lehre vom objektiven Schadensbegriff mit „subjektivem" oder
„individuellem" Einschlag).

3. Kritik

Weitestgehend anerkannt ist nur die erste Fallgruppe, z.B. wenn ein 27
Zeitschriftenwerber einem Rentner ein Schmuddelheft mit dem Titel
„Laster der Welt" als Automagazin über LKW aufschwatzt. Die anderen
Fälle sind streitiger. Was kann denn der Melkmaschinenvertreter dafür,
dass Bauer A bereits zuvor finanzielle Verpflichtungen eingegangen ist
oder dass Bauer B (nachträglich) einen Kredit aufnehmen muss. Es geht ja
auch den Autohändler nichts an, ob sich der Käufer den neuen Porsche
leisten kann – oder zukünftig Margarine statt Butter auf sein Brot schmie-
ren muss (letzte Fallgruppe). Bei Lichte besehen ist jedoch auch die erste
Fallgruppe durchaus zweifelhaft, wie der Fall der Bäuerin C zeigt, die ja
nur eine weitere Melkmaschine für die anderen 7–8 Kühe dazukaufen
(oder diese eben von Hand melken) müsste – problematischer wäre da
schon der umgekehrte Fall, in dem eine zu „große" Melkmaschine
verkauft würde (so dass die C weitere Kühe dazukaufen müsste). Auch
nach der Rspr. des BGH nicht erfasst ist der Fall von Bauer D, soweit

will auch der BGH mit seinem Schutz nicht gehen: Das Recht ist zwar
für die Schwachen, das Recht ist aber auch für die Wachen da.

4. Weiterführende Hinweise

28 Was sich vom Standpunkt des (herrschenden) vornehmlich wirtschaftlichen („ökonomischen" oder „juristisch-ökonomischen") Vermögensbegriffs aus (s. dazu *Fahl/Winkler*, BT/2, § 263 Rn. 17; s. auch
§ 263 Rn. 16 ff. – „Dirnenlohnfall") als eine Ausnahme darstellt (subjektiver „Einschlag"), ist aus Sicht anderer Vermögensbegriffe, etwa
des „personalen Vermögensbegriffs", die Regel. Ein weiterer – der
„dynamische Vermögensbegriff", wonach Vermögen nicht „statisch"
und Schaden auch die „Vereitelung des Reicherwerdens" ist (zu beiden
Vermögensbegriffen s. *Fahl/Winkler*, BT/2, § 263 Rn. 23) – würde
etwa auch Bauer D erfassen. So wie der wirtschaftliche Zweck verfehlt
werden kann, kann aber auch der „soziale" Zweck eines Geschäfts
verfehlt werden (zum sog. Spenden- oder Bettelbetrug *Fahl/Winkler*,
BT/2, § 263 Rn. 24), wobei streitig ist, ob die „Lehre von der sozialen
Zweckverfehlung" auch auf Austauschverträge anwendbar ist, bei
denen sich Leistung und Gegenleistung gegenüberstehen wie im
„Melkmaschinenfall" (s. dazu *Fahl/Winkler*, BT/2, § 263 Rn. 25).

Mit dem „subjektiven" Schadenseinschlag entsteht bei der Falllösung aber noch ein weiteres Problem, wenn man im Rahmen des subjektiven Tatbestandes bei der Bereicherungsabsicht für den erstrebten
Vorteil des Täters und den erlittenen Nachteil des Opfers „Stoffgleichheit" voraussetzt, weil der Verlust an Lebensqualität bei den Bauern ja
nicht „stoffgleich" ist mit dem Gewinn an Lebensqualität bei P (vgl.
Fahl/Winkler, BT/2, § 263 Rn. 37).

Schließlich haben wir es mit dem von anderen „Provisionsvertreterfäl-
len" her bekannten Problem zu tun, sowohl einen fremdnützigen Betrug
zugunsten des Dienstherren wie (gleichzeitig) auch einen eigennützigen
Betrug zulasten des Dienstherren (dem zur Erlangung der Provision die
näheren Umstände des Zustandekommens des Vertrages ja verschwiegen
werden müssen) zu bejahen (s. dazu *Fahl/Winkler*, BT/2, § 263 Rn. 38).

29 **Vertiefend:** *Fahl*, JA 1995, 198; *Kühl*, HRR, Nr. 68; *Teixeira*, ZIS 2016, 307

Sammelgarage

30 BGH, Urt. v. 16.1.1963 – 2 StR 591/62, BGHSt 18, 221 = NJW 1963, 1068

31 A hat ein Verhältnis mit B, die einen in einer parkhochhausähnli-
chen Sammelgarage untergestellten Opel besitzt. Der Wärter W

bewahrt für jedes Fahrzeug in der Garage einen Zweitschlüssel an einem Schlüsselbrett auf, den die Berechtigten auf Verlangen ausgehändigt bekommen. Einmal holte A zusammen mit dem Sohne der B den Wagen nach deren telefonisch eingeholter Erlaubnis aus der Garage ab. Dies tat er später sechs- bis achtmal, wobei er annahm, B sei wegen der bestehenden Beziehungen damit einverstanden. Schließlich sprach A während der Nachtschicht erneut in der Sammelgarage vor, aber diesmal in der Absicht, nicht mit dem Auto zurückzukehren. Er bekam es ohne Wissen und Genehmigung der B von W „ausgehändigt" und benutzte es vom 20. Mai bis Ende Juni 1961 ständig für sich.

1. Problemstellung

Es geht in diesem „Klassiker" – auf dem Boden der ganz herrschen- **32** den „Exklusivitätstheorie" (*Fahl/Winkler*, BT/2, § 263 Rn. 9) – um die Abgrenzung zwischen Diebstahl (§ 242 StGB) und Betrug (§ 263 StGB) – genauer: zwischen Diebstahl in mittelbarer Täterschaft (§§ 242, 25 I 2. Alt. StGB) mit W als (absichtslos-undolosem) Werkzeug (zum absichtslos-dolosen Werkzeug s. § 242 Rn. 2 – „Gänsebucht") und Betrug in Form des „Dreiecksbetrugs" – und damit zwischen „Wegnahme" (§ 242 StGB) und „Weggabe", zwischen „Bruch" fremden Gewahrsams (s. *Fahl/Winkler*, Def., § 242 Rn. 4), also dem „unfreiwilligen" Gewahrsamsverlust (vgl. *Fahl/Winkler*, Def., § 242 Rn. 6: „gegen oder ohne den Willen"), und der „freiwilligen" Aufgabe, m.a.W. einer „Vermögensverfügung" (s. dazu *Fahl/Winkler*, Def., § 263 Rn. 5), wobei sich das Problem stellt, dass Getäuschter (W) und Geschädigte (B) nicht identisch sind. Dass Irrender und Getäuschter personenidentisch sein müssen, ergibt sich schon aus dem Erfordernis der Kausalität zwischen Täuschung und Irrtum (zu den Tatbestandsvoraussetzungen des Betruges: *Fahl/Winkler*, Def., Vor § 263 Rn. 1). Aus demselben Grunde muss auch der Verfügende dieselbe Person sein – dagegen müssen der Geschädigte und der Getäuschte nicht unbedingt identisch sein. Die Frage ist nur, unter welchen Voraussetzungen sie auseinanderfallen dürfen (s. dazu *Fahl/Winkler*, BT/2, § 263 Rn. 12), um zu vermeiden, dass die „Verfügung" jeder beliebigen, wildfremden Person mir als Verfügung über mein Vermögen zugerechnet werden kann.

2. Lösung des BGH

Das LG hatte den A wegen Diebstahls „im Rückfall" verurteilt. **33** Vielleicht nur weil er dem A – an dessen Geisteszustand Zweifel geäußert worden waren – diesen Vorwurf ersparen wollte, nahm der

BGH Betrug an und hob das Urteil auf. Die Strafkammer habe übersehen, dass bei dem Betrugstatbestand der Getäuschte nicht auch der
Geschädigte sein müsse. Die Kammer selbst halte es für möglich, dass
A den Wärter, der nach der Sachlage die Aufgabe hatte, über die abge-
stellten Fahrzeuge zu wachen, durch sein selbstsicheres Auftreten
„täuschte". Dadurch habe A bei dem Wärter den „Irrtum" erregt, B
habe ihm die Abholung und Benutzung des Wagens erlaubt, und W
dadurch zur Herausgabe veranlasst, mithin auf Grund eines auf Täuschung beruhenden Willensentschlusses über den Kraftwagen der B zu
deren Nachteil „verfügt".

3. Kritik

34   Der BGH erwähnt mit keinem Wort, dass der W im „Lager" der B
gestanden habe. Trotzdem hat die Lit. daraus die sog. Lagertheorie (s.
dazu *Fahl/Winkler*, BT/2, § 263 Rn. 12) abgeleitet. Die Entscheidung
zeige, dass es gerade nicht genüge, dass der Getäuschte eine tatsächliche Einwirkungsmöglichkeit auf die Sache hat („faktische Nähetheorie"). Die habe auch ein Reisender, der einen fremden Koffer aus dem
Zug reicht (Diebstahl in mittelbarer Täterschaft). Nach anderer Ansicht
muss der verfügende Dritte vom Geschädigten ermächtigt worden sein
bzw. (wenigstens subjektiv) eine Befugnis haben zu verfügen (sog.
Befugnis- oder Ermächtigungstheorie). Danach wäre – wegen des
Telefonats – hier wohl ebenfalls Betrug zu bejahen.

4. Weiterführende Hinweise

35   Auf die Probe gestellt wird die „Lagertheorie" beim sog. Prozessbetrug (s. dazu *Fahl/Winkler*, BT/2, § 263 Rn. 14 – Eine Partei täuscht
den Richter, der darum irrtumsbedingt in Form einer Gerichtsentschei-
dung über das Vermögen der anderen Partei verfügt, die aber nicht
getäuscht wurde). Denn der Richter steht nicht „im Lager" einer Partei,
sondern ist neutral. Die Befugnis- oder Ermächtigungstheorie hat damit
weniger Probleme. Außerdem handelt es sich (notwendig) um einen
Forderungsbetrug, bei dem es nach h.M. auf die Abgrenzungstheorien
nicht ankommt, weil ein Diebstahl ohnehin nur an Sachen möglich ist
(s. dazu *Fahl/Winkler*, BT/2, § 263 Rn. 13).

In dem Herumfahren mit dem Auto liegt außerdem eine Unterschlagung gem. § 246 StGB („Manifestation von Zueignungswillen", vgl.
Fahl/Winkler, Def., § 246 Rn. 4 – sog. Manifestationstheorie,
Fahl/Winkler, BT/2, § 246 Rn. 4), die allerdings als mitbestrafte Nach-
tat zurücktritt (sog. Konkurrenzlösung bei „wiederholter" bzw. „wie-
derholender" Zueignung, s. *Fahl/Winkler*, BT/2, § 246 Rn. 9) – die
gleichzeitig mit der Sacherlangung (nach § 242 StGB oder § 263
StGB) verwirklichte Unterschlagung ist schon kraft gesetzlicher An-

ordnung ausdrücklich „subsidiär". Dagegen subsumiert die Rspr. nur die erstmalige Sacherlangung (egal, ob durch Diebstahl oder Betrug) unter den Tatbestand (sog. Tatbestandslösung). – Dafür geht die Rspr. zuweilen davon aus, dass sich auch der Mieter eines Fahrzeugs wegen Unterschlagung strafbar macht, wenn er es nach Ablauf der Mietzeit weiterfährt (se ut dominum gerere). Der Nicht-mehr-Berechtigte leugnet aber durch die Fortsetzung des Gebrauchs nicht die Eigentümerstellung des Berechtigten, sondern „geriert" sich (weiterhin) nur wie ein Mieter (s. *Fahl/Winkler*, BT/2, § 246 Rn. 6).

Vertiefend: *Bock*, BT 2, S. 70; *Gribbohm*, JuS 1964, 233; *ders.*, NJW 1967, **36** 1897; *Hauf*, JA 1995, 458; *Hillenkamp*, Probleme BT, 30. Problem; *Kühl*, HRR, Nr. 64; zum Prozessbetrug: *Fahl*, Jura 1996, 74; zur Unterschlagung: *Fahl*, JuS 1997, 261

Bahnsteigkarte (Kursbeginn)

> BGH, Beschl. v. 23.2.1961 – 4 StR 7/61, BGHSt 16, 1 = NJW 1961, 1172   **37**

> A musste einmal wöchentlich von Bochum nach Dortmund zu einem Finanzanwärterkurs. Da er den Sechser-Block nicht finden konnte, den er eigens angeschafft hatte, und auch nicht genug Geld für eine Fahrkarte bei sich hatte, löste er eine sog. Bahnsteigkarte, die nur zur Benutzung des Bahnsteigs berechtigt. Trotzdem benutzte er den Zug, weil er befürchtete bei einem erneuten Zuspätkommen den Kurs nicht zu bestehen. Nach Ankunft des Zuges in Dortmund wurde er beim Versuch im Gedränge die Bahnsteigsperre zu durchschreiten, von einem aufmerksamen Bahnbeamten gestellt.   **38**

1. Problemstellung

Viele BT-Tatbestände weisen (als sog. überschießende Innententenzen) im subjektiven Tatbestand besondere „Absichten" auf, z.B. die „Zueignungsabsicht" bei § 242 StGB oder die „Täuschungsabsicht" bei § 267 StGB, so auch § 263 StGB mit der „Absicht, sich ... einen rechtswidrigen Vermögensvorteil zu verschaffen" (sog. Bereicherungsabsicht). Im AT definieren wir „Absicht" (dolus directus 1. Grades) als das „zielgerichtete Wollen in dem Sinn, dass es dem Täter gerade darauf ankommt, den Erfolg herbeizuführen" (*Fahl/Winkler*, Def., § 15 Rn. 2) – zielgerichtetes „Es-darauf-angelegt-Haben". Dem A kam es aber nur darauf an, den Kursbeginn nicht zu versäumen. „Sich einen rechtswidrigen Vermögensvorteil zu verschaffen" war nicht sein primäres Ziel, wie die Anschaffung des Sechserblocks zeigt.   **39**

2. Lösung des BGH

40   Der BGH meint, wo das Gesetz von Absichten spreche oder eine
gleiche oder ähnliche Tätervorstellung mit der Wendung „um … zu"
kennzeichne (z.B. in § 253 StGB) sei nicht immer dasselbe gemeint.
Vielmehr könne die rechtliche Bedeutung dieser Begriffe je nach Sinn
und Zweck der Vorschrift ganz verschieden sein, z.B. der Sache nach
nur den Ausschluss des bedingten Vorsatzes (dolus eventualis), also
mindestens unbedingten (direkten) Vorsatz, bedeuten. Daran hätte man
es wohl scheitern lassen können – wer kann schon bestreiten, dass A
nicht auch mit der Möglichkeit rechnete, entdeckt zu werden und dann
auf die ein oder andere Weise doch zur Kasse gebeten zu werden. Aber
das trifft nicht den Punkt: Genauso gut kann man eben sagen, dass es A
darauf ankam, nicht entdeckt zu werden (Zwischenziel), um rechtzeitig
den Kurs zu erreichen (Endziel). Das reichte dem BGH aber auch noch
nicht: Vielmehr soll es darauf ankommen, ob dem Täter die Bereiche-
rung als Zwischenziel auf dem Weg zum Endziel „erwünscht" ist –
dann sei „Bereicherungsabsicht" zu bejahen, gleichgültig ob der Vermögensvorteil der einzige oder bevorzugte Inhalt seines Strebens war
oder ob sich sein Vorhaben daneben sogar in erster Linie auf andere
Ziele richtete. Sei sie ihm aber „unerwünscht", wie etwa dann, wenn er
ihn als peinliche oder lästige Folge seines Handelns, das auf ein anderes Ziel oder mehrere andere Ziele gerichtet ist, hinnimmt, dann würde
eine solche Einstellung nach dem BGH nicht den Vorwurf verdienen,
der Täter habe den vorausgesehenen Vermögensvorteil „absichtlich"
gewollt. – Zur Klärung der Frage, ob dem A die Ausgabenersparnis
von 1,50 DM als sichere Folge seines Handelns erwünscht oder ob sie
ihm doch eher lästig oder peinlich war, sah sich der BGH jedoch
außerstande. Die Akten gingen daher zurück ans OLG Hamm (das
Bereicherungsabsicht verneint hatte), das sie ans LG Hamm weitergab
(das Bereicherungsabsicht ebenso wie das AG angenommen hatte), das
ergänzende Feststellungen treffen sollte – über den weiteren Verlauf
des Verfahrens ist nichts bekannt.

3. Kritik

41   In der Literatur besteht dagegen Einigkeit, dass damit das entscheidende Kriterium nicht getroffen ist und es auf die Unterscheidung
erwünscht/unerwünscht nicht ankommen kann. Besonders die Formel
von der „peinlichen oder lästigen Folge seines Handelns" wird ange-
zweifelt und es wird bestritten, dass dies ausreicht, um die Absicht zu
verneinen. Wer sein Elternhaus mit dem größten Bedauern und großem
inneren Schmerz in Brand setzt, weil er auf die Versicherungssumme
unbedingt angewiesen ist (§ 265 StGB), der habe das Haus trotzdem

absichtlich angezündet; und wer seine gelähmte Mutter, damit es echt aussieht, nicht vorher in Sicherheit bringt, dem mag ihr Tod eine „unerwünschte, peinliche oder lästige Folge" seines Handelns sein, an seiner Tötungsabsicht ist trotzdem nicht zu zweifeln. Kritisiert worden ist aber auch, dass dann nicht mehr viel übrig bleibt von der feinen Differenzierung der Vorsatzformen in dolus eventualis, dolus directus (2. Grades) und Absicht (dolus directus 1. Grades), wenn sich letztlich jeder Vorsatz (bzgl. des tatbestandlichen Erfolgs) in eine Absicht (bzgl. des außertatbestandlichen Erfolgs i.S. eines „Zwischenzieles") umdeuten lässt.

4. Weiterführende Hinweise

Bei der Falllösung ist noch § 265a StGB („Erschleichen von Leistungen") zu beachten, der vom Strafrahmen her viel angemessener ist. **42** Umstritten ist, ob dafür ein betont „unauffälliges" oder „unbefangenes" Auftreten ausreicht (das bekanntlich die Verwirklichung des § 123 I Alt. 1 StGB hinsichtlich des Betretens des Bahnsteiges mit „kriminellen Absichten" ausschließt, vgl. *Fahl/Winkler*, BT/1, § 123 Rn. 5), oder ob dafür ein Überwinden von Schutz- und/oder Kontrolleinrichtungen gefordert werden muss (vgl. dazu *Fahl/Winkler*, BT/2, § 265a Rn. 3). Hier ist das „Erschleichen" nach beiden Ansichten zu bejahen, da es sich bei der „Bahnsteigsperre" um eine solche Kontrolleinrichtung handelte. § 265a StGB ist aber gem. seiner Subsidiaritätsklausel (ausdrücklich) subsidiär ggüb. § 263 StGB.

Weil A gestellt wurde, kam nur versuchter Betrug (§§ 263, 22 StGB) in Betracht. Dessen Tatbestandsmerkmale, insb. die Täuschung, verstanden als die unwahre (konkludente) Tatsachenbehauptung (s. *Fahl/Winkler*, Def., § 263 Rn. 2), eine Fahrkarte gelöst zu haben, auch der entsprechende Irrtum, der beim Bahnbeamten erregt werden sollte, sowie die „Vermögensverfügung" (Passierenlassen, Verzicht auf die Nachforderung), sind erfüllt. Wäre A allerdings statt eines Sechserblocks im Besitz einer gültigen Monatskarte gewesen, die er zu Hause liegen gelassen hätte, so wäre der „Vermögensschaden" der Bahn durchaus fraglich gewesen (vgl. *Fahl/Winkler*, BT/2, § 265a Rn. 5). Bei einem Sechser-Block stellt sich die Frage allerdings nicht, weil A so am Ende eine Fahrt mehr verbleibt.

Auf eine ähnliche Konstruktion – Abstellen auf die sog. „Nahziele" bei gleichzeitiger Unbeachtlichkeit der damit verfolgten „Fernziele" (und deren Berücksichtigung im Strafmaß) – treffen wir auch bei der Nötigung (§ 240 I, II StGB) hinsichtlich der Sitzblockaden.

Vertiefend: *Fahl*, JA 1997, 110; *Welzel*, NJW 1962, 20   **43**

§ 267 Urkundenfälschung

1   **Aufbauschema**

    I. Tatbestand

        1. Objektiver Tatbestand

           a) Urkunde → *Rn. 2 ff.*

           b) Echt/Unecht

           c) Tathandlung

              aa) Var. 1: Herstellen einer unechten Urkunde

              bb) Var. 2: Verfälschen einer echten Urkunde

              cc) Var. 3: Gebrauchen einer unechten oder verfälschten Urkunde

        2. Subjektiver Tatbestand

           a) Vorsatz → *Rn. 9 ff.*

           b) Absicht zur Täuschung im Rechtsverkehr

    II. Rechtswidrigkeit

    III. Schuld

    IV. Strafzumessung

        Besonders schwere Fälle, § 267 III (Regelbeispiele)

    Beachte: Qualifikation, § 267 IV

Oberhemd (Herrenhemd)

2   OLG Köln, Urt. v. 4.7.1978 – 1 Ss 231/78, NJW 1979, 729

3   A vertauschte in einem Supermarkt die Klarsichtverpackungen zweier zum Verkauf ausgelegter Herrenoberhemden. Aus der mit einem aufgeklebten Preisetikett von „29,90 DM" ausgezeichneten Hülle entnahm er das darin befindliche schwarze Oberhemd und steckte es in eine mit „17,90 DM" ausgezeichnete Verpackung, aus der er zuvor das innenliegende Oberhemd entnommen hatte. An der Kasse bezahlte er für das teurere Oberhemd nur den dem Etikett entsprechenden Preis von 17,90 DM.

1. Problemstellung

4   Als „Urkunde" wird herkömmlich jede verkörperte Gedankenerklärung bezeichnet (Perpetuierungsfunktion), die zum Beweis im Rechtsverkehr geeignet und bestimmt ist (Beweisfunktion) und ihren Aussteller erkennen lässt (sog. Garantiefunktion – s. *Fahl/Winkler*, Def., § 267

Rn. 3). Danach ergibt sich: Das Preisetikett über „29,90 DM" ist eine
Urkunde, sofern es den Aussteller erkennen lässt, was üblicherweise
durch einen Aufdruck des Kaufhauses oder Nummern und Zeichen
darauf geschieht. Allzu hohe Anforderungen sind daran nicht zu stellen
(z.B. Striche auf einem Bierdeckel). Auch das Preisschild mit „17,90
DM" ist eine Urkunde. – Diese beiden hat A aber weder „hergestellt"
(§ 267 I Var. 1 StGB), noch „verfälscht" (§ 267 I Var. 2 StGB). Urkunden sind aber auch „Gesamturkunden" (s. dazu *Fahl/Winkler*, Def.,
§ 267 Rn. 7) und „zusammengesetzte Urkunden" (s. *Fahl/Winkler*,
BT/3, § 267 Rn. 10). Von letzteren spricht man, wenn eine verkörperte
Gedankenerklärung (Preisschild) mit einem Bezugsobjekt (Hemd)
räumlich fest zu einer Beweiseinheit verbunden ist (s. *Fahl/Winkler*,
Def., § 267 Rn. 6). Nimmt man das an, so ist durch die Auswechslung
des Packungsinhalts eine neue, zusammengesetzte Urkunde entstan-
den. Diese wäre auch „unecht", weil sie „nicht von demjenigen
stammt, der aus ihr als Aussteller hervorgeht" (*Fahl/Winkler*, Def.,
§ 267 Rn. 11). Entscheidend ist somit, ob die Verbindung „hinreichend" fest war.

2. Lösung des OLG

Davon waren offenbar beide Vorinstanzen stillschweigend ausge- **5**
gangen, die den A wegen Urkundenfälschung in Tateinheit mit Betrug
(§§ 263, 267, 52 StGB) verurteilt haben. Das OLG hatte Zweifel und
verwies die Sache zur weiteren Klärung an eine andere Strafkammer
zurück (§ 354 II StPO). Gegenüber dem Fall eines mit einem Nylonfa-
den mit der Ware verbundenen Preisschildes weise der vorliegende
Fall die Besonderheit auf, dass das Preisetikett lediglich auf der Verpackung des Oberhemdes aufgeklebt war. Daher bestand zwar zwischen
dem Preisschild und der Verpackung eine feste Verbindung, aber nicht
unbedingt auch zwischen der Verpackung und dem Inhalt. Insoweit
lasse sich nicht ausschließen, dass das Hemd lediglich lose in der
offenen Klarsichthülle lag. Dies würde aber als feste Verbindung nicht
ausreichen. Nicht die Verpackung sei das Bezugsobjekt, sondern deren
Inhalt. Es reiche auch nicht, wenn die Hülle durch eine lose Lasche
oder Klappe das Hemd vor zufälligem Herausrutschen schütze. Daraus
ergebe sich noch keine der Beweisbestimmung bereits dienende Zuordnung von Verpackung und Hemd. Diese sei vielmehr nur eine
Folge des Zwecks der Verpackung, die Ware vor Schmutz und Schaden zu bewahren. Eine feste Verbindung hätte nur bestanden, wenn die
Öffnung der Klarsichthülle z.B. „verschweißt" oder durch Klebefalz
oder Klebestreifen verschlossen gewesen wäre.

3. Kritik

6 Unter Strafrechtlern munkelt man, dass Herrenhemden in Deutschland seit diesem Urteil so verpackt werden. Dass der „Klebestreifen" nicht wiederverschließbar sein dürfe, ist dort nicht gesagt. Das OLG verband mit seinem Urteil die Hoffnung, so zu gewährleisten, dass der Urkundenbegriff (der durch die Rechtsfigur der „zusammengesetzten Urkunde" ohnehin stark ausgedehnt worden sei) „seine Konturen nicht völlig verliere". Genau das ist nach Ansicht seiner Kritiker aber mittlerweile geschehen: Stritt man sich früher noch darum, ob die Schrauben, mit denen das Kfz-Kennzeichen (Nummernschild) am Halter befestigt wurde, als „hinreichend fest" zu betrachten waren, so reicht heute auch ein einfaches „Klick-System" (*Fahl/Winkler*, BT/3, § 267 Rn. 11). Dahinter stehen letztlich praktische Bedürfnisse.

4. Weiterführende Hinweise

7 Wenn man von einer hinreichend festen Verbindung ausgeht, dann ist darüber hinaus an eine Urkundenunterdrückung (§ 274 I Nr. 1 StGB) zu denken, weil die ursprüngliche Hülle jetzt ohne ihr Bezugsobjekt (schwarzes Hemd) ist. Dasselbe gilt für das billigere Hemd, das jetzt ohne (seine) Hülle ist. Problem dabei: Alles ließe sich ohne große Probleme wieder so zusammenfügen, wie es war, so dass dem Wortsinn nach jedenfalls weder ein „Beschädigen" noch ein „Vernichten" vorliegt (*Fahl/Winkler*, BT/3, § 274 Rn. 3). – Außerdem liegt neben dem „Herstellen" oder „Verfälschen" (zur problematischen Abgrenzung: *Fahl/Winkler*, BT/3, § 267 Rn. 19) auch noch ein „Gebrauchen" (§ 267 I Var. 3 StGB) „zur Täuschung im Rechtsverkehr" vor (zum umstrittenen Verhältnis der Varianten zueinander: *Fahl/Winkler*, BT/3, § 267 Rn. 25).

An der Verurteilung wegen Betruges (§ 263 StGB) hatte das OLG im Prinzip nichts auszusetzen: A hat der Kassiererin (K) gegenüber durch Vorlegen der Ware der Wahrheit zuwider konkludent behauptet, das schwarze Hemd habe sich in der Packung befunden, mithin „getäuscht" (vgl. *Fahl/Winkler*, Def., § 263 Rn. 2). Entsprechend „irrte" sich K (s. *Fahl/Winkler*, Def., § 263 Rn. 3: „Fehlvorstellung über Tatsachen") und hat deshalb darüber durch Passierenlassen/Verzicht auf die Nachforderung „verfügt" (vgl. *Fahl/Winkler*, Def., § 263 Rn. 5: „jedes Handeln, Dulden oder Unterlassen, das sich unmittelbar vermögensmindernd auswirkt"). Der Vermögensvergleich vorher/nachher (bzw. mit/ohne schädigendes Ereignis) ergibt auch einen „Schaden" (*Fahl/Winkler*, Def., § 263 Rn. 6). – Dass die Geschädigte (Kaufhaus) und die Verfügende/Getäuschte nicht identisch sind, ist unschädlich, da K „im Lager" des Kaufhauseigentümers stand (s. *Fahl/Winkler*, BT/2,

§ 263 Rn. 12; s. auch § 263 Rn. 30 – „Sammelgaragenfall"). – Aber auch die Verurteilung wegen Betruges sieht sich inzwischen Zweifeln ausgesetzt, weil der BGH in den Fällen des sog. Kassenschmuggels, in denen jemand Sachen an der Kassiererin „vorbeischleust" (s. dazu *Fahl/Winkler*, BT/2, § 263 Rn. 11 m.w.N.) neuerdings ein sog. Verfügungsbewusstsein voraussetzt, das nur bzgl. der „eingetippten" Sachen gebildet werde. Danach hatte K kein „Bewusstsein", über das teurere Hemd zu verfügen. Dann liegt keine „Verfügung", sondern eine „Wegnahme" und damit § 242 StGB vor. Hintergrund ist die mögliche Anwendung von § 252 StGB. Fraglich ist nur, wofür der A dann überhaupt die „17,90 DM" gezahlt hat.

Vertiefend: *Bock*, WuV, BT 1, S. 164; *Jäger*, BT, Rn. 445; *Kienapfel*, NJW **8** 1979, 730; *Lampe*, JR 1979, 214; *Solbach*, JA 1979, 54

Sterbeurkunde

> BGH, Urt. v. 1.9.1992 – 1 StR 281/92, BGHSt 38, 345 = NJW 1993, 273   **9**

> Rechtsanwalt A war als Verteidiger für den wegen umfangreicher **10** Betrugstaten und Urkundenfälschungen verurteilten B tätig, der sich ins Ausland abgesetzt hatte. A legte mehrere Atteste eines spanischen Arztes vor, wonach sein Mandant wegen einer urologischen Erkrankung nicht zum Haftantritt nach Deutschland kommen könne. Als A den B besuchte, bemerkte er, dass B völlig gesund war. Deshalb forderte A den B auf zurückzukommen, da er „sonst doch irgendwann geschnappt" werde. Dennoch legte A der StA bald darauf ein Telefax des Schwagers des B vor, wonach dieser im Krankenhaus sei. Später reichte er mehrere Fotokopien einer Sterbeurkunde eines spanischen Krankenhauses ein, wonach B verstorben sei. Auf einer dieser Kopien befand sich ein Beglaubigungsvermerk der Deutschen Botschaft in Madrid im Original. Bei allen vorgelegten Urkunden handelte es sich, wie von A in Kauf genommen, um Totalfälschungen.

1. Problemstellung

§ 267 I Var. 3 StGB (Gebrauchmachen von einer unechten Urkun- **11** de) verlangt zwar ein Handeln „zur Täuschung im Rechtsverkehr", sog. Täuschungsabsicht – aber die Absicht ist hier nicht „technisch", sondern „untechnisch" zu verstehen (s. *Fahl/Winkler*, BT/3, § 267 Rn. 22; ferner § 263 Rn. 39 – „Bahnsteigkartenfall"). Bzgl. der Unechtheit der Urkunde genügt Vorsatz (§ 15 StGB), wofür bekanntlich

„billigende Inkaufnahme" reicht. Der Verteidiger befindet sich jedoch in einer Zwickmühle: Hegt er nämlich lediglich Zweifel an der Echtheit, so kann er die Urkunde nicht zurückhalten, weil er dann riskiert, ein möglicherweise echtes, entlastendes Beweismittel zu unterdrücken (§ 274 I Nr. 1 StGB). Er kann sie aber auch nicht bei Gericht einreichen, weil er die Möglichkeit in Rechnung stellen muss, dass die Urkunde auch ebenso gut unecht sein könnte.

2. Lösung des BGH

12   Der BGH zeigt Verständnis für das „Dilemma" des Verteidigers und meint, ein Verteidiger, der Urkunden, die er erhalten habe, lediglich für seinen Mandanten weiterreiche, werde das „mit dem inneren Vorbehalt" tun, das Gericht werde sie „einer kritischen Prüfung unterziehen und ihre Fragwürdigkeit nicht übersehen". – Dieser Vorbehalt ergebe sich daraus, dass es sich bei dem Verteidiger um ein „Organ der Rechtspflege" handele. Deshalb sei im Regelfall davon auszugehen, dass der Verteidiger, der sich darauf beschränkt, selbst bei erheblichen Zweifeln an der Richtigkeit der eingeführten Beweise strafbares Verhalten nicht billigt.

3. Kritik

13   Das gerät freilich in Konflikt mit der allgemeinen Vorsatzdogmatik (s. § 15 Rn. 3 – „Lederriemenfall"). Inwiefern ein innerer (geheimer) Vorbehalt den Verteidiger soll entlasten können, ist nicht recht verständlich. Will der Verteidiger sichergehen, dass das Gericht die „Fragwürdigkeit" der vorgelegten Beweismittel nicht übersehen werde, so mag er es ausdrücklich darauf hinweisen. – Andere haben deshalb – in Parallelität zu dem für Richter und Staatsanwälte zum Tatbestand der Rechtsbeugung (§ 339 StGB) von der Rspr. entwickelten „Richterprivileg" (*Fahl/Winkler*, BT/3, § 258 Rn. 10) – für ein sog. Verteidigerprivileg plädiert („Sperrwirkung" des § 258 StGB bzw. Beschränkung der Strafbarkeit des Verteidigers auf Absicht und Wissentlichkeit analog § 258 StGB; s. dazu *Fahl/Winkler*, BT/2, § 258 Rn. 7). Nach Ansicht des BGH lassen sich die zu § 258 StGB entwickelten Grundsätze jedoch nicht auf andere „verteidigungsspezifische" Straftatbestände wie §§ 153 ff., 267 ff. StGB übertragen. Da der BGH jedoch auch einem verteidigerspezifischen Rechtfertigungsgrund „Wahrnehmung von Verteidigerpflichten" (bzw. – angelehnt an § 193 StGB – „Wahrnehmung berechtigter Interessen" oder „Verteidigung von Rechten") eine Absage erteilt hat, bleibt nichts mehr anderes übrig, will man den Verteidiger vom Strafbarkeitsrisiko freistellen (s. *Fahl/Winkler*, BT/3, § 267 Rn. 22).

4. Weiterführende Hinweise

Bei der Strafbarkeit des Verteidigers wegen „Geldwäsche" (§ 261 **14** StGB) ist das BVerfG einen anderen Weg gegangen und hat den dolus eventualis (samt § 261 V StGB) für Verteidiger kurzerhand für unanwendbar erklärt (näher *Fahl/Winkler*, BT/2, § 261 Rn. 6). Freilich kann man sich auch hier des Eindrucks nicht erwehren, dass ansonsten anerkannte Grundsätze der Auslegung negiert werden.

Den Notar verpflichtet das Geldwäschegesetz zur Meldung an die Behörden, wenn er weiß, dass ein notarielles Geschäft zur Geldwäsche missbraucht werden soll, mit der Meldung erfüllt er zwar den § 203 I Nr. 3 StGB, wird aber gerechtfertigt. Weiß er es hingegen nicht genau, sondern vermutet er das bloß, so greift kein Rechtfertigungsgrund ein, sodass er sich strafbar macht, wenn er seinen Verdacht meldet – meldet er seinen Verdacht aber nicht und stellt sich nachher heraus, dass er zutreffend war, so droht Strafbarkeit nach § 261 V StGB (sog. Notardilemma – in Anlehnung an das „Verteidigerdilemma").

Notar und Verteidiger stehen bei ihrer (gefahr- bzw. schadensgeneigten) Tätigkeit oft mit einem Bein im Gefängnis, die „Sterbeurkundenentscheidung" ist daher im weiteren Kontext professioneller Adäquanz (vgl. dazu *Fahl/Winkler*, BT/2, § 258 Rn. 5) zu sehen bzw. „berufstypischen" Verhaltens (s. dazu *Fahl/Winkler*, AT, § 27 Rn. 5). Inwieweit der Verteidiger sich durch ein Prozessverhalten, etwa das Stellen eines nach § 244 III 2 StPO wegen Prozessverschleppungsabsicht ablehnbaren Beweisantrags, wegen Strafvereitelung nach § 258 StGB strafbar machen kann, ist ein Thema für sich.

Vertiefend: *Fahl*, JA 2004, 796 **15**

Stichwortverzeichnis

Nachweise beziehen sich auf Paragraph.Randnummer.

Aberratio ictus 22.15, 25.43, 26.6
Abgrenzung
– Diebstahl und Betrug 263.11, 32
– Tun und Unterlassen 13.4, 15.12, Vor 32.7, 35.11
– Vorbereitung und Versuch 22.4, 11, 18
– Vorsatz und Fahrlässigkeit 15.5, 15; 35.11
– Mord und Totschlag Vor 1.28, 32; 34.5, 211.9 ff.
Abraham 228.3
Absicht
– dolus directus 1. Grades 263.39
– im technischen Sinne 15.5, 242.6, 267.11
Absichtslos-doloses Werkzeug 24.20, 242.6
Absichtsprovokation 20.6
Actio illicita in causa 20.7, Vor 32.14
Actio libera in causa, s. alic
Adäquanz
– professionelle 267, 14
– soziale, s. dort
Adäquanztheorie Vor 1.6
Äquivalenzthorie Vor 1.6 f., 27.7
Akzessorietätsgrundsatz 216.4
Alic 20.3
Alternativverhalten, rechtmäßiges Vor 1.6, 25.34

Analogieverbot 15.15, 34.6, 240.6
Animus
– auctoris, s. Animustheorie
– socii, s. Animustheorie
Animustheorie 27.6, 11
Antizipierte Notwehr 22.15, 32.7
Apothekerfall, s. Passauer Giftfalle
Argumentum ad absurdum 216.6
Äquivalenztheorie Vor 1.6, 27.7
Ärztlicher Heileingriff Vor 32.11, 14; 228.3
Asthenischer Affekt 22.29, 34.7
Aufklärungspflicht
– ärztliche Vor 32.4, 14
– Negativtatsachen 263.5
Auflauerungsfälle 22.7
Aufleuchtenlassen der Bremslichter, s. dort
Autobahnblockade 240.7
Autonomes Fahren 34.6
Autonome Motive 24.13
Äußerst gefährliche Gewaltanwendungen 15.8
Auto-Surfen Vor 1.21
Babybrei 211.2
Bahnbeamter 263.38
Bahnsteigkarte 263.37
Balkon 227.3
Bärwurz 22.9

Bayerischer Wald, s. Passauer
  Giftfalle
Befugnistheorie 263.34 f.
Beglaubigungsvermerk 267.10
Bentham, Jeremy 35.6
Beobachteter Ladendiebstahl
  242.14
Berliner Raserfall 15.8
Bergleute, s. Wettermann
Bergsteiger-Fall 35.7
Berufstypisches Verhalten
  267.14
Beschneidung 228.1
Beschützergarant 216.4
Betäubungsmittel Vor 1.14
Bettelbetrug 263.28
Beweisverwertungsverbot,
  Fernwirkung, s. dort
Bewusstlosigkeit, Heimtücke,
  s. dort
Binding, Karl 26.6
Binding'sches Blutbadargu-
  ment 26.6
Blutbad, Binding'sches, s. dort
Blutrache 211.14
Bockelmann, Paul 22.4
Bombenlegerfall, s. Brugger
Borstein-Klatschen 15.8
Brugger'scher Bombenleger-
  fall 32.14
Bremslicht, Aufleuchtenlassen
  240.7
Chantage 32.6
Conditio sine qua non Vor 1.6,
  27, 34
Costa Concordia 35.13
Dallinger, Wilhelm Vor 1.25
Daschner 32.9
Dazwischentreten Dritter
  (vorsätzliches) Vor 1.14, 25
Defensivnotstand 34.6
Defizit (Defekt) 22.15, 25.7,
  18

Delictum sui generis 25.7, 27.7
Denkzettelfälle 24.7
Dicker-Mann-Fall 35.4
Dienstmütze 242.23
Dilemma 267.12
Dirnenlohn 263.16
Dohna 25.16
Doloses Werkzeug, s. absichts-
  los-doloses
Dolus
– directus 1. Grades 263.39
– eventualis Vor 1.13, 13.7,
  15.2 ff., 15.15, 25.34,
  242.11, 263.5 f., 267.7
– generalis 16.3
– subsequens 16.6
Doppelkausalität Vor 1.34
Doppelselbstmord, einseitig
  fehlgeschlagener 216.11
Dreiecksbetrug 250.7, 263.32
Dreieckserpressung 250.7
Drittzueignungsabsicht 24.18,
  20; 242.6, 21
Droschkenkutscher 15.11
Dschihadist 25.27
Durchgangsstadium 22.26
Ehrenmord 211.14
Eifersucht 211.14
Eigenverantwortliche Selbstge-
  fährdung, s. dort
Eigenverantwortlichkeitsprin-
  zip Vor 1.28, 216.13
Einengende Auslegung, s. res-
  triktive Auslegung
Eingehungsbetrug 263.4, 13
Einheit der Rechtsordnung
  263.19
Einheitstäter 15.15
Einheitstheorie 22.26
Einseitig fehlgeschlagener
  Doppelselbstmord, s. dort
Einverständnis 25.11;
  Vor 32.4, 12

Einwilligung
– aktuelle Vor 1.1, 11, 18;
   25.11; Vor 32.4 ff., 11 ff.
– mutmaßliche Vor 1.1,
   Vor 32.14
Einwilligungsfähigkeit
   Vor 1.18, Vor 32.4
Einzellösung 22.18, 24.21
Elterliches Erziehungsrecht, s.
   dort
Energieeinsatz 13,4
Enkeltrick 263.11
Erdal, s. Lederspray
Erlaubnistatbestandsirrtum
   25.7, Vor 32.7, 32.11,
Erlaubtes Risiko, s. dort
Ermächtigungstheorie
   263.34 f.
Erna 24.2
Erfolgsdelikt, kupiertes, s. dort
Erfolgsqualifizierter Versuch,
   s. dort
Error in persona 25.18, 41;
   26.4
Erschleichen von Leistungen
   263.42
Erweiterter Suizid 216.14
Erziehungsrecht 228.3
Euthanasie-Ärzte 35.8
Eventualvorsatz, s. Dolus
   eventualis
Exklusivitätsdogma 263.13, 32
Exspektanz 263.18, 20
Familientyrann, s. Haustyrann
Fat-Man-Fall 35.4
Fiat iustitia 35.6
Finale Handlungslehre 35.5
Fehlschlag 22.7; 24.14, 20
Fenstersturzfall 227.8
Fernwirkung von Beweisver-
   wertungsverboten 32.14
Fernziel 240.4, 263.42
Festnahmerecht Vor 1.1, 32.7

Feuerprobe der kritischen
   Situation 22.4
Feuerwehrmann Vor 1.14,
   35.13
Finanzanwärterkurs 263.38
Flusssäurefall 22.21
Folter 32.11
Forderungsbetrug 263.13, 35
Frank, Reinhard 15.8, 24.4
Frank'sche Formel, s. Frank
Freisler, Roland 211.11
Fruits-of-the-poisonous-tree-
   doctrine 32.14
Fremdgefährdung Vor 1.21,
   216.13
Furtum usus 242.11
Gäfgen, s. Daschner
Gammabutyrolacton, s. GBL
Ganovenmilieu, rechtsfreier
   Raum 263.21
Gänsebucht 242.2
GBL-Fall Vor 1.20
Gefährdungsschaden 263.4
Gefährdungstheorie 22.4
Gegensatztheorie 27.14
Geistiger Gewaltbegriff, s. dort
Gekreuzte Mordmerkmale
   25.7, 26.7
Geldwäsche 267.14
Geldwäschegesetz, s. Geldwä-
   sche
Gemetzel, s. Blutbad
Gemischt objektiv-subjektive
   Theorie 22.4
Generalvorsatz, s. dolus gene-
   ralis
Genitalverstümmelung 228.6
Germanwings 216.14
Gesamtlösung 22.18, 24.21,
   25.13
Geschlechtergleichbehandlung
   228.6
Gewaltbegriff 240.4 ff.

Gewahrsamsenklave 242.14
Gewahrsamslockerung 263.12
Giftbeibringung 22.21, 27.14
Giftfalle, Passauer, s. dort
Gisela 216.9
Gleisarbeiter, s. Weichensteller
Gnadentötung, s. mercy-killing
Gnadenschuss Vor 1.23
Goldene Brücke 24.14
Gremienproblem 25.36 f.
Grubenunglück, s. Wettermann
Grundformel, objektive Zu-
    rechnung Vor 1.9, 34
Gubener Hetzjagd 227.7
Gummiball, s. Holzkugel
Habgier 25.27, 26.7, 211.4, 11
Haustyrann 34.2
Haftzellenfall 25.28
Heileingriff, ärztlicher, s. dort
Heimtücke 27.7, 34.7, 211.4
Herausforderungsfälle
    Vor 1.14, 25.44
Heroinspritze Vor 1.9
Herrenhemd 267.2
Herzinfarktfall 227.7
Heteronome Motive 24.13
Hemmschwellentheorie 15.8
Hochsitzfall 227.7
Hoferbenfall 26.7
Holzkugel 24.16
Hoyzer 263.2
Hüne, s. Wüterich
Hure, s. Dirne
In dubio pro reo Vor 1.7, 32;
    15.7
Individueller Schadensein-
    schlag, s. subjektiver
Irrtum
– über die eigene Tatherr-
    schaft, s. vermeintliche
– über die Mittäterschaft, s.
    vermeintliche

– über die Person, s. error in
    persona
– über ein normatives Tatbe-
    standsmerkmal 242.20
– über ein subjektives Tatbe-
    standsmerkmal 242.21
IS, s. Islamischer Staat
Islamischer Staat 263.21
Iterative Verwirklichung
    22.29, 25.7
Jauchegrube 16.1
Jura-Student, s. dort
Kant, Immanuel 35.13
Karneades 35.7
Kassenschmuggel 267.7
Katzenkönig 25.2
Kausalität
– alternative Vor 1.34
– bei Gremienentscheidungen
    25.34
– Doppelkausalität, s. dort
– hypothetische Vor 32.7
– im naturwissenschaftlichen
    Sinne Vor 1.6
– kumulative Vor 1.32, 25.37
– skriterium, s. Abgrenzung
    Tun und Unterlassen
– Quasikausalität, s. dort
– überholende Vor 1.25, 32
Kausalverlauf
– Abweichung vom 16.6
– atypischer Vor 1.27, 34; 16.6
– hypothetischer 13.6, 25.37
– Irrtum über Vor 1.27; 16.3
– überholender, s. Kausalität
Kfz-Kennzeichen 267.6
KGB 27,10
Khashoggi 27.14
Kindstötung 27.4, 211.4
Kleinstkinder 211.4
Klingelfälle 22.7, 25.14
Knabenbeschneidung, s. Be-
    schneidung

Koffertrolley 250.9
Koinzidenzprinzip, s. Simulta-
   nitätsprinzip
Kokain 263.21
Konstitutionell Arg- und
   Wehrlose 211.4 f.
Kontrektationstheorie 24.21
Körperlich-dynamischer Ge-
   waltbegriff, s. dort
Krimi, s. Kriminalroman
Kriminalroman, s. Taschen-
   buch
Kudamm-Raser, s. Berliner
   Raserfall
Kupiertes Erfolgsdelikt 242.25
Kurden 240.7
Kursbeginn, s. Bahnsteigkarte
Lacmann'scher Schießbuden-
   fall 15.7
Labello 250.3
Ladendiebstahl, beobachteter,
   s. dort
Lagertheorie 263.34 f.
Lastzug, s. Radfahrer
Leben gegen Leben 25.7, 34.5,
   35.11
Lederriemen 15.3
Lederspray 25.32
Leinenfänger 15.10
Leistungserschleichung 263.42
Letalitätsthese 22.28, 227.6
Lilo 24.9
Liquid Ecstasy, s. GBL
Litwinenko 27.14
Lubitz, Andreas 216.14
Lucrum ex re 242.20
Manifestationstheorie 263.35
Mannesmannfall 25.37
Max-Planck-Institut 34.7
Melkmaschine 263.23
Menschenopfer 25.2
Mercy-killing Vor 1.23, 211.14
Metallstück 250.9

Metzler, Jakob v., s. Daschner
Mignonette-Fall 35.7
Mill, John Stuart 35.6
Milchfahrer 20.1
Milzbrand 13.3
Mitbewusstsein, dachgedankli-
   ches, s. dort
Mitleidstötung Vor 1.23
Mitnahmesuizid 216.14
Mittäterexzess 25.43
Mittelbare-Täterschaft-Modell
   20.5
Mohel 228.6
Mordmerkmale
– gekreuzte, s. dort
– restriktive Auselgung
   Vor 1.28, 211,13
Motiv
– autonomes 24.13
– heteronomes 24.13
– verständliches Vor 1.14
Munitionslager, s. Sondermu-
   nitionslager
Münzhändler 25.9
Myom Vor 32.9
Mystizismus 25.2, 28
Nähetheorie, faktische 263.34
NATO-Doppelbeschluss 240.6
Nebentäter(schaft) Vor 1.28,
   25.19
Negative Typenkorrektur, s.
   dort
Negativtatsache 263.5
Nemo tenetur se ipsum accusa-
   re 15.15
Normative Tatherrschaft 24.20,
   242.6
Normatives Tatbestandsmerk-
   mal 242.20
Normentheorie 26.6
Notar 267.14
Nötigungsnotstand 27.14

Nötigungsstand, s. Nötigungs-
notstand
Notardilemma, s. Notar
Nothilfe 32.11, 14
Notwehr 22.29, 25.7; 32.4, 13
Notwehrähnliche Lage 34.6
Notwehreinschränkungen,
sozial-ethische 32.6, 14
Notwehrexzess Vor 1.1, 22.29,
34.7
Notwehrhilfe, s. Nothilfe
Notwehrprobe 25.7, 27.14
NS-Euthanasie, s. dort
NS-Täter 27.13
NS-Unrecht 25.21
Nummernschild 267.6
Oberhemd 267.2
Objektive Zurechnung, s. dort
Obstdiebe 32.2
Oddset 263.7
Organ der Rechtspflege 267.12
Organisationsherrschaft 25.1,
25
Parallelwertung in der Laien-
sphäre 242.20
Passauer Giftfalle 22.9
Patientenverfügung 216.7,
228.6
Peterle 216.2
Pfandflasche 242.28
Pfeffertüte 22.2
Philosophiestudent 242.10
Physischer Gewaltbegriff, s.
dort
Pistazieneisfall 13.7
Pistolenknauffall 22.24
Plastikrohrfall 250.7
Polizist Vor 1.14, 22.24, 35.11
Positive Typenkorrektur, s.
dort
Präventivnotwehr 32.7
Präzedenzfall 242.6
Preisetikett 267.3

Preisschild, s. Preisetikett
Produktbeobachtungspflicht
25.36
Produzentenhaftung 13.4
Prostituierte, s. Dirne
Prostitutionsgesetz 263.21
Prothesen Vor 32.7
Provisionsvertreterfälle 263.14,
28
Prozessbetrug 263.35
Prozessverschleppung 267.14
Psychischer Gewaltbegriff, s.
dort
Psychologische Zwangstheorie
24.5, 12
Quasikausalität 13.1, 6; 15.2;
25.37
Qualifizierter Versuch
Vor 1.35, 25.7
Quotenschaden 263.4
Radfahrer Vor 1.2
Radler, s. Radfahrer
Radleuchtenfall Vor 1.7; 13,6
Raser, s. Berliner Raserfall
Rechtsfreier Raum 263.21
Regina-Stuben 242.17
Regressverbot Vor 1.26, 34
Relevanztheorie Vor 1.6
Religionsfreiheit 228.3
Rematerialisierter Gewaltbe-
griff, s. dort
Resi G. 227.3
Restriktive Auslegung, s.
Mordmerkmale
Retterfälle Vor 1.14
Rettungsfolter 32.14, 35.7
Richterprivileg 267.13
Risikoerhöhungslehre Vor 1.7
Risiko, erlaubtes Vor 1.11,
15.14
Risikoverringerung Vor 1.7
Romeo 216.11
Rose-Rosahl 26.2

Rowohlt-Kriminalroman
242.10
Rötzel 227.2
Russisches Roulette 15.7, 9
Sachbetrug 263.13
Sachgedankliches Mitbewusst-
sein 263.4
Sachwehr 32.7
Salzsäure 22.16, 21
Sammelgarage 263.30
Sapina, Ante 263.3
Sarstedt, Werner 242.26
S-Bahn-Surfen Vor 1.21
Schaden
– Einschlag, subjektiver 263.28
– Vermögens- 263.18
– Stoffgleichheit 263.28
Scheinwaffe 250.5
Schettino, Francesco 35.13
Scheunenmordfall 16.7
Schlaf 22.6, 34.5, 211.7
Schuldausnahmemodell 20.5
Schuldspruchänderung 227.5
Schuldspruchberichtigung, s.
Schuldspruchänderung
Schusswaffeneinsatz 32.7
Schutzzweck der Norm
Vor 1.6 f., 13
Schwelle zum Jetzt-geht-es-los
22.4
Schwerpunkt der Vorwerfbar-
keit 13.4, 15.12, 35.11
Se ut dominum gerere 242.28
Seemann 35.11
Selbstgefährdung Vor 1.9 ff.,
22.14, 25.44, 216.13, 227.6
Selbsthilfe Vor 1.1, 242.21
Selbstmord, s. Suizid
Selbstschussanlage 32.7
Selbstverteidigung 32.14
Simultanitätsprinzip 16.3
Sirius 25.23
Sittenwidrigkeit 228.4, 263.18

Sitzdemonstration 240.4 ff.
Sitzstreik, s. Sitzdemonstration
Skinheads 227.7
Skripal 27.14
Soleimani 27.14
Soldat 35.11, 242.23
Sondermunitionslager 240.6
Sorgfaltspflichtverletzung/-
widrigkeit Vor 1.4, 11,
15.12, 22.6, 26.7
Sozialadäquanz Vor 1.11,
15.14, 25.21, 228.3
Soziale Zweckverfehlung
263.28
Sozialethische Notwehrein-
schränkungen, s. dort
Sparbuchfall 242.25
Spätwettenfall 263.4
Spendenbetrug 263.28
Sprengfalle 22.14
Stachinskij, s. Staschynski
Staschynski 27.9
Stechapfeltee Vor 1.16
Sterbeurkunde 267.9
Steiger 35.10
Sterbeurkunde 267.9
Stoffgleichheit 263.28
Strafrechtsreformgesetz, sechs-
tes 242.6; 250.5, 8
Strafvereitelung 267.14
Student der Rechte 32.11,
242.10
Stufenfolge, Notwehr 32.7
Subjektive Theorie 25.4, 27.6,
12, 216.11
Subjektiver Schadenseinschlag
263.26
Substanztheorie 242.25
Suizid Vor 1.11, 25.28,
216.3 ff.
Sukzessive Mittäterschaft
Vor 1.34 f., 25.36
Tankstellenfall 22.7

Taschenbuch 242.9
Tatbestandsmodell 20.5
Täter hinter dem Täter 25.6,
    19, 21
Tätertypenlehre 211.11
Tatherrschaft
– funktionale 242.21
– kraft Organisationsherr-
    schaft, s. dort
– kraft überlegenen Wissens, s.
    dort
– kraft überlegenen Wollens, s.
    dort
– normative, s. dort
– vermeintliche, s. dort
Tatherrschaftslehre 25.4, 13;
    27.13, 216.12, 242,6
Tatmittler, s. Werkzeug,
    menschliches
Tatstrafrecht 211.11
Teleologische Reduktion 250.8
Terrorismusfinanzierung
    263.21
Ticking-bomb-Fall, s. Bom-
    benlegerfall
Trennungs- u. Abstraktions-
    prinzip 242.18
Trickdiebsthl 263.11
Trolley
– Koffer, s. dort
– Straßenbahn 22.3, 35.4,
    240.2 ff.
Türken-Onkel 211.9
Türkenmord, s. Türken-Onkel
Typenkorrektur 211.13
Tyrannenmord 34.7
Übergesetzlicher Notstand
    Vor 1.1, 25.7, 35.4
Überholen Vor 1.5, 15.8
Uneheliche Kinder 27.4
Untauglicher Versuch, s. dort
Unmittelbarkeit, Vermögens-
    verfügung 263.12

Unmittelbarkeitszusammen-
    hang 22.23, 227.5
Unzumutbarkeit, s. Zumutbar-
    keit
Urkunde, zusammengesetzte
    267.4
Vaterunser 263.21
Verbrechervernunft 24.13, 25.7
Verdienstlichkeitstheorie 24.12
Vereinigungstheorie 242.6, 20
Verfolger 25.39
Verfolgerfälle, zivilrechtliche
    25.44
Verfügungsbewusstsein
    263.13, 267.7
Vergeistigter Gewaltbegriff, s.
    dort
Vergiftung, s. Giftbeibringung
Vermeintliche Mittäterschaft
    25.13
Vermeintliche Tatherrschaf
    242.6
Vermögen
– sbegriff, s. dort
– sverfügung 250.7, 263.11,
    32, 42
– sschaden, s. dort
Vermögensbegriff
– juristischer 263.18
– juristisch-
    ökonomischer 263.14, 18 ff.
– ökonomischer 263.14, 18 ff.
– personaler 263.14
– wirtschaftlicher, s. ökonomi-
    scher
Verschulden gegen sich selbst
    Vor 1.18
Versicherungsbetrug 25.11, 13
Versuch
– erfolgsqualifizierter 22.23,
    26 ff.
– te Erfolgsqualifikation 22.21,
    29

– qualifizierter, s. dort
– untauglicher 22.6; 25.12, 42
Verteidiger
– dilemma 267.12
– Geldwäsche 267.14
– privileg 267.13
– Strafvereitelung 267.14
Verteidigungsnotstand, s.
  Defensivnotstand
Vertrauensbruch 211.6, 11
Verwarnung mit Strafvorbehalt
  32.12
Verwerflichkeit 32.13,
  240.4 ff., 242.21
Vim in vi repellere licet 32.4
Volenti non fit iniuria Vor 32.4
Völkerrechtsbruch 27.14
Warnschuss 32.7
Weichensteller 35.2
Welzel, Hans 35.5
Wettermann 35.9
Werkzeug
– gegen sich selbst 22.20,
  25.26
– gefährliches 22.26, 25.7,
  27.14, Vor 32.7, 228.6
– menschliches 25.4
Wertsummentheorie 242.20
Wittig, s. Peterle

Wissen, überlegenes 22.5,
  25.4, 242.6
Wollenselement 15.5
Wollen, überlegenes 22.5,
  25.4, 242.6
World Trade Center 35.6
Wüterich, hünenhafter
  Vor 1.31
Zahnarztfall Vor 32.7
Zahnextraktion Vor 32.2
Zeitschriftenwerber 263.14, 27
Ziegenhaar 13.2
Zirkumzision, s. Beschneidung
Zufahren auf Polizeibeamten
  15.8
Zumutbarkeit 15.12, 15, 35.14,
  216.7
Zurechnung, objektive Vor 1.2,
  4, 6 f., 13, 25, 27, 34; 15.1,
  14; 16,6; Vor 32.7, 227.7
Zusammengesetzte Urkunde
  267.4
Zwischenaktstheorie 22.4
Zweckverfehlung, soziale
  263.28
Zweite-Reihe-Rspr. 240.7
Zwangstheorie, psychologi-
  sche, s. dort